FOM-Edition

FOM Hochschule für Oekonomie & Management

Reihe herausgegeben von
FOM Hochschule für Oekonomie & Management, Essen, Deutschland

Bücher, die relevante Themen aus wissenschaftlicher Perspektive beleuchten, sowie Lehrbücher schärfen das Profil einer Hochschule. Im Zuge des Aufbaus der FOM gründete die Hochschule mit der *FOM-Edition* eine wissenschaftliche Schriftenreihe, die allen Hochschullehrenden der FOM offensteht. Sie gliedert sich in die Bereiche Lehrbuch, Fachbuch, Sachbuch, International Series sowie Dissertationen. Die Besonderheit der Titel in der Rubrik Lehrbuch liegt darin, dass den Studierenden die Lehrinhalte in Form von Modulen in einer speziell für das berufsbegleitende Studium aufbereiteten Didaktik angeboten werden. Die FOM ergreift mit der Herausgabe eigener Lehrbücher die Initiative, der Zielgruppe der studierenden Berufstätigen sowie den Dozierenden bislang in dieser Ausprägung nicht erhältliche, passgenaue Lehr- und Lernmittel zur Verfügung zu stellen, die eine ideale und didaktisch abgestimmte Ergänzung des Präsenzunterrichtes der Hochschule darstellen. Die Sachbücher hingegen fokussieren in Abgrenzung zu den wissenschaftlich-theoretischen Fachbüchern den Praxistransfer der FOM und transportieren konkrete Handlungsimplikationen. Fallstudienbücher, die zielgerichtet für Bachelor- und Master-Studierende eine Bereicherung bieten, sowie die englischsprachige *International Series,* mit der die Internationalisierungsstrategie der Hochschule flankiert wird, ergänzen das Portfolio. Darüber hinaus wurden in der FOM-Edition jüngst die Voraussetzungen zur Veröffentlichung von Dissertationen aus kooperativen Promotionsprogrammen der FOM geschaffen.

Tim Jesgarzewski

Fallstudien zum Wirtschaftsprivatrecht

Praxisfälle zur Wissensvertiefung

4., aktualisierte und erweiterte Auflage

Tim Jesgarzewski
FOM Hochschule für Oekonomie & Management
Bremen, Deutschland

ISSN 2625-7114   ISSN 2625-7122 (electronic)
FOM-Edition
ISBN 978-3-658-42125-0   ISBN 978-3-658-42126-7 (eBook)
https://doi.org/10.1007/978-3-658-42126-7

Die Deutsche Nationalbibliothek verzeichnet diese Publikation in der Deutschen Nationalbibliografie; detaillierte bibliografische Daten sind im Internet über https://portal.dnb.de abrufbar.

© Springer Fachmedien Wiesbaden GmbH, ein Teil von Springer Nature 2015, 2018, 2021, 2023
Das Werk einschließlich aller seiner Teile ist urheberrechtlich geschützt. Jede Verwertung, die nicht ausdrücklich vom Urheberrechtsgesetz zugelassen ist, bedarf der vorherigen Zustimmung des Verlags. Das gilt insbesondere für Vervielfältigungen, Bearbeitungen, Übersetzungen, Mikroverfilmungen und die Einspeicherung und Verarbeitung in elektronischen Systemen.
Die Wiedergabe von allgemein beschreibenden Bezeichnungen, Marken, Unternehmensnamen etc. in diesem Werk bedeutet nicht, dass diese frei durch jedermann benutzt werden dürfen. Die Berechtigung zur Benutzung unterliegt, auch ohne gesonderten Hinweis hierzu, den Regeln des Markenrechts. Die Rechte des jeweiligen Zeicheninhabers sind zu beachten.
Der Verlag, die Autoren und die Herausgeber gehen davon aus, dass die Angaben und Informationen in diesem Werk zum Zeitpunkt der Veröffentlichung vollständig und korrekt sind. Weder der Verlag noch die Autoren oder die Herausgeber übernehmen, ausdrücklich oder implizit, Gewähr für den Inhalt des Werkes, etwaige Fehler oder Äußerungen. Der Verlag bleibt im Hinblick auf geografische Zuordnungen und Gebietsbezeichnungen in veröffentlichten Karten und Institutionsadressen neutral.

Planung/Lektorat: Angela Meffert
Springer Gabler ist ein Imprint der eingetragenen Gesellschaft Springer Fachmedien Wiesbaden GmbH und ist ein Teil von Springer Nature.
Die Anschrift der Gesellschaft ist: Abraham-Lincoln-Str. 46, 65189 Wiesbaden, Germany

Vorwort

Die Fallsammlung zum Wirtschaftsprivatrecht liegt nunmehr bereits in 4. Auflage vor. Nochmals wurde nicht nur die aktuelle Rechtslage eingearbeitet, sondern auch eine inhaltliche Erweiterung vorgenommen. Weitere Fälle für die Praxis wurde hinzugefügt.
Die Rückmeldungen aus der Anwendungspraxis bestätigen unverändert den hohen Bedarf an einer fallorientierten Darstellung wirtschaftsprivatrechtlicher Fragestellungen. Unter Hinzunahme zusätzlicher Fälle wurde die 4. Auflage daher vollständig auf den neuesten Stand von Gesetzgebung und Rechtsprechung gebracht. Die Anforderungen aus der unternehmerischen Praxis werden damit noch stärker berücksichtigt.

Zahlreiche Anregungen aus dem Bereich der praktischen Unternehmensleitung, vor allem aber aus der Studien- und Ausbildungspraxis, haben gezeigt, dass insbesondere die fallbezogene Herangehensweise an die Erarbeitung juristischer Kenntnisse unverzichtbar ist. Nur durch das Trainieren der Techniken der Falllösung stellen sich die gewünschten Effekte zur Verbesserung eigener Fähigkeiten in der Rechtsanwendung ein.

Wie bereits das inzwischen in 5. Auflage erschienene Lehrbuch „Wirtschaftsprivatrecht" hat auch diese Fallsammlung Aufnahme in die FOM-Edition gefunden. Für die große fachliche und organisatorische Unterstützung bedanke ich mich insbesondere bei den Herren Prof. Dr. Thomas Heupel und Dipl.-jur. Kai Stumpp und meiner wissenschaftlichen Hilfskraft Tien-Dat Uong.

Aus dem Vorwort zur 1. Auflage

Juristisches Wissen dient dazu, im Vorfeld möglicher Probleme Rechtssicherheit zu schaffen oder im Nachhinein auftretende Konflikte einer Lösung zuzuführen. Dies gilt namentlich im Wirtschaftsprivatrecht, wo sich zumeist zwei Wirtschaftsakteure mit unterschiedlichen Interessen gegenüberstehen.

Im besten Fall wird durch eine vorausschauende Vertragsgestaltung von vornherein jede mögliche Eventualität vorausgedacht und einer eindeutigen Lösung zugeführt. Der Regelfall ist dies indes nicht. In den meisten Fällen muss ein Sachverhalt juristisch einer Lösung zugeführt werden, nachdem es zum Konflikt gekommen ist und zuvor keine Regelung für den betreffenden Fall getroffen wurde. Dies gilt zudem stets dann, wenn ein Rechtsverhältnis zwischen zwei Wirtschaftsteilnehmern gar nicht auf einer vertraglichen Grundlage basiert.

Für Entscheider im Wirtschaftsleben ist daher neben einer juristischen Grundausbildung vor allem die praxisorientierte Lösung von zentraler Bedeutung.

Das juristische Arbeiten ist ganz wesentlich durch die rechtliche Bewertung von Lebenssachverhalten bestimmt. Dabei besteht die Schwierigkeit darin, abstrakte Rechtssätze auf tatsächliche Geschehnisse anzuwenden. Neben dem Erwerb eines juristischen Fachwissens ist daher die sorgfältige Ermittlung des Sachverhalts erforderlich, um zu sachgerechten Lösungen zu kommen. Um einen Einstieg in die Praxis der Falllösung zu erhalten, muss der Rechtsanwender daher neben seinem Fachwissen die Anwendung dieses Wissens ständig üben und wiederholen. Dazu dient die Lösung von Fällen anhand des vorliegenden Fallbuches.

Die vorliegende Fallsammlung setzt genau an der Nahtstelle zwischen theoretischem Fachwissen und der praxisorientierten Anwendung an. In Ergänzung zum Lehrbuch „Wirtschaftsprivatrecht" (FOM-Edition, 3. Aufl. 2016) wird dem Leser eine Vertiefungsmöglichkeit für sein Wissen geboten, das anwendungsbezogen genau auf die Bedürfnisse der Praxis abstellt. Sowohl für den Entscheidungsträger in unternehmerischer Verantwortung als auch für den Studenten zur Vorbereitung auf juristische Klausuren ist es unumgänglich, sich mit der juristischen Arbeitsweise vertraut zu machen. An diesem Anspruch ist die Fallsammlung Wirtschaftsprivatrecht zu messen.

Inhaltsverzeichnis

Vorwort V

Aus dem Vorwort zur 1. Auflage VII

Einleitung 1

1.1 Grundlagen 2
1.2 Juristische Falllösung 3

Allgemeines Schuld- und Vertragsrecht 9

2.1 Fall 1: Angebot und Annahme – „Sonnenbrille" 9
2.2 Fall 2: Vertragsentstehung durch konkludente Annahme –
 „Straßenbahnfahren mit Peter" 11
2.3 Fall 3: Vertragsschluss, Invitatio ad offerendum – „Kauf das!" 15
2.4 Fall 4: Annahme an Erfüllungs statt – „Gekauft ist nicht getauscht" 17
2.5 Fall 5: Mietwucher – „Studentenpreise" 20
2.6 Fall 6: Stellvertretung – „Fernseher" 23
2.7 Fall 7: AGB-Kontrolle – „Das Kleingedruckte" 25
2.8 Fall 8: Anfechtung und Rückabwicklung gescheiterter Verträge –
 „Original oder Fälschung?" 28
2.9 Fall 9: Widerrufsrecht – „Der mobile Buchladen" 31
2.10 Fall 10: Wucher – „Feuchter Jahreswechsel" 35
2.11 Fall 11: Verjährung – „Doppeltes Glück" 39
2.12 Fall 12: Unmöglichkeit, Schadensersatz – „Kaputter Fernseher" 41
2.13 Fall 13: Schadensersatz bei anfänglicher Unmöglichkeit –
 „Geklauter Porsche" 44
2.14 Fall 14: Schuldnerverzug – „Eiskalter Urlaub" 47
2.15 Fall 15: Gläubigerverzug – „Das Moped" 49
2.16 Fall 16: Minderjährige im Vertragsrecht – „Toms Playstation" 52
2.17 Fall 17: Vorvertragliches Schuldverhältnis – „Frisch gewischt" 55

Besonderes Vertragsrecht **59**

3.1 Fall 18: Gewährleistungsrechte im Kaufrecht – „Romantischer Fernseher"....... 59
3.2 Fall 19: Unverhältnismäßigkeit im Rahmen der Wahl
der Nacherfüllungsvariante – „Restposten oder Riesenglotze?" 62
3.3 Fall 20: Gewährleistungsrecht, Gefahrübergang – „Nachtlicht"...................... 65
3.4 Fall 21: Gewährleistungsrechte, Sachmangelbegriff, Verbrauchsgüterkauf –
„Gebraucht gefälligst?" 68
3.5 Fall 22: Ratenlieferungsvertrag, Kündigungsbutton – „Das verflixte Abo".......... 71
3.6 Fall 23: Waren mit digitalen Elementen, Aktualisierungspflicht –
„Der Saugroboter"... 74
3.7 Fall 24: Vertrag über digitale Produkte, Paketvertrag, Beendigung –
„Heimtrainer & Fitness-App".. 78
3.8 Fall 25: Mietrecht, Mietminderung – „Nasse Wohnung" 82
3.9 Fall 26: Vermieterpfandrecht – „Ab nach Argentinien"................................. 84
3.10 Fall 27: Selbstvornahme im Werkvertragsrecht – „Das undichte Dach"............. 86
3.11 Fall 28: Mängel im Werkvertragsrecht – „Der schluderige Bauunternehmer". 88
3.12 Fall 29: Werkvertrag, Architektenvertrag – „Der unaufmerksame Architekt". 91
3.13 Fall 30: Darlehensvertrag – „Das liebe Geld".. 94
3.14 Fall 31: Dienstvertrag – „Die Musikerin".. 97
3.15 Fall 32: Maklervertrag – „Der Makler" 100
3.16 Fall 33: Sittenwidrigkeit, Bürgschaft – „Die Geschäftsidee" 103

Gesetzliche Schuldverhältnisse **105**

4.1 Fall 34: Berechtigte Geschäftsführung ohne Auftrag –
„Der freundliche Nachbar"..105
4.2 Fall 35: Geschäftsführung ohne Auftrag, aufgedrängte Bereicherung –
„Gut gedüngt"..108
4.3 Fall 36: Bereicherungsrecht, solvendi causa – „Unerkannt geisteskrank".........111
4.4 Fall 37: Bereicherungsrecht und Anfechtung – „Teure Tasche" 113
4.5 Fall 38: Bereicherungsrecht, Entreicherung – „Bonuszahlung".....................116
4.6 Fall 39: Abgrenzung der Kondiktionen, Entreicherung – „Flugreisefall"......119
4.7 Fall 40: Schadensersatzanspruch wegen Schutzgesetzverletzung –
„Heiratsmarkt" 124

Sachenrecht **127**

5.1 Fall 41: Verarbeitung – „Luxuswurst" 127
5.2 Fall 42: Herausgabe des Erlangten – „Bikerfreunde" 131
5.3 Fall 43: Eigentümer-Besitzer-Verhältnis – „Geklautes Fahrrad"...................135
5.4 Fall 44: Eigentümer-Besitzer-Verhältnis, Schadensersatz – „Partynacht".........137
5.5 Fall 45: Gutgläubiger Eigentumserwerb, vorhergehender Diebstahl –
„Autoradio"..140
5.6 Fall 46: Sperrfunktion des Eigentümer-Besitzer-Verhältnisses –
„Doppelte Lore"...143
5.7 Fall 47: Eigentumserwerb im Immobiliarsachenrecht,
lediglich rechtlicher Vorteil – „Reicher Onkel"..147

5.8	Fall 48: Pfandrechtserwerb – „Sicher ist sicher"	150
5.9	Fall 49: Bestimmtheitsgebot, Besitz – „Antiquitätenhandel"	152
5.10	Fall 50: Hypothek – „Keine Raten mehr von Stephan!"	155
5.11	Fall 51: Veräußerte Grundschuld – „Die Geldsorgen"	157

Handels- und Gesellschaftsrecht 159

6.1	Fall 52: Handelsgewerbe – „Kiosk am Badesee"	159
6.2	Fall 53: Publizität des Handelsregisters – „Getrennte Wege"	161
6.3	Fall 54: Haftung des Erben bei Firmenfortführung – „Wer anderen eine Grube gräbt …"	163
6.4	Fall 55: Beschränkung der Prokura – „Partytresen"	165
6.5	Fall 56: Mängel im Handelsrecht, Rückobliegenheit – „Tastaturen"	167
6.6	Fall 57: Haftung in der GbR – „Selbstgenäht"	170
6.7	Fall 58: Wechsel zwischen OHG und GbR – „Luxustaxi"	173
6.8	Fall 59: Publizität des Handelsregisters, Ausscheiden eines Gesellschafters – „Der ausgeschiedene Gesellschafter"	176
6.9	Fall 60: Haftung des Kommanditisten – „Kommanditistenhaftung"	178

Stichwortverzeichnis 181

Einleitung 1

Führungskräfte ohne juristische Grundkenntnisse sind im heutigen Wirtschaftsleben nicht mehr denkbar. Nahezu in allen Studiengängen für die Ausbildung von Führungspersonal wird daher ein juristisches Basiswissen vermittelt. Dies gilt insbesondere für betriebswirtschaftliche Studiengänge, die gezielt auf die Übernahme von unternehmerischer Verantwortung vorbereiten sollen. Diese Fallsammlung vermittelt daher zusammen mit dem dazugehörigen Lehrbuch „Wirtschaftsprivatrecht" das erforderliche juristische Basiswissen aus unternehmerischer Sicht. Der juristisch geschulte Entscheidungsträger ist nach dem Studium dieser Bücher in der Lage, Risiken und Probleme zu erkennen, und entwickelt insgesamt ein Bewusstsein für juristische Zusammenhänge. Kleinere juristische Probleme wird der unternehmerische Entscheidungsträger fortan selbstständig lösen können. Bei schwierigeren Fragestellungen wird er darüber hinaus in der Lage sein, den Sachverhalt eigenständig und vollständig aufzubereiten und dem Rechtsanwalt oder der eigenen Rechtsabteilung zur weiteren Beurteilung zuzuführen.

Die Anwendung des Rechts auf einen konkreten Lebenssachverhalt verlangt dabei aber nicht nur eine genaue Vorkenntnis der rechtlichen Grundlagen, sondern auch das Beherrschen einer juristischen Arbeitsweise. Diese Arbeitsweise wirkt auf nicht juristisch vorgebildete Personen oftmals befremdlich und stellt erhebliche Anforderungen an Anfänger der Rechtswissenschaft. Um eine fundierte Grundkenntnis des Wirtschaftsprivatrechts zu erlangen, muss die juristische Arbeitsweise mit erworben werden. Dies ist in einer rein abstrakten Aufnahme ihrer Inhalte indes nicht möglich. Nur die trainierte Lösung einschlägiger Fälle verleiht dem Rechtsanwender im Laufe der Zeit die Fähigkeit, zukünftig selbstständig Fälle sicher und korrekt zu lösen. Genau an diesem Punkt setzt die vorliegende Fallsammlung an. Nach einer kurzen Darstellung der Grundsätze der juristischen Fallbearbeitung folgen zahlreiche Einzelfälle, die dem Entscheider im Wirtschaftsleben in dieser Form ständig gestellt werden können. Durch die übungsweise Lösung dieser Fälle wird so neben dem Training der juristischen Arbeitsweise auch eine weitere Vertiefung der materiellen Rechtskenntnis erfolgen. Dies wiederum gelingt dem Anwender dieser Fallsammlung bestmöglich dadurch, indem er auf das Lehrbuch „Wirtschaftsprivatrecht" der FOM-Edition zurückgreift, welches die inhaltlichen Grundlagen für die vorliegende Fallsammlung schafft.

Durch die Beachtung eines durchgängigen didaktischen Konzepts vom Lehrbuch zur Fallsammlung wird der Vertiefungseffekt nochmals verstärkt. Die Ausrichtung sowohl des Lehrbuchs als auch der Fallsammlung folgt dabei ausschließlich den Anforderungen aus der Praxis und hat zum Ziel, dem unternehmerischen Entscheidungsträger ein belastbares Fundament für die Beurteilung juristischer Sachverhalte zu vermitteln.

Auch aus diesem Grund folgt der Aufbau der Fallsammlung dem Aufbau des Lehrbuchs und dringt vom Allgemeinen Teil des Schuldrechts schrittweise bis in die Spezialgebiete des Handels- und Gesellschaftsrechts vor. Hinzu kommt, dass der Bearbeiter die Fragestellungen aus einer unternehmerischen Perspektive vermittelt bekommt. Dies ergibt sich entweder unmittelbar aus der Fragestellung (z. B. „Wie kann ein Unternehmen bestimmte Ansprüche abwenden?") oder aus der Prüfung von Ansprüchen gegen ein Unternehmen, sodass die Umkehrung der Perspektiven zu der gleichen Sensibilisierung des Entscheidungsträgers führt.

1.1 Grundlagen

Die nachfolgenden Fälle dienen jeweils der Vertiefung bestimmter rechtlicher Fragestellungen und sind unabhängig voneinander konzipiert und zu lösen. Der Schwierigkeitsgrad der Fälle differiert genauso wie deren Umfang. Es wird bewusst darauf verzichtet, die Fälle nach dem Schwierigkeitsgrad zu unterteilen, damit der Bearbeiter selbst ein Gefühl für sein Leistungsvermögen entwickeln kann. Einzig die beiden letzten Fälle der Sammlung sind bewusst in Umfang und Schwierigkeitsgrad vom Rest der Sammlung abgehoben worden.

Eine erfolgreiche Arbeit mit der vorliegenden Fallsammlung setzt eine selbstreflektierte Herangehensweise des Bearbeiters voraus, die über das bloße Lesen von Fällen und Lösung hinausgehen sollte. Ein bestmöglicher Übungseffekt wird erst dadurch erzielt, dass der Bearbeiter den Sachverhalt studiert und zunächst einer eigenständigen Lösung zuführt. Das Anfertigen einer Lösungsskizze sollte der ausformulierten Lösung vorweggenommen werden. Erst im Anschluss an die selbst formulierte Lösung sollte der Bearbeiter einen Abgleich mit der Musterlösung und den Lösungshinweisen vornehmen.

Die ausformulierte Musterlösung mit den weitergehenden Hinweisen sollte dabei nicht als einzig richtiger und vertretbarer Lösungsaufbau verstanden werden. Je nach Art des Falles kann auch eine andere Herangehensweise und bei guter Argumentation auch eine andere Lösung vorgelegt werden. Wichtig ist es aber, dass der Bearbeiter durch ständiges Wiederholen eine persönliche Routine in der Falllösung entwickelt.

1.2 Juristische Falllösung

Juristisches Arbeiten setzt zunächst das einschlägige Fachwissen voraus. Dessen Vermittlung findet in den einschlägigen Vorlesungen sowie durch die entsprechende Fachliteratur statt. Diese Fallsammlung sollte daher zusammen mit dem Lehrbuch „Wirtschaftsprivatrecht" der FOM-Edition gebraucht werden.

Durch das vorliegende Fallbuch wird die Anwendung des Fachwissens auf tatsächliche Rechtsfälle geschult. Dafür ist das Erlernen einer bestimmten Methodik erforderlich. Diese Methodik muss wiederum durch ständiges Wiederholen zum selbstverständlichen Handwerk des Bearbeiters werden. Unabhängig vom Inhalt der Fallfrage sollte es dem Bearbeiter keinerlei Schwierigkeiten bereiten, die Herangehensweise an die Fallfrage zu bestimmen. Dies kann nur erreicht werden, wenn die Methodik der Falllösung dem Bearbeiter zu einem ständig wiederkehrenden Automatismus wird.

Nachfolgend werden daher unterschiedliche Fälle, die denen in juristischen Klausuren entsprechen, dargestellt und einer Musterlösung zugeführt. Dabei werden fortlaufend Hinweise zum Lösungsaufbau, der Schwerpunktsetzung in der Lösung und zur Herangehensweise an die Fallfragen gegeben.

1.2.1 Wer will was von wem woraus?

Der Bearbeiter eines juristischen Falles sollte sich der Fragestellung zunächst stets mit den sog. fünf „Ws" nähern. Wer will was von wem woraus? Dieser Merksatz beinhaltet alle Teilelemente, die für das Verstehen eines Falles und dessen methodisch korrekter Lösung erforderlich sind. Zunächst wird mit der Teilfrage „Wer will was von wem?" zum Ausdruck gebracht, dass der Sachverhalt vollumfänglich verstanden werden muss. Erst wenn der Inhalt des Falles verstanden wurde, kann die rechtliche Lösung erarbeitet werden.

Der letzte Teil der Frage „woraus?" beinhaltet die Suche nach der geeigneten Anspruchsgrundlage, die als Rechtsfolge den begehrten Anspruch nach sich ziehen könnte. Der entsprechende Rechtssatz ist sodann auf den gegenständlichen Sachverhalt zur Anwendung zu bringen.

1.2.2 Aufgabe

Das richtige Verständnis der Aufgabenstellung ist die Grundlage jeder erfolgreichen Falllösung. Wird der Sachverhalt nicht richtig verstanden oder gar falsch interpretiert, kann die Lösung nicht richtig sein. Deshalb ist bei der Aufarbeitung des Sachverhalts größte Sorgfalt geboten.

Zunächst ist der Sachverhalt so oft vollständig durchzulesen, bis der Bearbeiter meint, das tatsächliche Geschehen grundsätzlich verstanden zu haben. Anschließend sollten die beteiligten Personen sowie die einzelnen Handlungen chronologisch in Stichworten skizziert werden.

Jedes Überfliegen des Sachverhalts oder kursorisches Lesen produziert vermeidbare Fehler und ist daher zu unterlassen. Fehler bei der sorgfältigen Aufarbeitung des Sachverhalts ziehen sich durch die gesamte nachfolgende Lösung und sind daher von vornherein durch größtmögliche Sorgfalt zu unterbinden.

Beim Verständnis des Sachverhalts ist grundsätzlich davon auszugehen, dass alle Informationen eine rechtliche Relevanz haben und daher in die Sachverhaltsskizze aufzunehmen sind. Dies gilt insbesondere für zeitliche Angaben und die Abfolge bestimmter Handlungen. Der Fragesteller wird sich bei der konkreten Aufgabenstellung etwas gedacht und daher kaum irrelevante Informationen im Fall verarbeitet haben. Ist sich der Bearbeiter über das Verständnis einer bestimmten Information im Unklaren, so ist diese lebens- und sachverhaltsnah auszulegen. Interpretationen jeder Art sind genauso zu vermeiden wie das Hinzudenken bestimmter Tatsachen, die nicht ausdrücklich im Sachverhalt angegeben werden.

Aus dem dargestellten Lebenssachverhalt wird sodann von den einzelnen Beteiligten ein bestimmtes Begehr abgeleitet. Dieses Begehr ist ein sog. Anspruch, den eine Rechtsperson gegen eine andere richtet. Das Verständnis dieses Anspruchs (z. B. Vertragserfüllung, Schadensersatz etc.) ist genauso wichtig wie das Verständnis des tatsächlichen Geschehens.

Je nach Schweregrad des Falles können auch unterschiedliche Ansprüche begehrt werden. Auch können sich wechselseitig bestimmte Ansprüche gegenüberstehen oder mehr als zwei Rechtspersonen beteiligt sein. Sollte dies der Fall sein, sind die einzelnen Ansprüche voneinander abzugrenzen und gesondert zu erfassen.

Bevor die vorgenannten Schritte nicht erfolgt sind, sollte von jeder rechtlichen Bewertung Abstand genommen werden. Eine solche rechtliche Bewertung des Sachverhalts sollte späteren Arbeitsschritten vorbehalten werden.

1.2.3 Anspruchsgrundlagen

Wurde der Sachverhalt nach den bereits genannten Kriterien umfassend ermittelt, sind nun die zur Falllösung erforderlichen Normen anzuwenden. Ausgangspunkt sind die einschlägigen Anspruchsgrundlagen. Eine Anspruchsgrundlage ist eine Norm, die einer Rechtsperson das subjektive Recht gibt, von einer anderen Rechtsperson eine Leistung (Tun oder Unterlassen) zu fordern.

Das Finden der richtigen Anspruchsgrundlage ist deshalb der rechtliche Ausgangspunkt der Falllösung. Welche Anspruchsgrundlage einschlägig ist, richtet sich nach der Fallfrage. Das Begehr des Anspruchsstellers muss mit der Rechtsfolge der Anspruchsgrundlage übereinstimmen. Möglicherweise existieren mehrere Anspruchsgrundlagen, die die gewünschte Rechtsfolge beinhalten. Sollte dies der Fall sein, sind die jeweiligen Anspruchsgrundlagen nacheinander abzuarbeiten. Dabei ist immer mit vertraglichen Anspruchsgrundlagen zu beginnen, um anschließend gesetzliche Anspruchsgrundlagen abzuarbeiten.

Die umfassende rechtliche Bearbeitung des Falles liegt nun in der Anwendung der Anspruchsgrundlage auf den dargestellten Lebenssachverhalt.

1.2.4 Subsumtionstechnik

Dies erfolgt mittels der sog. Subsumtion. Subsumtion ist die Prüfung, ob der Sachverhalt die Tatbestandsmerkmale der Anspruchsgrundlage erfüllt und folglich die normierte Rechtsfolge auslöst. Es ist daher ein Abgleich zwischen Sachverhalt und Anspruchsgrundlage vorzunehmen. Nur, wenn alle Tatbestandsmerkmale erfüllt sind, wird die gewünschte Rechtsfolge ausgelöst. Deshalb ist jedes Tatbestandsmerkmal einzeln und sorgfältig zu prüfen, bis nacheinander alle Merkmale abgearbeitet sind. Sobald ein Merkmal nicht erfüllt ist, ist die Prüfung zu beenden. Die Subsumtion erfolgt in drei logisch aufeinander aufbauenden Schritten.

1. Zunächst ist ein Tatbestandsmerkmal zu definieren.
2. Sodann ist der Sachverhaltsteil darzustellen, der mit der Definition abgeglichen werden soll.
3. Erst anschließend wird der Abgleich vorgenommen, also die eigentliche Subsumtion im engeren Sinne durchgeführt.

> **Beispiel**
> A hat von B einen Tablet-PC für 499 € gekauft und die ordnungsgemäß ausgestellte Rechnung dafür nicht fristgerecht bezahlt. B verlangt nun Zahlung. Zu Recht?

Subsumtion B könnte gegen A einen Anspruch auf Kaufpreiszahlung nach § 433 II BGB haben (Obersatz). Danach ist der Käufer verpflichtet, den gemäß Kaufvertrag vereinbarten Kaufpreis zu zahlen (1. Schritt). Hier haben die Parteien einen Kaufvertrag mit einem Kaufpreis von 499 € vereinbart (2. Schritt). Folglich werden die 499 € als vereinbarter Kaufpreis geschuldet (3. Schritt). B verlangt zu Recht die Zahlung (Ergebnis).

1.2.5 Gutachten- und Richterstil

Ein juristischer Fall wird zwar mittels Subsumtion gelöst, die einzelnen Subsumtionsschritte werden jedoch in eine Gesamttechnik eingebaut. Die Gesamtlösung erfolgt ebenfalls mittels einer bestimmten Technik (sog. Lösungsstil). Durch einen solchen Lösungsstil soll erreicht werden, dass die Lösung der gestellten Rechtsfrage erschöpfend dargestellt wird. Für die Falllösung stehen dem Juristen der Gutachten- und der Richterstil zur Verfügung.

Der Gutachtenstil ist ein Lösungsweg, bei dem der Bearbeiter den Leser Schritt für Schritt näher an die Lösung heranführt, indem zunächst eine Rechtsfolge abstrakt aufgeworfen und diese dann mittels Subsumtion zur Lösung geführt wird. Beim Richterstil wird das Ergebnis vorangestellt, um anschließend die Lösung zu begründen. In der juristischen Falllösung in einer Klausursituation wird im wirtschaftsrechtlichen Bereich grundsätzlich der Gutachtenstil verlangt. Der Urteilsstil wird in der juristischen Fallbearbeitung erst in der Vorbereitung auf den Richterberuf angewandt, sodass er vorliegend zurückstehen muss. Die hier einzuübende Falllösung erfolgt daher ausschließlich im Gutachtenstil.

Im Gutachtenstil wird zunächst ein Obersatz gebildet. Dieser Obersatz beinhaltet die Prüfungsfrage und die gewünschte Rechtsfolge. Hierbei ist ein konkreter Bezug zur Fallfrage herzustellen, damit die richtige Frage für das Gutachten aufgeworfen wird. Sodann werden die Tatbestandsvoraussetzungen definiert, um diese nach Nennung des einschlägigen Sachverhaltsteils im Wege der Subsumtion im engeren Sinne zu prüfen. Schließlich wird die Rechtsfolge zusammenfassend und abschließend beantwortet. Im zuvor genannten Fallbeispiel ist daher der erste Satz der Lösung der sog. Obersatz. Der letzte Satz stellt das Ergebnis dar. Zur Wiederholung dient das nachfolgende Beispiel.

Beispiel

A ist Eigentümer eines Fahrrades, das er dem B für einen Tag leiht. Kann A am nächsten Tag die Herausgabe verlangen?

Lösung A könnte nach § 985 BGB als Eigentümer die Herausgabe des Rades vom Besitzer B verlangen, wenn nicht B ein Recht zum Besitz nach § 986 BGB hat (Obersatz). Dafür müsste zunächst A der Eigentümer und B der Besitzer des Rades sein. A ist laut Sachverhalt der Eigentümer. Besitzer ist nach § 854 BGB der Inhaber der tatsächlichen Gewalt über die Sache. Hier nutzt derzeit B das Fahrrad, hat also die tatsächliche Sachherrschaft über die Sache. Folglich ist B Besitzer. B dürfte zudem kein Recht zum Besitz nach § 986 BGB haben. Hier besteht ein Leihvertrag als Recht zum Besitz nur für einen Tag, sodass am Folgetag kein Recht zum Besitz mehr vorliegen wird.

Mithin kann A das Fahrrad am nächsten Tag zurückverlangen (Ergebnis).

1.2.6 Einreden und Einwendungen

Wurde nach den genannten Grundsätzen ein Anspruch umfassend geprüft, sind möglicherweise noch Einwendungen oder Einreden des Anspruchsgegners zu erörtern. Diese können dem Anspruch entgegenstehen. Einwendungen sind solche Tatsachen, die dem Entstehen oder Fortbestehen des Anspruchs entgegenstehen (z. B. die Sittenwidrigkeit eines Vertrages). Einreden sind Gegenrechte des Anspruchsgegners, die dem Anspruch entgegengehalten werden können (z. B. Verjährung).

Solche Einwendungen oder Einreden sind stets im Anschluss an die Anspruchsprüfung darzustellen. Als Merksätze für den Bearbeiter bieten sich die folgenden Fragen an: Ist der Anspruch untergegangen? Ist der Anspruch durchsetzbar?

Beispiel

A verkauft B unter dem 05.01.2017 einen gebrauchten Computer. Die Rechnung mit Fristsetzung zum 20.01.2020 wird mit dem Gerät übergeben. Sodann vergisst A, die Forderung beizutreiben. Am 17.05.2020 fällt ihm dies zufällig wieder ein. Er schreibt B eine Mahnung. B verweigert die Zahlung, weil die Forderung verjährt sei. Hat B Recht?

Lösung A könnte von B den Kaufpreis nach § 433 II BGB verlangen, wenn B nicht nach § 214 BGB ein Leistungsverweigerungsrecht hätte. Der Kaufpreisanspruch als solcher ist zwischen den Parteien unstreitig. Fraglich ist aber, ob er auch durchsetzbar ist. Der B hat vorliegend die Einrede der Verjährung nach § 214 BGB erhoben.

Dafür müsste die Kaufpreisforderung aber tatsächlich verjährt sein. Die Verjährung von Kaufpreisforderungen nach § 433 II BGB richtet sich nach den §§ 195, 199 BGB. Danach verjährt eine Forderung nach drei Jahren zum Ende des Jahres, in dem sie entstanden ist und der Gläubiger Kenntnis von der Forderung erlangt hat. Vorliegend ist die Forderung mit Rechnungslegung entstanden, der A hatte mithin auch Kenntnis von seinem Anspruch gegen B. Folglich verjährt die Forderung zum Schluss des Jahres 2020.

B beruft sich zu Unrecht auf die Einrede der Verjährung.

Allgemeines Schuld- und Vertragsrecht

2.1 Fall 1: Angebot und Annahme – „Sonnenbrille"

2.1.1 Fallfrage

Armin geht in den Second-Hand-Laden des Bertram, um sich eine Sonnenbrille zu kaufen. Sofort spricht ihn eine Brille im Stil der 80er Jahre an. Der Bertram nennt ihm daraufhin als Preis 150 €, es handele sich schließlich um ein besonders schönes Exemplar. Armin, der gerade knapp bei Kasse ist, kommen nun Bedenken, ob es wirklich diese Sonnenbrille sein muss. Bertram räumt Armin „bis heute Abend Bedenkzeit" ein. Armin versucht noch am selben Tag, seine Schwester anzurufen und um Geld zu bitten. Er kann sie jedoch erst am nächsten Tag erreichen, leiht sich sodann Geld und macht sich auf den Weg zu Bertrams Laden. Dort angekommen, möchte Bertram nunmehr 170 € haben, da er ein gutes Geschäft mit der Brille wittert.

Armin fragt sich, ob Bertram an den Preis i. H. v. 150 € Euro gebunden ist.

2.1.2 Lösung

Bertram (B) wäre an den Kaufpreis i. H. v. 150 € gebunden, wenn zwischen Armin (A) und B ein wirksamer Kaufvertrag im Sinne des § 433 BGB zustande gekommen ist.

Ein solcher entsteht, wenn zwei Willenserklärungen mit aufeinander abgestimmtem Inhalt abgegeben werden, die die Verpflichtung zur Übergabe der Kaufsache gegen Entrichtung des Kaufpreises zum Gegenstand haben. Fraglich ist, ob vorliegend ein solches Angebot erfolgt ist, zu dem eine wirksame Annahme erklärt wurde.

Dafür müsste zunächst ein Angebot vorliegen. Ein Angebot ist ein Antrag zur Begründung eines Vertragsverhältnisses. B hat dem A die Sonnenbrille zu einem Preis von 150 € zum Verkauf angeboten. Ein Angebot des B liegt demnach vor.

Fraglich ist, ob A dieses auch angenommen hat. Annahme ist die uneingeschränkte Bestätigung des Angebots, ohne dieses abzuändern. A erklärte am nächsten Tag, dass er das Angebot des B annehme. Eine Annahme liegt mithin vor. Allerdings könnte diese verspätet sein. Dies wäre der Fall, wenn nach den §§ 147 ff. BGB das Angebot nur in einem bestimmten zeitlichen Rahmen angenommen werden könnte.

Generell ist die Annahme eines Angebots unter Anwesenden nach § 147 I BGB nur sofort möglich. Nach § 148 BGB kann jedoch abweichend von diesem Grundsatz auch eine Annahmefrist vereinbart werden. Dies ist vorliegend erfolgt. Nach der Vereinbarung der Parteien untereinander sollte es A möglich sein, das Angebot des B bis zum Abend desselben Tages anzunehmen. A hat jedoch die Annahme nicht innerhalb der gesetzten Annahmefrist, sondern erst am nächsten Tag erklärt. Somit liegt keine rechtzeitige Annahme vor. Eine verspätete Annahme gilt nach § 150 BGB als neuer Antrag, dieser wurde indes von B nicht angenommen.

Folglich ist kein Kaufvertrag mit dem Preis von 150 € zustande gekommen, der B ist an die 150 € auch nicht gebunden. A kann nun lediglich das erneute Angebot zu 170 € annehmen.

Da ein Kaufvertrag zwischen A und B nicht geschlossen wurde, ist B nicht verpflichtet, die Sonnenbrille an A gegen Zahlung von nur 150 € zu übereignen.

▶ **Hinweise** Es handelt sich um einen einfachen Fall, der die Grundlagen des Entstehens eines Kaufvertrages verdeutlichen soll. Nur, weil der Schwerpunkt des Falles auf der Frage nach dem Zustandekommen eines Vertrages liegt, ist dies so ausführlich zu prüfen. Sind die Sachverhaltsangaben unproblematisch, ist eine ausführliche Prüfung von Angebot und Annahme nicht erforderlich. Insofern genügt es festzustellen, dass ein wirksamer Kaufvertrag entstanden ist. Eine zu ausführliche Erörterung offensichtlicher und unproblematischer Tatsachen wäre dann als klassischer Anfängerfehler zu werten.

▶ **Wesentliche Paragrafen** §§ 147, 148, 150, 433 BGB

2.2 Fall 2: Vertragsentstehung durch konkludente Annahme – „Straßenbahnfahren mit Peter"

2.2.1 Fallfrage

Peter möchte gerne mit der Straßenbahn nach Hause fahren. Während er auf die Bahn wartet, regt er sich über die erneute Preiserhöhung auf. Er beschließt deshalb, in Zukunft keine Tickets mehr zu bezahlen. Er will einfach keinen Vertrag mehr mit dem Bahnbetreiber abschließen. Seinem Gedanken folgend, steigt er in die nächste Straßenbahn ein und erwirbt kein Ticket, obwohl er die von dem Bahnbetreiber gut erkennbar ausgehängten behördlich genehmigten „Beförderungsbedingungen" zur Kenntnis nimmt. Dort heißt es unter § 9 Abs. 1:

> „Ein Fahrgast ist zur Zahlung eines erhöhten Beförderungsentgeltes verpflichtet, wenn er für sich kein gültiges Ticket beschafft hat. Das erhöhte Beförderungsentgelt beträgt 60,00 €."

Wie es das Schicksal so will, steigt bereits eine Station ein Sicherheitsbeamter hinzu. Peter wird sodann von dem Sicherheitsbeamten aufgefordert, einen gültigen Fahrausweis vorzuzeigen.

Kann der Bahnbetreiber das erhöhte Beförderungsentgelt i. H. v. 60 € von Peter aus einem vertraglichen Anspruch verlangen?

2.2.2 Lösung

Der Bahnbetreiber (B) könnte einen Anspruch auf Zahlung des erhöhten Beförderungsentgeltes i. H. v. 60 € aus § 631 BGB i. V. m. § 9 Abs. 1 „Beförderungsbedingungen" gegen Peter (P) haben.

I. Zustandekommen eines wirksamen Werkvertrages

Fraglich ist zunächst, ob zwischen P und B ein wirksamer Werkvertrag zustande gekommen ist.

1. Rechtsnatur eines Beförderungsvertrages

Dazu müsste es sich bei einem Beförderungsvertrag um einen Werkvertrag i. S. v. §§ 631 ff. BGB handeln. Anders als bei einem Dienstvertrag gem. §§ 611 ff. BGB, bei dem lediglich ein Arbeitseinsatz und das Bemühen eines Erfolges geschuldet werden, wird der Auftragnehmer bei einem Werkvertrag gerade dazu verpflichtet, einen Erfolg herbeizuführen. Bei einer Straßenbahnfahrt liegt der Schwerpunkt auf der Beförderung von Personen. Geschuldet wird deshalb ein konkreter Erfolg und nicht nur die Tätigkeit als solche. Mithin handelt es sich bei einem Beförderungsvertrag um einen Werkvertrag i. S. v. §§ 631 ff. BGB.

2. Übereinstimmende Willenserklärungen

Vorliegend müssten P und B zwei wirksame und inhaltlich korrespondierende Willenserklärungen gem. §§ 145 ff. BGB (Angebot und Annahme) abgegeben haben.

a) Angebot durch B

B könnte ein Angebot i. S. v. § 145 BGB abgegeben haben. Dies ist dann der Fall, wenn der äußere und innere Erklärungstatbestand einer Willenserklärung gegeben sind und die Willenserklärung zudem wirksam geworden ist. Der äußere Erklärungstatbestand ist erfüllt, wenn aus Sicht eines objektiven Empfängers Handlungs-, Rechtsbindungs- und Geschäftswille vorliegen. Der innere Erklärungstatbestand ist dann erfüllt, wenn seitens des Absenders zumindest ein Handlungswille und Erklärungsbewusstsein vorliegen. Wirksam wird die Willenserklärung, wenn der Empfänger objektiv in der Lage war, sie zu vernehmen. Durch das Bereitstellen der Straßenbahn wird deutlich, dass B mit jedem, der seine Beförderungsleistung in Anspruch nimmt, auch einen Beförderungsvertrag abschließen will. Hinsichtlich des äußeren und inneren Erklärungstatbestandes sowie der Wirksamkeit bestehen deshalb keine Bedenken. Ein Angebot i. S. v. § 145 BGB seitens des B liegt folglich vor.

b) Annahme durch P

Der P müsste das Angebot des B auch angenommen haben. Für eine Annahme reicht auch ein konkludentes Verhalten. Danach ist das Vorliegen einer Annahme regelmäßig dann zu bejahen, wenn ein nach außen hervortretendes Verhalten vom Standpunkt eines unbeteiligten objektiven Dritten aus auf einen wirklichen Annahmewillen schließen lässt. Hier steigt P in die Straßenbahn ein und lässt sich von dieser nach Hause befördern. Dies ist vom Standpunkt

2.2 Fall 2: Vertragsentstehung durch konkludente Annahme

eines unbeteiligten objektiven Dritten als Annahmewillen des P zu verstehen. Damit hat der P das Angebot des B konkludent angenommen.

c) Entgegenstehender Wille

P hatte jedoch den festen Willen, gerade keinen Vertrag zu schließen. Fraglich ist deshalb, wie sich dieser entgegenstehende, tatsächliche Wille des P auf den Vertragsschluss auswirkt. Dies regelt § 116 BGB. Danach ist ein abweichender innerer Wille ein geheimer Vorbehalt und nach dem geltenden Grundsatz „*protestatio facto contraria non valet*" unerheblich. Demzufolge ist der entgegenstehende innere Wille des P unbeachtlich für seine konkludent erklärte Annahme.

3. Zwischenergebnis

Zwischen P und dem B ist ein wirksamer Werkvertrag gem. §§ 631 ff. BGB zustande gekommen.

II. Wirksamkeit des § 9 Abs. 1 „Beförderungsbedingungen"

Fraglich ist jedoch die Höhe des Fahrpreises. Dieser könnte sich aus den Beförderungsbedingungen ergeben. § 9 Abs. 3 „Beförderungsbedingungen" müsste dafür wirksamer Vertragsbestandteil geworden sein.

1. Vorliegen von AGB

Bei der fraglichen Klausel könnte es sich um Allgemeine Geschäftsbedingungen (AGB) i. S. v. § 305 I BGB handeln. Nach § 305 I sind AGB vorformulierte Vertragsbedingungen für eine Vielzahl von Verträgen, die der Verwender bei Abschluss des Vertrages stellt. Diesbezüglich bestehen keine Bedenken. Bei den „Beförderungsbedingungen" handelt es sich somit um AGB i. S. v. § 305 I BGB.

2. Wirksame Einbeziehung

Die „Beförderungsbedingungen" müssten darüber hinaus wirksam in den Vertrag einbezogen worden sein. Dies ist nach der Sonderregelung des § 305a Nr. 1 BGB für behördlich genehmigte Beförderungsbedingungen auch ohne Beachtung des § 305 II BGB dann der Fall, wenn die andere Vertragspartei mit der Geltung der AGB einverstanden ist. Die Beförderungsbedingungen sind vorliegend gut erkennbar in der Straßenbahn ausgehängt worden. Bei einer konkludenten Willenserklärung im Hinblick auf den Abschluss eines Vertrages ist deshalb auch von einer konkludenten Einwilligung in die Beförderungsbedingungen auszugehen. Ein entgegenstehender innerer Wille ist diesbezüglich wie ausgeführt unerheblich. Demnach wurden die Beförderungsbedingungen wirksam in den Vertrag einbezogen.

3. Inhaltskontrolle

Zuletzt müsste die fragliche Klausel einer Inhaltskontrolle gem. §§ 307 ff. BGB standhalten. In Betracht kommt eine Unwirksamkeit der Klausel gem. § 309 Nr. 6 BGB, welcher hier nach

§§ 310 I, 13, 14 BGB Anwendung findet. Demnach ist eine Bestimmung, durch die dem Verwender für den Fall der Nichtabnahme oder verspäteten Abnahme der Leistung, des Zahlungsverzuges oder für den Fall, dass der andere Vertragsteil sich vom Vertrag löst, die Zahlung einer Vertragsstrafe versprochen wird, unwirksam. Vorliegend umfasst § 9 Abs. 1 der Beförderungsbedingungen den Fall, dass die andere Vertragspartei zwar die Leistung entgegennimmt, jedoch kein Entgelt entrichtet. Folge dieser Konstellation ist dann ein erhöhtes Entgelt. Damit liegt folglich kein Verstoß gegen § 309 Nr. 6 BGB vor. Eine unangemessene Benachteiligung nach § 307 I BGB ist auch nicht erkennbar, da die Regelung für einen ordnungsgemäßen Beförderungsbetrieb geradezu geboten erscheint.

§ 9 Abs. 1 der Beförderungsbedingungen hält damit auch einer Inhaltskontrolle stand.

4. Zwischenergebnis

§ 9 Abs. 1 der Beförderungsbedingungen ist wirksamer Vertragsbestandteil geworden.

III. Endergebnis

Der B hat einen Anspruch auf Zahlung eines erhöhten Beförderungsentgeltes i. H. v. 60 € gegen den P gem. § 631 BGB i. V. m. § 9 Abs. 1 der Beförderungsbedingungen.

▸ **Hinweise** Der Fall beinhaltet zwei Prüfungsschwerpunkte. Der Bearbeiter muss zunächst die Grundlagen des Vertragsschlusses herausarbeiten. Die Frage des konkreten Vertragsinhaltes, insbesondere auch der AGB-rechtlichen Thematik, schließt sich an. Solange der Bearbeiter die Prüfungsschritte sauber nacheinander abarbeitet, ergeben sich keine besonderen Schwierigkeiten.

▸ **Wesentliche Paragrafen** §§ 116, 145, 305, 309, 631 BGB

2.3 Fall 3: Vertragsschluss, Invitatio ad offerendum – „Kauf das!"

2.3.1 Fallfrage

Jaqueline geht in die Modeboutique „Kauf das!". Hier verkauft Monique von ihr selbst handgefertigte Kleider. Auf einer Kleiderstange findet Jaqueline ein Kleid, welches ihr sofort zusagt. An dem Kleid baumelt ein Preisschild. Dieses Kleid nimmt sie mit zur Kasse und legt es wortlos auf den Tresen. Monique gibt den Kaufpreis in die Kasse ein und spricht diesen laut vor sich hin. Jaqueline zahlt den genannten Betrag, nimmt das Kleid und verlässt das Geschäft.

Ist zwischen Jaqueline und Monique ein Vertrag zustande gekommen?

2.3.2 Lösung

Zwischen Jaqueline (J) und Monique (M) könnte ein wirksamer Kaufvertrag im Sinne des § 433 Abs. 1 BGB zustande gekommen sein. Dazu bedarf es zweier aufeinander abgestimmter Willenserklärungen in Form eines Angebots und der Annahme dieses Angebots gemäß den §§ 145 ff. BGB.

Ein Angebot könnte darin liegen, dass die M ihre Kleider zum Verkauf in dem Geschäft ausgestellt und mit einem Preisschild versehen hat. Fraglich ist jedoch, ob das Ausstellen des konkreten Kleidungsstückes schon eine Willenserklärung beinhaltet. Eine Willenserklärung ist eine Erklärung mit Handlungswillen, Erklärungsbewusstsein und Rechtsbindungswillen. Zwar ist in dem Ausstellen der Kleidungsstücke wohl ein Handlungswille der M zu sehen, da sie das Kleid verkaufen möchte. Jedoch will sie sich mit dem Ausstellen des Kleides keinesfalls rechtlich binden. Sonst liefe sie Gefahr, dass z. B. zwei Kunden gleichzeitig dieses Kleid kaufen wollen würden und sie gar nicht erfüllen könnte.

Daher beinhaltet das Ausstellen und Auszeichnen des Kleides lediglich eine sog. „Invitatio ad offerendum", also eine Einladung zur Abgabe einer Willenserklärung. Mangels Rechtsbindungswillen der M ist in dem Ausstellen und Auszeichnen des Kleides folglich noch kein Angebot zu sehen.

Ein Angebot könnte jedoch darin liegen, dass die J das Kleid an die Kasse brachte und auf den Tresen legte. Die J hat durch diese Handlung gegenüber der M durch schlüssiges Handeln (konkludent) zum Ausdruck gebracht, dass sie das gegenständliche Kleid zum daran angebrachten Kaufpreis erwerben möchte. Folglich liegt eine Erklärung mit Rechtsbindungswillen, also eine Willenserklärung in Form eines Angebots vor.

Die Annahme des Angebots könnte in der lauten Nennung und dem Eingeben des Preises in die Kasse liegen. In dieser Handlung liegt wiederum die konkludente Erklärung, das Kleid gegen Zahlung des genannten Preises zu veräußern, mithin die Annahme des unterbreiteten Angebotes.

Der Vertrag zwischen M und J ist somit wirksam zustande gekommen.

▶ **Hinweise** Für diesen Anfängerfall muss der Bearbeiter nur zeigen, dass er die Tatbestandsmerkmale einer Willenserklärung beherrscht. Bei der Prüfung des Vorliegens einer Willenserklärung ist darauf zu achten, dass eine abgegebene Erklärung auch auf eine rechtliche Bindung abzielen muss, um rechtlich eine Willenserklärung darzustellen. So ist etwa bei Internetkäufen darauf zu achten, zu welchem Zeitpunkt ein Vertrag zustande kommt. Regelmäßig beinhalten in Internetshops hinterlegte Verkaufsofferten noch keine Angebote, sondern nur freibleibende Aufforderungen an Nutzer, ihrerseits ein Angebot abzugeben (z. B. durch Klicken auf den Button „kaufen", „bestellen" o. Ä.).

▶ **Wesentliche Paragrafen** §§ 145 ff., 433 BGB

2.4 Fall 4: Annahme an Erfüllungs statt – „Gekauft ist nicht getauscht"

2.4.1 Fallfrage

Valentin verkauft seine Spielkonsole an seinen Freund Konstantin. Sie einigen sich auf einen Kaufpreis von 250 €, die Konstatin am nächsten Tag dem Valentin vorbeibringen soll. Die Konsole nimmt Konstantin dagegen vereinbarungsgemäß sofort mit.

Am nächsten Tag teilt Konstatin jedoch mit, dass er das Geld doch für eine andere Angelegenheit benötigen würde. Anstelle der 250 € bietet er Valentin deshalb seine hochwertige Armbanduhr an. Valentin ist sofort einverstanden und nimmt die Uhr entgegen.

Einen Monat später gewinnt Konstatin im Lotto. Nun überlegt Valentin neu und kommt zu dem Schluss, dass ihm Bargeld doch lieber wäre als die Uhr.

Im Ergebnis fordert Valentin nun die 250 € Kaufpreis für die Konsole, weil diese schließlich noch nicht bezahlt worden seien.

Hat Valentin einen Anspruch auf Zahlung der 250 € gegen Konstatin?

2.4.2 Lösung

Valentin (V) könnte einen Anspruch aus § 433 II BGB gegen Konstatin (K) haben.

I. Anspruch entstanden

Zwischen den Parteien könnte ein wirksamer Kaufvertrag i. S. d. §§ 433 ff. BGB vorliegen. Dazu sind zwei inhaltlich korrespondierende Willenserklärungen, Angebot und Annahme, nach den §§ 145 ff. BGB erforderlich.

K und V einigten sich darauf, dass K das Eigentum an der Spielkonsole gegen eine Geldzahlung i. H. v. 250 € erhalten sollte. Demzufolge haben die beiden auch wirksam einen Kaufvertrag i. S. d. §§ 433 ff. BGB miteinander geschlossen.

Ein Anspruch auf Zahlung der 250 € ist deshalb entstanden.

II. Anspruch untergegangen

Der Anspruch des V gegen den K könnte jedoch durch Leistung oder Annahme an Erfüllungs statt untergegangen sein.

1. Erlöschen durch Leistung

Der Zahlungsanspruch des V könnte durch Leistung des K gem. § 362 I BGB erloschen sein. Ein Erlöschen des Anspruchs gem. § 362 I BGB liegt vor, wenn der richtige Schuldner die richtige Schuld zur rechten Zeit und am richtigen Ort gegenüber dem richtigen Schuldner und in der richtigen Art und Weise bewirkt hat. Das wäre hier die Zahlung des vereinbarten Kaufpreises gewesen. Dies ist nicht erfolgt. Ein Erlöschen des Anspruchs gem. § 362 I BGB ist folglich zu verneinen.

2. Erlöschen durch Annahme an Erfüllungs statt

Der Anspruch könnte aber durch Annahme an Erfüllungs statt gem. § 364 I BGB erloschen sein. Das wäre der Fall, wenn etwas anderes als die vereinbarte Leistung geleistet und angenommen worden wäre.

a) Hingabe eines Aliuds

V müsste etwas anderes als die geschuldete Leistung erhalten haben. V erhielt die Armbanduhr des K anstelle der eigentlich zu zahlenden 250 €. Folglich erhielt er ein Aliud.

b) Annahme der Forderung an Erfüllungs statt

Außerdem müsste V das Aliud auch anstelle der ursprünglichen Forderung angenommen haben. V willigte in die Übergabe der Uhr anstelle des Kaufpreises ausdrücklich ein.

Eine Annahme der Forderung an Erfüllungs statt liegt somit vor. Das zu einem späteren Zeitpunkt erfolgte Verlangen nach dem Geld ändert daran nichts mehr.

2.4 Fall 4: Annahme an Erfüllungs statt – „Gekauft ist nicht getauscht"

III. Endergebnis

Obwohl der Anspruch des V auf Zahlung des Kaufpreises gem. § 433 II BGB ursprünglich entstanden war, ist dieser gem. § 364 I BGB durch Annahme der Uhr weggefallen.

V hat keinen Anspruch auf Zahlung der 250 €.

▸ **Hinweise** Die Erfüllung einer Schuld kann auf unterschiedliche Weise erfolgen. Der Bearbeiter muss dies erkennen und die entsprechenden Voraussetzungen darlegen und sodann sauber subsumieren. Durch den einfach gelagerten Sachverhalt ergibt sich eine klare Schwerpunktsetzung, sodass der Bearbeiter sich nicht vertieft mit dem Kaufvertragsrecht auseinandersetzen muss und darf.

▸ **Wesentliche Paragrafen** §§ 362, 364 BGB

2.5 Fall 5: Mietwucher – „Studentenpreise"

2.5.1 Fallfrage

Anni hat einen Studienplatz in Berlin bekommen. Da sie derzeit noch in Hamburg wohnt, sucht sie nunmehr eine Wohnung in Berlin. Gerade zu Semesterbeginn sieht die Mietsituation in Berlin jedoch sehr angespannt aus. Auf viele Studienanfänger trifft ein begrenzter Wohnraum. Anni ist völlig unerfahren in geschäftlichen Zusammenhängen und sucht direkt in Berlin nach einer passenden Wohnung.

In Berlin trifft Anni auf Vermieter Jens. Er vermietet eine Ein-Zimmer-Wohnung in einem abgelegenen Außenbezirk von Berlin. Der übliche Mietzins liegt in diesem Bereich für eine vergleichbare Wohnung bei ca. 300 € warm. Zu diesem Preis will Jens die Wohnung auch vermieten.

Als Anni die Wohnung von Jens besichtigt und ihm von ihrer sehr misslichen persönlichen Lage berichtet, sieht Jens eine Goldgrube. Er erkennt Annis Unerfahrenheit und bietet ihr die Wohnung zu einem Preis von 800 € kalt an. Anni, die keine andere Wohnung in Aussicht hat und schon befürchtet, das Studium gar nicht beginnen zu können, sagt dem Jens sofort zu. Nachdem Anni nun ihr Studium aufgenommen hat, kommen ihr Zweifel, ob sie tatsächlich diese überhöhte Miete zahlen muss. Sie schreibt den Vermieter Jens daher an und teilt ihm mit, dass sie nunmehr nur noch 300 € Miete zahlen werde.

Jens ist wütend und verlangt Zahlung der 800 €.

Zu Recht?

2.5.2 Lösung

Jens (J) könnte gegenüber Anni (A) einen Anspruch auf Zahlung der vereinbarten Miete i. H. v. 800 € aus § 535 Abs. 1 BGB haben.

Dazu müsste zwischen A und J ein wirksamer Mietvertrag nach § 535 BGB bestehen. A und J haben sich über die wesentlichen Vertragsbestandteile geeinigt. Ein Vertrag mit den Pflichten des § 535 BGB ist demnach zustande gekommen.

Dieser Vertrag könnte jedoch nichtig sein nach § 138 Abs. 2 BGB. Dazu müsste der Tatbestand des Wuchers erfüllt sein. Wucher liegt vor, wenn objektiv ein Rechtsgeschäft in einem auffälligen Missverhältnis zur Gegenleistung steht und zudem subjektiv die Ausnutzung einer bestimmten Zwangslage oder Unerfahrenheit des Vertragspartners erfolgt ist. Ein solches auffälliges Missverhältnis ist grundsätzlich zu bejahen, wenn der Marktpreis der Leistung um mehr als 100 % überschritten wird. Insbesondere bei Mietwohnungen erscheint diese Grenze aus Schutzerwägungen für Mieter zudem als eher zu hoch angesetzt, sodass auch Überschreitungen von weniger als 100 % des marktüblichen Mietzinses ausreichend sind, um ein auffälliges Missverhältnis zu begründen. Ein auffälliges Missverhältnis kann bei Mietwohnungen demnach auch schon ab Überschreitungen von mehr als 50 % des Marktpreises angenommen werden.

Vorliegend wären 300 € warm ein üblicher Preis für die Wohnung des J. A mietete die Wohnung zu einer Miete von 800 € kalt an, sodass ein auffälliges Missverhältnis demnach besteht. Der objektive Tatbestand ist erfüllt.

Der subjektive Tatbestand des Wuchers nach § 138 Abs. 2 BGB hingegen erfordert die Ausbeutung der Zwangslage, der Unerfahrenheit, des Mangels an Urteilsvermögen oder einer erheblichen Willensschwäche eines anderen. Vorliegend kommt die Ausbeutung einer Zwangslage in Verbindung mit der Ausnutzung einer geschäftlichen Unerfahrenheit in Betracht. Eine Zwangslage liegt vor, wenn dem Bewucherten des Wuchergeschäfts das Eingehen dieses Geschäfts als das kleinere Übel erscheint. Ohne den Mietvertrag mit J hätte A ihr Studium nicht aufnehmen können. Eine überhöhte Miete zu bezahlen, erschien ihr daher als das kleinere Übel, als ein Jahr lang nicht mit dem Studium beginnen zu können. Eine Zwangslage der A lag somit vor. Dieser Umstand wird noch verstärkt durch ihre geschäftliche Unerfahrenheit.

Diese Zwangslage müsste J ausgebeutet haben. Ausbeuten ist das bewusste Ausnutzen der gegebenen Zwangssituation des Bewucherten. Insofern ist nach § 276 I BGB Vorsatz, also das Wissen und Wollen bezüglich des tatbestandlichen Erfolges, erforderlich. J wusste, dass A keine andere Möglichkeit hat, als sein Angebot anzunehmen, wenn sie ihr Studium aufnehmen möchte. Er kannte ihre Zwangslage und wollte sich bewusst hieraus einen Vorteil verschaffen. Er handelte demnach vorsätzlich. Eine Ausbeutung seitens des J liegt demzufolge vor. Der subjektive Tatbestand des § 138 Abs. 2 BGB ist demnach auch erfüllt. Der Mietvertrag zwischen J und A wäre danach nach dem Wortlaut des § 138 II BGB nichtig.

Fraglich ist jedoch, ob diese Rechtsfolge mit dem Wesen des Mietvertrages vereinbar ist. Danach ist insbesondere im Wohnraummietrecht der Gedanke des Mieterschutzes vor einem unberechtigten Verlust der Wohnung prägend. Wäre der Mietvertrag vorliegend nichtig, verlöre die A die dringend benötigte Wohnung. Der Mieter soll aber nicht darunter zu leiden haben, dass der Vermieter ihm ein Wucherangebot gemacht hat und er zunächst auf dieses eingegangen ist. Daher ist im Mietrecht ausnahmsweise auch bei einem Wuchergeschäft eine geltungserhaltende Reduktion des wucherischen Vertrages vorzunehmen. Der Mietvertrag zwischen A und J ist somit als wirksam zu betrachten, wobei der Mietzins im Wege der ergänzenden Vertragsauslegung nach den §§ 133, 157 BGB auf den marktüblichen Mietzins herabzusetzen ist.

Somit hat J gegenüber A nur einen Anspruch auf Zahlung der Miete i. H. v. 300 € warm aus § 535 Abs. 1 BGB.

▸ **Hinweise** In diesem Fall dürfen Sie keine Zeit darauf verwenden, das Zustandekommen eines Vertrages zu erörtern. Dieses ist offensichtlich. Sie müssen sich direkt dem Kern des Falles zuwenden, der zunächst das Erkennen der Sittenwidrigkeit beinhaltet. Im zweiten Schritt sollte Ihnen auffallen, dass die in § 138 BGB vorgesehene Rechtsfolge der Nichtigkeit im Wohnraummietrecht zu unvertretbaren Ergebnissen führt. Um dieses Ergebnis angemessen zu korrigieren, müssen Sie nicht die genaue Lösung kennen. Es dürfte ausreichen, dass Sie an dieser Stelle Ihr Problembewusstsein und Ihre Argumentationsfähigkeit unter Beweis stellen.

▸ **Wesentliche Paragrafen** §§ 133, 138 , 157, 276, 535 BGB

2.6 Fall 6: Stellvertretung – „Fernseher"

2.6.1 Fallfrage

Lori möchte einen neuen Fernseher kaufen. Da sie sich mit den technischen Neuheiten in diesem Bereich überhaupt nicht auskennt, bittet sie ihren Freund Manuel darum, ihr einen geeigneten Fernseher auszusuchen und ihn für sie zu kaufen. Insoweit hat sie vollstes Vertrauen in ihren Freund, der immer up to date in Elektronikdingen ist.

Manuel geht sodann in den Elektronikfachhandel und sucht ein Gerät für Lori aus. Er unterhält sich mit dem Verkäufer B. Baumann und schließt mit diesem den Kaufvertrag ab. Er erklärt B. Baumann ausdrücklich, dass der Fernseher für seine Bekannte Lori ist, und unterschreibt den Kaufvertrag mit „i. A. Manuel". Die beiden vereinbaren, dass Lori den Fernseher am nächsten Montag abholt und den Kaufpreis bei Abholung entrichtet.

Lori erscheint auch Montag früh und will den Fernseher abholen. Als sie sich den Fernseher anschaut, ist sie jedoch völlig entsetzt. Ein solch klobiges Gerät hatte sie sich nicht vorgestellt, sie wünschte sich vielmehr einen Fernseher, der ihren Ansprüchen angemessen ist.

Sie hat daher kein Interesse an dem Fernseher und möchte auch nicht den Kaufpreis i. H. v. 1.000 € entrichten. Baumann sagt, das interessiere ihn alles gar nicht, und verweist auf die Angaben und Erklärungen des Manuel. Er verlangt die Abnahme und Zahlung des Fernsehers im Namen seines Arbeitgebers, des Elektronikfachhandels.

Zu Recht?

2.6.2 Lösung

Der Elektronikfachhandel (E) könnte einen Anspruch gegenüber Lori (L) auf Zahlung von 1.000 € Euro aus § 433 Abs. 2 BGB haben.

Dazu müsste zwischen L und E ein wirksamer Kaufvertrag im Sinne des § 433 BGB zustande gekommen sein. Ein solcher wäre wirksam entstanden, wenn eine Einigung zwischen E und L über die wesentlichen Vertragsbestandteile vorliegt. L ist jedoch selbst nicht mit dem E in Kontakt getreten.

Jedoch könnte das Handeln von Manuel (M) auch Wirkung für und gegen L entfalten. Eine solche Wirkung wäre anzunehmen, wenn L gemäß § 164 Abs. 1 S. 1 BGB wirksam durch M vertreten worden ist.

Für eine wirksame Stellvertretung durch M müsste dieser zunächst eine eigene Willenserklärung abgegeben haben. M hat den Fernseher selbstständig ausgewählt und die Bedingungen des Vertrages eigenhändig ausgehandelt. Folglich hat der M eine eigene Willenserklärung abgegeben und ist nicht lediglich als Bote einer fremden Erklärung aufgetreten.

Diese Willenserklärung müsste M allerdings auch in fremdem Namen abgegeben haben. M hat gegenüber B. Baumann (B) erwähnt, dass er den Kaufvertrag für L abschließen möchte, und das Vertragsformular auch ausdrücklich im Auftrage der L unterschrieben. Er hat demnach das Vertretungsverhältnis offenkundig gemacht.

Schließlich müsste M auch mit Vertretungsmacht der L gehandelt haben. Vertretungsmacht ist die gesetzliche oder rechtsgeschäftliche Ermächtigung, für den Vertretenen zu handeln. Vorliegend hatte L den M ausdrücklich nach § 167 BGB dazu ermächtigt, einen Kaufvertrag über einen Fernseher für sie abzuschließen. Dass L mit dem Ergebnis nicht einverstanden ist, ist rechtlich ohne Bedeutung. Eine wirksame Stellvertretung der L durch M liegt folglich vor.

M hat somit für L ein wirksames Angebot abgegeben. B hat dieses auch in der ihm zustehenden Vertretungsmacht als Ladenangestellter des E nach § 56 HGB angenommen. Ein wirksamer Kaufvertrag nach § 433 BGB ist zwischen L und E demzufolge entstanden.

E hat somit einen Anspruch aus § 433 Abs. 2 BGB auf Zahlung des Kaufpreises i. H. v. 1.000 € gegenüber L, Zug um Zug gegen Übereignung des Fernsehgeräts.

▸ **Hinweise** Der Bearbeiter musste für die erfolgreiche Lösung des Falles die Voraussetzungen einer wirksamen Stellvertretung kennen. Bei diesem Fall handelte es sich um einen absoluten Grundfall, der als Einstieg in die Bearbeitung schwierigerer Fälle dienen soll. In einem Klausurfall wird der Sachverhalt sicher noch weitere Probleme für Sie bereithalten. In einem solchen Fall sollten Sie das Grundschema stets im Kopf behalten, eine schematische Lösung allein jedoch vermeiden. Setzen Sie stets die Schwerpunkte dort, wo sie zu finden sind.

▸ **Wesentliche Paragrafen** §§ 164, 167, 433 BGB; § 56 HGB

2.7 Fall 7: AGB-Kontrolle – „Das Kleingedruckte"

2.7.1 Fallfrage

Anatol mietet ein Auto bei der C-GmbH. Vor Vertragsschluss berichtet die Mitarbeiterin der C-GmbH Anatol von den „Allgemeinen Geschäftsbedingungen" der C-GmbH und erklärt diesem, dass die AGB an der Eingangstür aushängen. Anatol hat keine Lust, sich dieses „Kleingedruckte" durchzulesen, und sagt der Mitarbeiterin nur, dass das so schon okay sein wird.

In den AGB der C-GmbH findet sich unter anderem die folgende Klausel:

„Die C-GmbH schließt sämtliche Schadensersatzansprüche aus."

Anatol erleidet auf der Fahrt von Hamburg nach München mit dem gemieteten Wagen einen schweren Verkehrsunfall, an dem ihn keinerlei Verschulden trifft. Vielmehr kam der Unfall durch einen Defekt an der Bremsanlage des Wagens zustande.

Anatol erleidet schwere Verletzungen und fragt sich nun, ob er Schmerzensgeld von der C-GmbH fordern kann. Auch ist bei dem Unfall seine Hose völlig zerfetzt worden, sodass er diese gerne ersetzt hätte. Der Wert der Hose beträgt 50 €. Die C-GmbH hingegen beruft sich auf ihre AGB und verweigert jegliche Zahlung.

Wie ist die Rechtslage?

2.7.2 Lösung

Anatol (A) könnte gegenüber der C-GmbH einen Anspruch auf Schadensersatz nach den § 536a I BGB haben. Dazu müsste ein Mietvertrag vorliegen, bei welchem die Mietsache bereits bei Vertragsschluss einen Mangel gehabt hat oder ein solcher Mangel später aufgrund eines Umstandes, den der Vermieter zu vertreten hat, eingetreten ist. Der Vertrag, der zwischen A und der C-GmbH geschlossen wurde, hat die entgeltliche Überlassung eines Autos zum Gegenstand. Zwischen A und der C-GmbH ist demzufolge ein Mietvertrag gemäß § 535 Abs. 1 BGB entstanden.

Fraglich ist, ob die Mietsache einen Mangel aufweist. Ein Sachmangel liegt vor, wenn die Ist-Beschaffenheit der Sache von der Soll-Beschaffenheit der Sache abweicht. Vereinbart haben die Parteien die Miete eines funktionstüchtigen Pkws. Die Bremsanlage des Pkws war jedoch nicht voll funktionstüchtig. Demnach weicht die Ist-Beschaffenheit des Autos von der Soll-Beschaffenheit ab. Ein Sachmangel nach § 535 Abs. 1 BGB liegt folglich vor. Sollte der Mangel bereits bei Vertragsschluss vorgelegen haben, wäre ein Verschulden des Vermieters nicht erforderlich. Falls der Mangel erst zu einem späteren Zeitpunkt entstanden sein sollte, müsste nach § 276 I BGB ein Verschulden des Vermieters vorliegen. Entsprechend der Wertung des § 280 I S. 2 BGB wird das Verschulden jedoch vermutet, sodass die C-GmbH sich entlasten müsste. Dafür ist indes nichts ersichtlich. Folglich kann die Frage des Zeitpunktes des Mangeleintritts vorliegend dahinstehen. Es besteht dem Grunde nach ein Schadensersatzanspruch des A.

Fraglich ist jedoch, ob ein solcher Schadensersatzanspruch durch die Allgemeinen Geschäftsbedingungen der C-GmbH ausgeschlossen ist. Die entsprechende Klausel wird für eine Vielzahl von Verträgen verwendet, ist vorformuliert und gestellt, sodass AGB nach der Legaldefinition § 305 I BGB vorliegen. Diese müssten wirksam in den Vertrag einbezogen worden sein und zudem einer Inhaltskontrolle standhalten.

Die Einbeziehung von AGB erfolgt gemäß den §§ 305 II, 310 I BGB. Danach müssen AGB, die von einem Unternehmen gegenüber einem Verbraucher verwendet werden, am Orte des Vertragsschlusses bereitgestellt werden, der Verbraucher muss die Möglichkeit der Kenntnisnahme haben und mit ihrer Anwendung einverstanden sein.

Nach den §§ 13, 14 BGB ist A Verbraucher und die C-GmbH ein Unternehmer. Die AGB waren deutlich sichtbar am Ort des Vertragsschlusses ausgehängt, die Mitarbeiterin der C-GmbH hat ausdrücklich auf diese hingewiesen und der A hat mit seinem „okay" auch seine Zustimmung zu den Bedingungen zum Ausdruck gebracht. Die AGB wurden folglich wirksam in den Vertrag einbezogen.

Fraglich ist indes, ob diese auch einer Inhaltskontrolle nach den §§ 307 ff. BGB standhalten. Hier könnte ein Verstoß gegen § 309 Nr. 7a und 7b BGB vorliegen, der zur Nichtigkeit der Klausel nach § 306 I BGB führen würde. § 309 BGB ist vorliegend als Prüfungsmaßstab auch einschlägig, da – wie bereits gezeigt – nach § 310 I BGB die Verwendung der AGB durch einen Unternehmer gegenüber einem Verbraucher erfolgt.

Nach § 309 Nr. 7a BGB ist eine Klausel nichtig, die einen Ausschluss der Haftung für Verletzungen des Körpers, der Gesundheit oder des Lebens bewirkt. Die gegenständliche Klausel

2.7 Fall 7: AGB-Kontrolle – „Das Kleingedruckte"

schließt sämtliche Schadensersatzansprüche aus. Mithin sind von diesem Ausschluss auch Schadensersatzansprüche, die sich aus der Verletzung des Lebens, Körpers oder der Gesundheit ergeben, umfasst. Die Klausel ist daher nach § 309 Nr. 7a BGB nichtig.

Nach § 309 Nr. 7b BGB ist eine Klausel zudem dann unwirksam, wenn Schadensersatzansprüche, die sich aus grober Fahrlässigkeit ergeben, ausgeschlossen werden. Da die zu prüfende Klausel gerade auf einen solchen Ausschluss gerichtet ist, ist diese auch nach § 309 Nr. 7b BGB unwirksam.

Nach § 306 II BGB treten an die Stelle der nichtigen Klausel die gesetzlichen Regelungen, sodass es bei dem Schadensersatzanspruch nach dem § 536a BGB dem Grunde nach verbleibt.

Fraglich ist daher noch die Höhe des zu ersetzenden Schadens. Dieser richtet sich nach den §§ 249 ff. BGB. Ein Schaden nach § 249 I BGB ist jede unfreiwillige Vermögenseinbuße (positives Interesse). Wäre die Bremsanlage nicht kaputt gewesen, hätte A keinen Unfall gehabt und seine Hose im Wert von 50 € wäre nicht zerstört worden. Die zerstörte Hose stellt folglich eine unfreiwillige Vermögenseinbuße dar. Ein Schaden liegt demzufolge i. H. v. 50 € vor.

Darüber hinaus hat A auch erhebliche Schmerzen erlitten. Diese stellen jedoch keinen Vermögensschaden dar. Jedoch sind nach § 253 Abs. 1 BGB auch immaterielle Schäden ersetzbar. Nach § 253 II BGB kann für die Verletzung der körperlichen Unversehrtheit eine billigende Entschädigung in Geld verlangt werden (Schmerzensgeld). Vorliegend wurde A bei dem Unfall an seinem Körper verletzt, sodass A demnach auch seinen immateriellen Schaden gegenüber der C-GmbH geltend machen kann.

Demzufolge hat A einen Anspruch auf Schadensersatz nach den §§ 536a, 249 I BGB i. H. v. 50 € und einen Anspruch auf ein angemessenes Schmerzensgeld nach den §§ 536a, 253 BGB gegen die C-GmbH.

▸ **Hinweise** Das Erkennen des Schadensersatzanspruchs, dessen Inhalt und dessen Prüfungsaufbau sollten nach den §§ 536a, 249 I, 253 BGB in diesem Fall keine große Mühe machen. Das Augenmerk des Bearbeiters muss hier auf der sorgfältigen Prüfung des AGB-Rechts nach den §§ 305 ff. BGB liegen. Dabei muss der Bearbeiter die Prüfsystematik beachten: Zunächst ist zu klären, ob überhaupt AGB vorliegen. Sodann ist § 310 BGB zu beachten, der den Prüfungsmaßstab bestimmt. Erst anschließend können die Einbeziehungsvoraussetzungen geprüft und die Inhaltskontrolle vorgenommen werden. Bei der Inhaltskontrolle ist auf die Prüfreihenfolge der einzelnen Normen entgegen der Nummernfolge zu achten: §§ 309, 308, 307 BGB.

▸ **Wesentliche Paragrafen** §§ 276, 280, 305, 306, 308, 309, 310, 535, 536a BGB

2.8 Fall 8: Anfechtung und Rückabwicklung gescheiterter Verträge – „Original oder Fälschung?"

2.8.1 Fallfrage

Erika und Bert haben einen Kaufvertrag über ein Bild zu einem Preis von 3.000 € geschlossen. Erika wollte dieses Bild verkaufen, da sie es mit schlechten Erinnerungen an ihren verstorbenen Mann verbindet, der ihr jahrelang untreu war. Sie hofft, dass es sich bei dem Bild um ein wertvolles Original handelt, da ihr Mann schon immer einen teuren Kunstgeschmack hatte. Tatsächlich weiß Erika nicht, ob das Bild ein Original ist, und hat folglich über den Wert des Bildes keinerlei Vorstellung. Bert dagegen ist ausgewiesener Kunstkenner und sieht sofort, dass das Bild ein Original ist und einen Marktwert von jedenfalls 60.000 € hat.

Während der Vertragsverhandlungen teilt Bert der Erika jedoch sein Bedauern darüber mit, dass es sich bei dem Bild leider nur um eine Nachahmung handele. Gleichwohl wäre er aufgrund der persönlichen Situation der Erika bereit, ihr das Gemälde für 3.000 € abzukaufen, da er es selbst „ganz hübsch findet".

Einige Wochen nach der Übergabe des Bildes an Bert liest Erika in der Zeitung von der erfolgreichen Veräußerung des besagten Bildes für 60.000 € an Camilla. Direkt nach dem Lesen der Zeitung schreibt Erika daher dem Bert einen Brief mit u. a. folgendem Inhalt: „Ich möchte mein Bild von Ihnen zurück. Falls Sie das Bild nicht mehr zurückbekommen können, verlange ich den tatsächlichen Wert des Bildes!"

Welche Ansprüche stehen Erika gegen Bert zu?

2.8.2 Lösung

Erika (E) könnte gegen Bert (B) einen Anspruch auf Herausgabe des Bildes nach § 985 BGB haben.

Dafür müsste E die Eigentümerin des Bildes und B Besitzer des Bildes sein (Vindikationslage). Unabhängig von der Frage der Eigentümerstellung der E ist jedoch fraglich, ob B überhaupt Besitzer des Bildes ist. Besitzer ist, wer nach § 854 BGB die tatsächliche Gewalt über einen Gegenstand hat. B hat das Bild bereits an Camilla (C) verkauft. Er ist insofern nicht mehr Besitzer. Mangels Vindikationslage scheidet ein Anspruch der E nach § 985 BGB aus.

E könnte gegenüber B einen Anspruch auf Herausgabe des Bildes nach den §§ 812 Abs. 1 Alt. 1, 818 Abs. 1 BGB haben. Dafür müsste B zunächst etwas durch Leistung erlangt, also einen vermögenswerten Vorteil durch die ziel- und zweckgerichtete Mehrung fremden Vermögens erhalten haben. Vorliegend könnte B das Eigentum am Bild nach § 929 S. 1 BGB durch Einigung und Übergabe erlangt haben. E und B waren sich einig über den Eigentumsübergang und E hat die Übergabe an B vollzogen. Folglich hat E das Vermögen des B gezielt gemehrt, sodass der B das Bild erlangt hat.

Der B müsste das Bild zudem ohne Rechtsgrund erlangt haben. Der Rechtsgrund der Leistung war jedoch der zwischen E und B geschlossene Kaufvertrag. Dieser ist nach § 433 Abs. 1 BGB wirksam zustande gekommen.

Fraglich ist aber, ob der Kaufvertrag nicht nach § 142 BGB von Anfang an (ex tunc) nichtig ist. Voraussetzung dafür ist das Vorliegen einer wirksamen Anfechtungserklärung nach § 143 BGB. Vorliegend hat B die Herausgabe des Bildes und ersatzweise des Kaufpreises verlangt. Darin liegt in entsprechender Auslegung des Gewollten nach § 133 BGB die Erklärung der Anfechtung des Kaufvertrages.

Die E müsste jedoch auch einen Anfechtungsgrund haben. Als Anfechtungsgrund kommt vorliegend zunächst ein Inhaltsirrtum nach § 119 Abs. 2 BGB in Betracht. Ein Inhaltsirrtum ist der Irrtum des Erklärenden über eine verkehrswesentliche Eigenschaft des Vertragsgegenstandes. Dies sind sämtliche Beschaffenheitsmerkmale einer Sache, die in ihrer Beziehung zur Umwelt eine Bedeutung für Wertbildung oder Verwendbarkeit besitzen.

Der Verkehrswert einer Sache selbst ist jedoch nicht wertbildend, sondern benennt den tatsächlichen Wert der Sache nur. Somit stellt der Wert der Sache keine verkehrswesentliche Eigenschaft dar. Der Irrtum über den Wert einer Sache stellt lediglich einen unbeachtlichen Motivirrtum dar. Vorliegend war die E über den Wert des Bildes im Irrtum, der als solcher nicht als Inhaltsirrtum in Betracht kommt. Ein Anfechtungsgrund nach § 119 Abs. 1 BGB liegt daher nicht vor.

Allerdings könnte der Anfechtungsgrund der arglistigen Täuschung nach § 123 Abs. 1 Alt. 1 BGB gegeben sein. Eine Täuschung ist das Hervorrufen eines Irrtums eines anderen, um diesen zur Abgabe einer Willenserklärung zu veranlassen. B hat der E gesagt, dass das Bild eine Nachahmung und nur 3.000 € Euro wert sei, obgleich er wusste, dass das falsch ist. Er hat E somit über die Echtheit und den Wert des Bildes getäuscht. Diese Täuschung müsste arglistig erfolgt sein. Arglistig handelt, wer die Unrichtigkeit seiner Aussage kennt und diese gleichwohl wissentlich und willentlich tätigt. B hatte Kenntnis über die Echtheit und den tatsächlichen Wert des

Bildes, gleichwohl hat er bewusst das Gegenteil behauptet. Demnach liegt eine arglistige Täuschung durch B vor. Ein Anfechtungsgrund nach § 123 Abs. 1 Alt. 1 BGB ist demnach gegeben.

Schließlich müsste die E ihre Anfechtung fristgerecht erklärt haben. Nach § 124 Abs. 1 BGB ist die Anfechtung binnen Jahresfrist zu erklären. Dies ist vorliegend erfolgt, da die E unverzüglich nach Kenntnisnahme der arglistigen Täuschung ihre Willenserklärung angefochten hat.

E hat demzufolge ihre Anfechtung wirksam und fristgerecht erklärt. Gemäß § 142 Abs. 1 BGB ist das Rechtsgeschäft zwischen E und B somit als von Anfang an nichtig anzusehen. Die Nichtigkeit bezieht sich nach dem Trennungs- und Abstraktionsprinzip indes nur auf das Verpflichtungsgeschäft (Kaufvertrag), nicht jedoch auf das Verfügungsgeschäft (Eigentumsübergang). B hat somit ohne Rechtsgrund das Eigentum an dem Bild von der E erlangt. Der Tatbestand des § 812 Abs. 1 S. 1 Alt. 1 BGB ist demnach erfüllt. B hat demnach der E nach § 818 Abs. 1 BGB das Bild herauszugeben.

Dem B könnte die Herausgabe des Bildes jedoch inzwischen nach § 275 I BGB unmöglich sein. Unmöglichkeit liegt vor, wenn die geschuldete Leistung durch den Schuldner subjektiv nicht mehr erbracht werden kann. Dies könnte durch die Weiterveräußerung des Bildes an C der Fall sein. Der B hat sein Eigentum an dem Bild wieder verloren, da er seinerseits nach § 929 S. 1 BGB das Bild an die C übergeben hat und sich mit dieser über den Eigentumsübergang einig war. Vorliegend befindet sich das Bild im Eigentum der C, sodass es B nicht möglich ist, dieses an E herauszugeben.

Ein Anspruch der E gegen den B auf Herausgabe des Bildes nach den §§ 812 I Alt. 1, 818 I BGB scheidet daher gleichfalls aus.

E könnte gegenüber B jedoch einen Anspruch auf Herausgabe der 60.000 € nach den §§ 812 Abs. 1 Alt. 1, 818 Abs. 2 BGB haben.

Nach § 812 II BGB hat der Bereicherungsschuldner Wertersatz zu leisten, wenn die Herausgabe des Erlangten unmöglich ist. Dies ist hier, wie bereits ausgeführt, der Fall.

B hat daher nach § 818 Abs. 2 BGB Wertersatz in Höhe des Wertes der Sache zu leisten. Der Wert des Bildes beträgt 60.000 €. B hat der E somit Wertersatz i. H. v. 60.000 € zu leisten.

Diesem Anspruch der E steht ein Anspruch des B auf Herausgabe des bereits bezahlten Kaufpreises i. H. v. 3.000 € entgegen, da auch insoweit wie bereits ausgeführt der Rechtsgrund entfällt. E hat demnach einen Anspruch auf Herausgabe von weiteren 57.000 € gegenüber B nach den §§ 812 Abs. 1 S. 1 Alt. 1, 818 Abs. 2 BGB.

▶ **Hinweise** Obwohl die Prüfung des Bereicherungsrechts großen Raum einnimmt, liegt die Schwierigkeit des Falles auch in der Beherrschung des Trennungs- und Abstraktionsprinzips und der Übertragungsregeln zum Eigentum an beweglichen Sachen. Der Bearbeiter muss sich so genau wie möglich an die schrittweise Prüfung der einzelnen Tatbestandsmerkmale der jeweiligen Anspruchsgrundlagen halten. Die Vielzahl der zu prüfenden Tatbestandsmerkmale zwingt dazu, sehr systematisch vorzugehen und die Prüfungsreihenfolge nicht zu verlassen. Inhaltlich muss der Bearbeiter zudem erkennen, dass der Irrtum über den Wert einer Sache einen unbeachtlichen Motivirrtum darstellt und nicht nach § 119 Abs. 1 BGB zur Anfechtbarkeit der Willenserklärung führt.

▶ **Wesentliche Paragrafen** §§ 119, 123, 124, 142, 143, 275, 433, 812, 818, 985 BGB

2.9 Fall 9: Widerrufsrecht – „Der mobile Buchladen"

2.9.1 Fallfrage

Uwe betreibt einen kleinen Buchladen. Wegen zunehmender Online-Konkurrenz läuft das Geschäft stetig schlechter. Daher beschließt Uwe, Werbung zu machen und auf persönliche Betreuung zu setzen. Dafür geht er in der näheren Umgebung von Tür zu Tür. Als Uwe dann am 1. Juli bei Karl klingelt, freut sich dieser über den Besuch. Gerne lässt Karl sich zu Hause einige Bücher vorstellen und kauft kurzerhand dem Uwe ein Buch zu einem Preis von 50 € ab.

Drei Wochen später ist Karl aufgrund enormer Arbeitsbelastung noch immer nicht zum Lesen des Buches gekommen. Er betreibt nämlich seinerseits einen kleinen Eisladen, der zur Sommerzeit immer von morgens bis abends völlig überfüllt ist. Als er am 22. Juli zufällig auf Uwe trifft, teilt er diesem mit, dass er das Buch bisher noch nicht angerührt habe und auch in naher Zukunft keine Möglichkeiten sehe, dies zu tun. Darüber hinaus könne er das Buch auch zu einem günstigeren Preis als E-Book erwerben. Er möchte deshalb den geschlossenen Kaufvertrag „anfechten" und den Kaufpreis von Uwe zurückhaben. Uwe ist hingegen der festen Überzeugung, dass es dafür längst zu spät sei und dass jedenfalls eine ordentliche Begründung erforderlich sei. Eine Rückgängigmachung des Vertrages komme deshalb nicht in Betracht.

Kann Karl von Uwe die 50 € verlangen?

2.9.2 Lösung

Karl (K) könnte einen Anspruch auf Rückzahlung nach den §§ 355 III 1 BGB, 357 II BGB gegen den Uwe (U) haben. Dies ist der Fall, wenn ihm ein Widerrufsrecht zusteht und er von jenem auch wirksam Gebrauch gemacht hat.

I. Vertragsschluss

Zwischen den Parteien liegt ein Kaufvertrag i. S. v. §§ 433 ff. BGB vor.

II. Bestehen eines Widerrufsrechts

Dem K müsste ein Widerrufsrecht für den Kaufvertrag zustehen. Vorliegend kommt ein Widerrufsrecht nach den §§ 312g I, 312b I 1 BGB in Betracht.

1. Anwendbarkeit der §§ 312 ff. BGB

Dies setzt nach § 312 I BGB zunächst voraus, dass der Anwendungsbereich der §§ 312 ff. BGB eröffnet ist. Der Anwendungsbereich der §§ 312 ff. BGB ist eröffnet, wenn es sich bei dem in Rede stehenden Vertrag um einen Verbrauchervertrag i. S. v. § 310 III BGB handelt und der Vertrag eine entgeltliche Leistung des Unternehmers zum Gegenstand hat.

a) Verbrauchervertrag

Der zwischen U und K geschlossene Kaufvertrag müsste ein Verbrauchervertrag i. S. v. § 310 III BGB sein. Verbraucherverträge sind Verträge zwischen einem Unternehmer und einem Verbraucher.

aa) U als Unternehmer

U müsste Unternehmer sein. Gemäß § 14 I BGB ist eine natürliche Person dann Unternehmer, wenn sie bei Abschluss eines Rechtsgeschäfts in Ausübung ihrer gewerblichen oder selbstständigen beruflichen Tätigkeit handelt. U ist als natürliche Person Inhaber eines Buchladens und handelt beim Abschluss des Kaufvertrages mit K im Rahmen dieser gewerblichen und selbstständigen Tätigkeit. Demzufolge ist er Unternehmer nach § 14 I BGB.

bb) K als Verbraucher

Fraglich ist allerdings, ob K auch als Verbraucher zu klassifizieren ist. Verbraucher ist gem. § 13 BGB jede natürliche Person, die ein Rechtsgeschäft zu einem Zwecke abschließt, der weder ihrer gewerblichen noch ihrer selbstständigen beruflichen Tätigkeit zugerechnet werden kann. K betreibt einen Eisladen und ist deshalb selbstständig. Bezüglich seiner Geschäfte im Rahmen seiner Position als Eisladeninhaber ist er deshalb als Unternehmer zu klassifizieren. Allerdings geschah der Kauf des Buches unabhängig von seinem Eisladen. Der Kauf des Buches ist ausschließlich seiner privaten Sphäre zuzuordnen, sodass K vorliegend auch Verbraucher i. S. v. § 13 BGB ist.

cc) Zwischenergebnis

Bei dem zwischen U und K geschlossenen Kaufvertrag handelt es sich folglich um einen Verbrauchervertrag i. S. v. § 310 III BGB.

b) Entgeltliche Leistung des Unternehmers

§ 312 I BGB setzt ferner voraus, dass Gegenstand des Vertrages eine entgeltliche Leistung des Unternehmers sein muss. Dies ist der Fall, wenn der Vertrag auf Seiten des Unternehmers eine Leistung und auf Seiten des Verbrauchers eine einem Entgelt entsprechende Gegenleistung vorsieht. Ein Kaufvertrag i. S. v. §§ 433 ff. BGB verpflichtet den Verkäufer regelmäßig gem. § 433 I zur Übergabe und Eigentumsverschaffung an einer Sache, während der Käufer gem. § 433 II BGB die Zahlung des vereinbarten Kaufpreises schuldet. Mithin ist Gegenstand des Vertrages zwischen U und K auch eine entgeltliche Leistung i. S. v. § 312 I BGB.

c) Zwischenergebnis

Die Voraussetzungen aus § 312 I BGB sind erfüllt. Somit sind auch die §§ 312 ff. BGB anwendbar.

2. Außerhalb von Geschäftsräumen geschlossene Verträge i. S. v. § 312b I 1 BGB

§ 312g I BGB setzt zum Bestehen eines Widerrufsrechts gem. § 355 BGB voraus, dass es sich bei dem zwischen U und K geschlossenen Kaufvertrag entweder um einen Fernabsatzvertrag oder einen Vertrag, der außerhalb von Geschäftsräumen geschlossen wurde, handeln muss.

In Betracht kommt hier ein außerhalb von Geschäftsräumen geschlossener Vertrag i. S. v. § 312b I 1 BGB. Um einen solchen handelt es sich gem. § 312b I 1 Nr. 1 BGB unter anderem bei Verträgen, die bei gleichzeitiger körperlicher Anwesenheit des Verbrauchers und des Unternehmers an einem Ort geschlossen werden, der kein Geschäftsraum des Unternehmers ist. Geschäftsräume des Unternehmers sind unbewegliche Gewerberäume, in denen der Unternehmer seine Tätigkeit dauerhaft ausübt, und bewegliche Gewerberäume, in denen der Unternehmer seine Tätigkeit für gewöhnlich ausübt. U und K schlossen den Kaufvertrag bei gleichzeitiger Anwesenheit in der Wohnung des K, folglich nicht in einem Geschäftsraum des U. Demzufolge handelt es sich vorliegend um einen Vertrag, der gem. § 312b I 1 BGB außerhalb von Geschäftsräumen geschlossen wurde.

3. Kein Ausschluss gem. § 312 II BGB

Ein Ausnahmetatbestand nach § 312 II BGB ist nicht ersichtlich. Insbesondere ist § 312 II Nr. 12 BGB nicht einschlägig, da die 40-Euro-Grenze vorliegend überschritten wurde.

4. Zwischenergebnis

Folglich steht dem K ein Widerrufsrecht zu.

III. Erlöschen des Widerrufsrechts

Das Widerrufsrecht könnte jedoch wegen Fristablaufs erloschen sein. Gemäß §§ 355 II 1, 356 II Nr. 1 lit. a BGB beträgt die Widerrufsfrist bei einem Verbrauchsgüterkauf 14 Tage und beginnt grundsätzlich mit Erhalt der Ware durch den Verbraucher. Nach Ablauf der Frist ist ein Widerruf ausgeschlossen. K teilt dem U erst 21 Tage nach Abschluss des Vertrages mit, er den Vertrag rückgängig machen möchte.

1. Fristbeginn

Fraglich ist allerdings, ob die Widerrufsfrist aus § 355 II 1 BGB vorliegend tatsächlich am 1. Juli begonnen hat. § 356 III 1 BGB besagt, dass die Widerrufsfrist nicht beginnt, bevor der Unternehmer den Verbraucher entsprechend den Anforderungen des Art. 246a § 1 II 1 Nr. 1 oder Art. 246b § 2 I EGBGB unterrichtet hat. Art. 246a § 1 II 1 Nr. 1 EGBGB setzt voraus, dass der Unternehmer den Verbraucher über die Bedingungen, die Fristen und das Verfahren für die Ausübung des Widerrufsrechts nach § 355 I BGB sowie das Muster-Widerrufsformular in der Anlage 2 des EGBGB informiert.

Mangels einschlägiger Sachverhaltsangaben ist davon auszugehen, dass der U den K in keiner Hinsicht belehrt hat. Dies führt gem. § 356 III 1 BGB dazu, dass die Widerrufsfrist von 14 Tagen für den K noch nicht begonnen hat.

2. Zwischenergebnis

Das Widerrufsrecht des K ist nicht erloschen.

IV. Widerrufserklärung

Zuletzt müsste der K den Widerruf auch wirksam erklärt haben. Nach § 355 I 2 BGB ist der Widerruf eine empfangsbedürftige Willenserklärung des Verbrauchers gegenüber dem Unternehmer. Der Entschluss zum Widerruf muss eindeutig aus der Erklärung des Verbrauchers hervorgehen. Eine Begründung muss er nicht enthalten.

Hier teilt K dem U bei einem zufälligen Aufeinandertreffen mit, dass er den Kaufvertrag „anfechten" möchte. Dem ist eindeutig ein Wille zum Rückgängigmachen, also ein Widerrufswille des K zu entnehmen. Die Begründung des K ist unbeachtlich.

Mithin hat der K auch wirksam von seinem Widerrufsrecht Gebrauch gemacht.

V. Endergebnis

K hat einen Anspruch auf Kaufpreisrückzahlung gegen den U gem. §§ 355 III 1 BGB, 357 II BGB.

▸ **Hinweise** Die Prüfung eines Widerrufsrecht nach § 355 BGB bereitet dem juristischen Anfänger einige Schwierigkeiten, da die §§ 312 ff. BGB sehr kleinteilige und teilweise eher unübersichtliche Regelungen beinhalten. Grundlage ist zunächst der Verbrauchervertrag, der auf eine Differenzierung von Unternehmer und Verbraucher abstellt. Um zu einer guten Falllösung zu kommen, muss der Bearbeiter von § 355 BGB ausgehend schrittweise die Voraussetzungen des in Betracht kommenden Widerrufsrechts durchgehen und prüfen.

▸ **Wesentliche Paragrafen** §§ 13, 14, 312, 312b, 312g, 355 BGB

2.10 Fall 10: Wucher – „Feuchter Jahreswechsel"

2.10.1 Fallfrage

In der Silvesternacht kommt Moritz von einer Feier nach Hause. In der Wohnung angekommen sieht er, dass seine Waschmaschine ausgelaufen und die Wasserleitung beschädigt ist, sodass fortlaufend weiter Wasser austritt. Moritz wohnt im 4. Stock und weiß, dass das Wasser durch die Decke sickern wird. Es drohen daher ganz erhebliche Schäden auch für den in der Wohnung unter ihm wohnenden Nachbarn Max.

Deshalb ruft Moritz den Notfalldienst des Klempners Karl an. Normalerweise würde die Reparatur 400 € kosten. Karl erkennt indes die Notlage des Moritz, da er im Moment als einziger Notfalldienst in der Gegend die einzige Rettung für Moritz ist. Daher bietet er ihm seine Dienste zu einer Vergütung i. H. v. 4.000 € an.

Da Moritz sich nicht anders zu helfen weiß und große Angst vor weiteren Schäden hat, bittet er Karl, die Waschmaschine zum genannten Preis zu reparieren. Nach der erfolgreichen Reparatur bezahlt Moritz die 4.000 € in bar an Karl. Beim Neujahrsbrunch am nächsten Tag erzählt er den Vorfall seiner befreundeten Anwältin Anni. Diese teilt Moritz mit, dass er gar nicht so viel hätte zahlen müssen – das Rechtsgeschäft wäre gar nicht wirksam zustande gekommen, das sei schließlich Wucher.

Hat Moritz gegen Karl einen Anspruch auf Rückzahlung der 4.000 € oder jedenfalls eines Teilbetrages?

2.10.2 Lösung

Moritz (M) könnte gegenüber Karl (K) einen Anspruch aus § 812 Abs. 1 S. 1 Alt. 1 BGB auf Rückzahlung der 4.000 € haben.

Dazu müsste K zunächst etwas erlangt haben. „Etwas" ist jeder vermögenswerte Vorteil. K hat Eigentum an den 4.000 € erlangt, da der M ihm diese nach § 929 S. 1 BGB übergeben hat und die beiden sich über den Eigentumsübergang geeinigt haben.

Diese Vermögensmehrung müsste K zudem durch Leistung des M erlangt haben. Eine Leistung ist die bewusste und zweckgerichtete Mehrung fremden Vermögens. M hat zur Erfüllung seiner vermeintlichen Schuld aus dem Reparaturauftrag mit K geleistet. Er hat daher das Vermögen des K bewusst und zweckgerichtet vermehrt. Eine Leistung des M liegt daher vor.

Die Leistung des M müsste aber auch ohne Rechtsgrund erfolgt sein. Ein solcher Rechtsgrund wäre z. B. ein wirksames Vertragsverhältnis, aufgrund dessen eine Leistung erfolgt ist. Vorliegend könnte ein wirksamer Vertrag durch die Beauftragung des K zur Reparatur der Leitung und Waschmaschine liegen.

Der Auftrag zur Reparatur könnte ein Werkvertrag nach § 631 I BGB sein. Läge ein wirksamer Werkvertrag vor, hätte der K gegen den M einen Anspruch auf Zahlung des vereinbarten Werklohnes nach den §§ 631 Abs. 1, 641 BGB i. H. v. 4.000 € gehabt, sodass die Leistung aus diesem Rechtsgrund erfolgt wäre.

Folglich ist zu fragen, ob zwischen K und M ein wirksamer Werkvertrag geschlossen wurde. Ein Werkvertrag ist nach § 631 II BGB anders als ein Dienstvertrag nach § 611 BGB auf die Erzielung eines bestimmten Erfolgs gerichtet. Bei der Reparatur eines Gegenstandes steht der Erfolg – nämlich die Herstellung des funktionsfähigen Zustands – im Vordergrund. Das Vertragsverhältnis zwischen M und K ist auf eine solche Reparaturleistung bezüglich Waschmaschine und Wasserleitung gerichtet, sodass ein Werkvertrag nach § 631 BGB vorliegt.

Es stellt sich jedoch die Frage, ob diese Einigung überhaupt rechtswirksam zustande gekommen ist. Das Rechtsgeschäft zwischen M und K könnte gemäß § 138 Abs. 2 BGB wucherisch und damit nichtig sein. Gemäß § 138 Abs. 2 BGB müsste dazu zunächst ein auffälliges Missverhältnis zwischen Leistung und Gegenleistung vorliegen. Ein solches Missverhältnis ist anzunehmen, wenn zwischen dem Wert der Gegenleistung und dem der Leistung eine Diskrepanz i. H. v. mindestens 100 % gegeben ist. K verlangt 1.000 % des normalen Preises. Ein auffälliges Missverhältnis nach § 138 Abs. 2 BGB liegt demzufolge vor.

Darüber hinaus müsste der K eine bestimmte Schwächesituation nach § 138 Abs. 2 BGB des Unterlegenen M ausgenutzt haben. In Betracht kommt hier die Ausbeutung einer Zwangslage des M durch den K. Eine Zwangslage liegt vor, wenn sich der Betroffene in einem tatsächlichen Entscheidungszwang befindet. M drohen erhebliche Schäden an seinem eigenen Inventar sowie das Eintreten ganz erheblicher weiterer Schäden an der unter seiner befindlichen Wohnung. Es ist ernsthaft zu befürchten, dass die Folgen des Wasserschadens sich auch auf das Inventar des Max ausweiten. M ist sich sicher, dass ein solcher Schaden am Inventar des Max eintreten würde, sofern der Wasserschaden nicht schnellstmöglich beseitigt wird. M war somit zeitlich zu einer Entscheidung ganz erheblich gedrängt, wenn er einen weiteren Schaden vermeiden wollte. Er befand sich demnach in einer Zwangslage gemäß § 138 Abs. 2 BGB.

Diese Zwangslage müsste der K ausgenutzt haben. Dafür müsste K von der Zwangslage des M gewusst und in deren Kenntnis seine wucherische Gegenleistung bestimmt haben. K erkannte ganz genau, dass sich M in einer Zwangslage befand, da sofortiges Handeln erforderlich und er der einzige Sachkundige vor Ort und im näheren Umkreis war. Er wusste dies auch und nutzte aus, dass er der einzige erreichbare Klempner war. Nur auf diesen Aspekt stützte K den überhöhten Preis. Folglich liegt eine Ausnutzung der Zwangslage des M vor.

Somit liegt ein Fall des Wuchers gemäß § 138 Abs. 2 BGB vor. Der Werkvertrag zwischen K und M ist von Anfang an (ex tunc) nichtig. K hatte demzufolge zu keinem Zeitpunkt einen Anspruch auf Vergütung gemäß § 631 Abs. 1 BGB gegenüber M i. H. v. 4.000 €. Daher hat auch kein Rechtsgrund für die Leistung des M vorgelegen.

Ein Anspruch des M auf Herausgabe der 4.000 € gegenüber K aus § 812 Abs. 1 S. 1 Alt. 2 BGB ist demzufolge entstanden.

Allerdings könnte der Anspruch erlöschen, wenn K seinerseits die Einwendung der Aufrechnung nach § 387 BGB erheben kann. Dazu müsste K einen Aufrechnungsgrund haben. Ein Aufrechnungsgrund liegt nach § 387 BGB vor, wenn dem K ein Anspruch gegenüber M zusteht und die beiden sich gegenüberstehenden Ansprüche gleichartig sind.

Ein Anspruch des K könnte sich ebenfalls aus § 812 Abs. 1 S. 1 Alt. 1 BGB ergeben. Der M könnte auf Kosten des K etwas durch Leistung erlangt haben. M hat die Reparatur seiner Waschmaschine erlangt. Diesen Vermögensvorteil hat M auch durch eine Leistung des K erlangt, da K zur Erfüllung einer vermeintlich bestehenden Verbindlichkeit leistete. Auch ist für die Leistung des K kein Rechtsgrund ersichtlich, da ein wirksamer Vertrag wie bereits ausgeführt nicht bestanden hat.

Es besteht folglich ein Anspruch des K auf Herausgabe des Erlangten nach § 812 Abs. 1 S. 1 Alt. 1 BGB.

Fraglich erscheint jedoch, in welchem Umfang dieser Anspruch besteht. Dies wird in § 818 BGB geregelt. Die Herausgabe der Reparaturleistung in natura ist nicht möglich. Daher ist M gemäß § 818 Abs. 2 BGB dazu verpflichtet, den Wert der Reparaturleistung zu ersetzen. Der Wert ist anhand des objektiven Marktwertes der Leistung zu ermitteln. Der objektive Wert der Reparaturleistung des K beläuft sich auf 400 €. K hat daher einen Anspruch auf Herausgabe der Bereicherung i. H. v. 400 € gegenüber M aus § 812 Abs. 1 S. 1 Alt. 1, 818 II BGB.

Die Ansprüche des K gegen M und des M gegen K sind beide auf die Herausgabe von Geld gerichtet, sodass diese Ansprüche gleichartig nach § 387 BGB sind. Ein Aufrechnungsgrund des K besteht somit.

Sofern K gegenüber M die Aufrechnung im Sinne des § 388 BGB erklärt, ist der Anspruch des K aus den §§ 812 Abs. 1 S. 1 Alt. 1, 818 II BGB um 400 € zu kürzen. Der Anspruch des M i. H. v. 400 € würde demzufolge erlöschen.

M hat somit einen Anspruch gegenüber K aus § 812 Abs. 1 S. 1 Alt. 1 BGB i. H. v. 4.000 €, der jedoch durch Aufrechnungserklärung des K um 400 € gekürzt werden könnte.

▸ **Hinweise** Der Bearbeiter wird bereits durch den Sachverhalt auf den Tatbestand des Wuchers gestoßen. Auch ist das tatbestandliche Vorliegen des Wuchers offensichtlich. Die Schwierigkeit des Falles liegt zum einen darin, den richtigen Aufbau zu wählen, und zum anderen darin, die einzelnen Tatbestandsmerkmale der Anspruchsgrundlage nacheinander zu prüfen. Dabei ist es erforderlich, dass der Bearbeiter die Sachverhaltsangaben an der korrekten Stelle verarbeitet. Hinzu kommt, dass der Bearbeiter die Aufrechnungslage erkennen muss. Die inhaltliche Prüfung der Aufrechnungsvoraussetzungen dürfte sodann keine Probleme mehr bereiten.

▸ **Wesentliche Paragrafen** §§ 138, 387, 388, 611, 631, 641, 812, 818 BGB

2.11 Fall 11: Verjährung – „Doppeltes Glück"

2.11.1 Fallfrage

Björn hat am 01.05.2016 den Pkw des Alwin im Vorbeigehen versehentlich beschädigt. Alwin bemerkt die Beschädigungen sofort und stellt Björn zur Rede. Dieser gibt zwar den Verstoß zu, sagt aber zugleich, dass er kein Geld habe. Alwin wartet aufgrund der finanziellen Lage des Björn, bevor er einen Anspruch gegen diesen gerichtlich geltend macht, um nicht die Rechtsanwalts- und Gerichtskosten vorstrecken zu müssen. Am 07.01.2020 gewinnt Björn überraschend im Lotto. Am nächsten Tag erfährt Alwin von dem Gewinn und will nunmehr seinen Schadensersatzanspruch gegen Björn geltend machen.
    Was ist Alwin zu raten?

2.11.2 Lösung

Alwin (A) könnte einen Anspruch auf Schadensersatz gegen Björn (B) aus § 823 I BGB haben. Der Anspruch auf Schadensersatz gemäß § 823 I BGB ist unstreitig entstanden, da B einräumt, das Eigentum des A rechtswidrig und schuldhaft beschädigt zu haben.

Fraglich ist aber, ob dieser Anspruch auch durchsetzbar ist. Der Anspruch des A könnte gemäß den §§ 194 I, 214 I BGB verjährt sein. In diesem Fall stünde dem B die Einrede der Verjährung zu, die er bei Gericht erheben könnte. Der Anspruch wäre dann gemäß § 214 I BGB nicht mehr durchsetzbar.

Dafür müsste Verjährung eingetreten sein. Diese richtet sich nach den §§ 195, 199 I BGB, da Schadensersatzansprüche keiner besonderen Verjährungsfrist unterliegen und mithin die regelmäßige Verjährungsfrist von drei Jahren greift. Zunächst müsste folglich die Frist nach § 195 I abgelaufen sein. Diese beträgt drei Jahre. Gemäß § 199 I BGB beginnt die Verjährungsfrist mit dem Ende des Jahres, in dem der Anspruch entstanden ist und der Gläubiger von den anspruchsbegründenden Umständen und der Person des Schuldners Kenntnis erlangt hat. B beschädigte den Pkw des A am 01.05.2016, A hat dies auch sofort bemerkt. Auch konnte er B zudem als Schädiger sofort identifizieren, B gab den Verstoß auch unverzüglich zu. Somit begann die Verjährungsfrist mit Ablauf des Jahres 2016. Folglich ist der Anspruch mit Ablauf des 31.12.2019 verjährt.

Der Schadensersatzanspruch des A ist folglich am 07.01.2020 bereits verjährt. Dem A ist mithin zu raten, von einem Gerichtsverfahren Abstand zu nehmen, da er den Prozess verlieren würde, falls B die ihm zustehende Einrede der Verjährung erhebt.

▶ **Hinweise** Dieser Fall ist insgesamt sehr einfach. Das Bestehen des Schadensersatzanspruchs ist unproblematisch. Eine ausführliche Prüfung ist deshalb entbehrlich. Würde der Bearbeiter hier die Tatbestandsmerkmale des § 823 I BGB umfänglich durchprüfen, wäre dies eine unvertretbare Schwerpunktsetzung. Das Erkennen der Verjährungsproblematik ist gleichfalls sehr einfach. Der Bearbeiter muss sodann nur noch zeigen, dass er das Zusammenspiel der regelmäßigen Verjährungsfrist mit den tatbestandlichen Erfordernissen des Fristbeginns beherrscht.

▶ **Wesentliche Paragrafen** §§194, 195, 199, 214, 823 BGB

2.12 Fall 12: Unmöglichkeit, Schadensersatz – „Kaputter Fernseher"

2.12.1 Fallfrage

Konrad kauft von Viktor einen gebrauchten Fernseher zu einem Preis von 250 €. Zahlung und Übergabe sollen zehn Tage später erfolgen. Zwei Tage nach Vertragsschluss stößt Viktor den wackelig aufgestellten Fernseher von dessen Stellplatz hinunter, weil er betrunken und unachtsam auf einer Flüssigkeit ausgerutscht ist, die ihm selbst kurz zuvor auf den Fußboden gelaufen war.

Als Konrad den Fernseher herausverlangt und die Zahlung vornehmen will, erfährt er von Viktors Unfall. Konrad ist zwar sehr verärgert, er findet jedoch schnell einen Fernseher, der dem Modell des zerstörten Fernsehers ganz genau entspricht. Er kann sich mit dessen Eigentümer Erik auf einen Kaufpreis von 300 € einigen. Dies entspricht auch dem Marktwert eines gebrauchten Fernsehers dieses Modells. Konrad verlangt nunmehr von Viktor die Differenz von 50 €, die er zusätzlich aufwenden musste. Viktor erwidert, er könne schließlich nichts dafür, dass der Fernseher kaputt sei. Er könne nun nicht mehr liefern und wolle auch den Kaufpreis nicht mehr haben, damit sei die Sache für ihn erledigt. Konrad besteht aber auf die Zahlung der 50 €.

Wie ist die Rechtslage?

2.12.2 Lösung

Konrad (K) könnte gegen Viktor (V) einen Anspruch auf Schadensersatz statt der Leistung aus den §§ 280 I, 283 S. 1, 275 I, IV BGB haben.

Dafür müsste zunächst nach § 275 I BGB die Leistung unmöglich sein. Dies ist der Fall, wenn die Leistung für V und jedermann nicht erbringbar wäre. Der Fernseher ist zerstört, der Vertrag kann also nicht mehr erfüllt werden. Da der Fernseher als Gebrauchtgerät einmalig war und der Vertrag genau auf dieses eine Gerät gerichtet war, liegt eine Stückschuld vor. Damit ist die Leistung objektiv und folglich für jedermann unmöglich. Die Leistungspflicht erlischt somit nach § 275 I BGB. Die Rechte des Gläubigers K richten sich gemäß § 275 IV BGB daher nach den §§ 326, 283, 280 BGB. Nach § 326 I BGB entfällt folglich zunächst die Verpflichtung zur Zahlung des Kaufpreises.

Fraglich ist aber, ob ein Schadensersatzanspruch nach den §§ 280 I, 283 S. 1, 275 I, IV BGB besteht. Nach § 283 S. 1 BGB hat der Gläubiger nach § 280 I BGB einen Anspruch auf Schadensersatz statt der Leistung. Schadensersatz statt der Leistung bedeutet im Falle der Unmöglichkeit nach § 283 BGB, dass der Gläubiger der Leistung so zu stellen ist, wie er bei ordnungsgemäßer Erfüllung gestanden hätte. Hätte V ordnungsgemäß erfüllt, hätte K den Fernseher für 250 € erhalten, der einen Marktwert von 300 € hat. Das Ersatzgeschäft mit Erik (E) wäre nicht erfolgt. K hätte also 50 € weniger für einen gebrauchten Fernseher des gegenständlichen Modells bezahlen müssen. K könnte danach folglich einen auf Zahlung von 50 € gerichteten Schadensersatzanspruch gegen V haben.

Dafür müssten die tatbestandlichen Voraussetzungen des § 280 I BGB erfüllt sein. Für den Schadensersatz nach § 280 I BGB müsste V zunächst eine Pflicht aus einem Schuldverhältnis nach § 241 BGB verletzt haben. Zwischen V und K liegt ein kaufvertraglich vereinbartes Schuldverhältnis, gerichtet auf die Eigentumsverschaffung an dem Fernseher, vor. V hat die Pflicht zur Eigentumsverschaffung verletzt, da er aufgrund der Unmöglichkeit überhaupt nicht geleistet hat.

V müsste ferner die Pflichtverletzung zu vertreten haben. Dies wird gemäß § 280 Abs. 1 S. 2 BGB vermutet. Zwar wendet V ein, er könne nichts für die Unmöglichkeit, entscheidend ist aber der Maßstab des § 276 I BGB. Danach hat V Vorsatz und Fahrlässigkeit zu vertreten. Fahrlässigkeit ist nach § 276 II BGB die Verletzung der im Verkehr erforderlichen Sorgfalt. Vorliegend hätte es die Sorgfalt im Umgang mit dem Fernseher geboten, diesen sicher aufzustellen und in der Wohnung dafür zu sorgen, dass Flüssigkeiten vom Boden wegen akuter Rutschgefahr aufgewischt werden. Da dies nicht erfolgt ist, hat V zumindest fahrlässig gehandelt und kann die Verschuldensvermutung nicht widerlegen.

K hat somit einen Anspruch auf Schadensersatz statt der Leistung nach den §§ 280 Abs. 1, 283 S. 1, 275 I, IV BGB i. H. v. 50 € gegen V.

▶ **Hinweise** Der Bearbeiter wird ohne Weiteres erkennen, dass die Leistung unmöglich ist. Die Unmöglichkeit beinhaltet jedoch nur den Einstieg in den Anspruchsaufbau des § 280 BGB. Der Bearbeiter muss folglich zeigen, dass er die Verweise aus § 275 IV BGB zu einer ordnungsgemäßen Anspruchsprüfung verarbeiten kann. Eine Darlegung des Kaufvertragsrechts wäre dagegen fehlerhaft, da ein Kaufvertrag evident vorliegt und eine Erörterung daher nicht erforderlich ist. Der Bearbeiter muss materiell erkennen, dass die Verpflichtung zur Zahlung von Schadensersatz nur denjenigen Schuldner trifft, der den Eintritt der Unmöglichkeit nach § 276 BGB zu vertreten hat. Auch muss trennscharf auseinandergehalten werden, dass das rechtliche Schicksal der vertraglichen Verpflichtungen unabhängig von Schadensersatzansprüchen zu betrachten ist.

▸ **Wesentliche Paragrafen** §§ 241, 275, 276, 280, 283 BGB

2.13 Fall 13: Schadensersatz bei anfänglicher Unmöglichkeit – „Geklauter Porsche"

2.13.1 Fallfrage

Viktor ist Eigentümer eines Porsche 911 Oldtimers. Dieser steht schon seit geraumer Zeit in seiner gut gesicherten Garage im Hinterhof. Viktor hat inzwischen allerdings sein Interesse an Oldtimern verloren. Also entschließt er sich, seinen Porsche zu verkaufen.

Eines Tages meldet sich der Sammler Karl bei ihm, der schon seit Ewigkeiten nach einem entsprechenden Modell sucht. Bereits am Telefon kommt es deshalb zum Vertragsschluss. Die Parteien vereinbaren die Übergabe des Kaufpreises und des Autos für den Folgetag.

Als Karl am darauffolgenden Tag zum Abholen des Porsches vorbeikommt, ist das Auto jedoch verschwunden. Viktor und Karl müssen zusammen feststellen, dass in Viktors Garage eingebrochen wurde. Vom Porsche fehlt jede Spur. Die Polizei stellt daraufhin fest, dass der Einbruch bereits drei Wochen vor Vertragsschluss zwischen Karl und Viktor geschehen sein muss. Karl ist zwar froh, dass er den Kaufpreis noch nicht entrichtet hatte. Er muss jetzt aber bei einem anderen Sammler teurer kaufen.

Welche Ansprüche hat Karl gegen Viktor?

2.13.2 Lösung

I. Anspruch Karl (K) gegen Viktor (V) auf Übergabe und Übereignung des Porsche gem. § 433 I 1 BGB

K könnte zunächst einen Anspruch Übergabe und Übereignung des Porsche gem. § 433 I 1 BGB gegen den V haben. Dies ist der Fall, wenn die Parteien einen Kaufvertrag i. S. v. §§ 433 ff. BGB miteinander geschlossen haben. Insoweit bestehen keine Bedenken. Der Anspruch auf Übergabe und Übereignung des Porsches gem. § 433 I 1 BGB ist also entstanden.

1. Anspruch untergegangen

Der Anspruch des K auf Übergabe und Übereignung des Porsches könnte jedoch gem. § 275 I BGB untergegangen sein. Danach ist der Anspruch auf Leistung ausgeschlossen, wenn diese für den Schuldner oder jedermann unmöglich ist. Der Porsche wurde gestohlen. Für den V ist es deshalb nicht möglich, diesen an den K zu übergeben und ihm das Eigentum daran zu verschaffen. Mithin liegt hier ein Fall der subjektiven Unmöglichkeit i. S. v. § 275 I Alt. 1 BGB vor. Entsprechend ist eine Leistung des V ausgeschlossen.

2. Zwischenergebnis

K hat keinen Anspruch auf Übergabe und Übereignung des Porsche gem. § 433 I 1 BGB.

II. Anspruch des K gegen V auf Schadensersatz gem. § 311a II 1 BGB

K kann aber einen Anspruch auf Schadensersatz gem. § 311a II 1 BGB gegen den V haben.

1. Schuldverhältnis

Wie bereits festgestellt, bestand zunächst ein Kaufvertrag mit Pflichten nach den §§ 433 ff. BGB zwischen V und K, sodass auch ein Schuldverhältnis auf Übereignung des KFZ nach § 241 I BGB vorlag.

Gem. § 311a I BGB steht eine anfängliche Unmöglichkeit der Wirksamkeit des Vertrages nicht entgegen. Anfänglich ist die Unmöglichkeit, wenn sie bereits vor Vertragsschluss vorlag. Der zur Unmöglichkeit führende Diebstahl geschah bereits eine Woche bevor es zum Vertragsschluss zwischen V und K kam, sodass anfängliche Möglichkeit vorliegt.

2. Vertretenmüssen

V müsste sein anfängliches Unvermögen auch zu vertreten haben, wobei dieses gem. § 311a II 2 BGB vermutet wird. Gem. § 276 I 1 BGB hat der Schuldner Vorsatz und Fahrlässigkeit zu vertreten. Vorliegend kommt Fahrlässigkeit in Betracht. Fahrlässig handelt, wer die im Verkehr erforderliche Sorgfalt außer Acht lässt.

Der Vertragsschluss zwischen V und K geschah drei Wochen nach dem Diebstahl. Dem V war es im Sinne der erforderlichen Sorgfalt zuzumuten, den Wagen in den Wochen vor Vertragsschluss zumindest kurz vor einem anstehenden Kauf bezüglich seines Zustands zu überprüfen. Mangels entgegenstehender Sachverhaltsangaben ist deshalb davon auszugehen, dass

V den Entlastungsbeweis nicht erfolgreich wird führen können. Das Vertretenmüssen seitens des V kann folglich bejaht werden.

3. Rechtsfolge

Gem. § 311a II 1 BGB kann der Gläubiger K Schadensersatz statt der Leistung verlangen.

Bei Schadensersatz statt der Leistung wird das sog. positive Interesse des Gläubigers geschützt. Demnach ist dieser so zu stellen, wie er bei ordnungsgemäßer Leistung gestanden hätte. Hätte V ordnungsgemäß geleistet, wäre K im Besitz und Eigentum des gegenständlichen Porsches 911. Die Höhe des Schadensersatzes richtet sich aufgrund dessen nach dem Wert des Porsches.

III. Endergebnis

K kann von V Schadensersatz statt der Leistung in Höhe des Wertes des Porsches gem. § 311a II 1 BGB verlangen.

▶ **Hinweise** Ist eine Leistung unmöglich, wird der Schuldner von der Verpflichtung zur Leistung befreit. Dieser Grundsatz ist denklogisch zwingend und findet sich in den §§ 275, 311a BGB wieder. Beide Normen sollte der Bearbeiter stets in einem gemeinsamen Kontext denken. Schwieriger als die Feststellung der Unmöglichkeit sind die weitergehenden Rechtsfolgen. Hierfür sollte auf die Verweisungen geachtet werden, da der Gesetzgeber diese ausdrücklich normiert hat.

▶ **Wesentliche Paragrafen** §§ 275, 276, 311a BGB

2.14 Fall 14: Schuldnerverzug – „Eiskalter Urlaub"

2.14.1 Fallfrage

Karlheinz hat bei Volker eine Gefriertruhe bestellt, um fortan nicht mehr das teure Crushed Ice aus dem Supermarkt kaufen zu müssen. Als Lieferungstermin wird der 14.04.2020 vereinbart. Während Karlheinz am 14.04.2020 auf die Lieferung wartet, liegt Volker am Strand und genießt einen kurzfristig gebuchten Urlaub. Als er am 30.04.2020 aus seinem Urlaub zurückkehrt, liefert er die Gefriertruhe an Karlheinz. Dieser verlangt nunmehr Schadensersatz i. H. v. 10 €, die er ab dem 15.04.2020 für das Beziehen des Crushed Ice aus dem Supermarkt auch tatsächlich aufbringen musste.

Zu Recht?

2.14.2 Lösung

Karlheinz (K) könnte gegenüber Volker (V) einen Anspruch auf Schadensersatz nach den §§ 280 Abs. 1, Abs. 2, 286 Abs. 1 BGB i. H. v. 10 € haben. Danach kann der Gläubiger vom Schuldner Schadensersatz wegen der Verzögerung der Leistung verlangen, wenn der Schuldner eine Pflicht aus dem Schuldverhältnis schuldhaft verletzt hat und sich im Verzug befand.

Zunächst müsste daher ein Schuldverhältnis nach § 241 Abs. 1 BGB vorliegen. K und V haben einen Kaufvertrag nach § 433 BGB geschlossen. Danach hat V sich zur Übereignung einer Gefriertruhe verpflichtet. Ein Schuldverhältnis gemäß des § 241 I BGB besteht folglich zwischen den Parteien.

V müsste ferner eine Pflicht aus diesem Schuldverhältnis verletzt haben. In Betracht kommt hierfür die Nichtleistung. Dazu müsste die Leistung des V zunächst fällig gewesen sein. V und K haben die Lieferung der Gefriertruhe für den 14.04.2020 vereinbart. Gemäß den §§ 188 Abs. 2, 133, 157 BGB war die Lieferung folglich spätestens mit Ablauf des Tages um 24 Uhr fällig. V hat nicht binnen Ablauf dieses Tages geliefert. V hat somit eine Pflicht aus dem Schuldverhältnis verletzt, da er trotz Fälligkeit nicht lieferte.

Der V müsste die Pflichtverletzung schließlich nach dem Maßstab des § 276 I BGB auch zu vertreten haben. Gemäß § 280 Abs. 1 S. 2 BGB wird dies vermutet. Es sind keine Gründe ersichtlich, die eine Entlastung des V begründen, da V, statt das Schuldverhältnis zu erfüllen, in den Urlaub gefahren ist. Die Voraussetzungen des § 280 Abs. 1 BGB sind folglich erfüllt.

Ferner müssten nach § 280 II BGB auch die Voraussetzungen des § 286 Abs. 1 BGB gegeben sein. Nach § 286 I BGB wird ein Verzugsschaden grundsätzlich nur begründet, wenn die Leistung fällig war und der Gläubiger den Schuldner zur Leistung gemahnt hat. Die Fälligkeit ist hier auf den 14.04.2020 vereinbart worden und lag folglich vor. Eine Mahnung hat der K dem V jedoch nicht erteilt. Die Mahnung könnte allerdings gemäß § 286 Abs. 2 BGB entbehrlich gewesen sein. In Betracht kommt die Entbehrlichkeit der Mahnung nach § 286 Abs. 2 Nr. 1 BGB. Danach müsste für die Leistung eine Zeit im Kalender bestimmt sein. V und K haben sich geeinigt, dass die Leistung am 14.04.2020 erfolgen soll. Die Leistung war somit nach dem Kalender präzise bestimmt. Die Mahnung war folglich gemäß § 286 Abs. 2 Nr. 1 BGB entbehrlich. V befand sich ab dem 15.04.2020 in Verzug.

V hat dem K somit den Schaden zu ersetzen, der diesem aufgrund der Verzögerung der Leistung des V entstanden ist. K hat einen Schaden i. H. v. 10 € erlitten, der in dem Beziehen des Crushed Ice aus dem Supermarkt liegt, da er insoweit zusätzliche Kosten hatte, die er bei ordnungsgemäßer Lieferung der Gefriertruhe nicht gehabt hätte.

K hat folglich gegenüber V einen Schadensersatzanspruch i. H. v. 10 € gemäß den §§ 280 Abs. 1, Abs. 2, 286 Abs. 1, Abs. 2 Nr. 1 BGB.

▸ **Hinweise** Dieser Fall beinhaltet weder materiell noch im Aufbau große Schwierigkeiten. Der Bearbeiter muss lediglich die §§ 280, 286 BGB nacheinander prüfen und zeigen, dass er die grundsätzliche Systematik der Voraussetzungen des Schuldnerverzuges beherrscht.

▸ **Wesentliche Paragrafen** §§ 133, 157, 188, 241, 276, 280, 286, 433 BGB

2.15 Fall 15: Gläubigerverzug – „Das Moped"

2.15.1 Fallfrage

Kevin hat bei Vincent ein Moped gekauft. Da noch einige Kleinigkeiten an den Bremsen repariert werden sollen, behält Vincent das Moped noch einige Tage. Es wird vereinbart, dass Vincent dem Kevin das Moped am 15.09.2020 um 12 Uhr liefern soll. Als Vincent am besagten Tag bei Kevin erscheint, ist dieser nicht anzutreffen. Vincent wartet 30 Minuten und geht sodann wieder. Am nächsten Tag versucht Vincent erneut, das Moped an Kevin zu liefern. Dazu lädt er das Moped auf seinen Pkw. Aus ganz leichter Unachtsamkeit befestigt er das Moped unzureichend, sodass es während der Fahrt von dem Dach rutscht und irreparabel beschädigt wird.

Vincent verlangt von Kevin dennoch Zahlung des gesamten Kaufpreises. Zu Recht?

2.15.2 Lösung

Vincent (V) könnte gegenüber Kevin (K) einen Anspruch auf Zahlung des Kaufpreises aus § 433 Abs. 2 BGB haben. K und V haben einen wirksamen Kaufvertrag gemäß § 433 BGB geschlossen, sodass der Anspruch des V auf Zahlung des Kaufpreises demnach gemäß § 433 Abs. 2 BGB entstanden ist.

Der Anspruch des V könnte jedoch gemäß § 326 Abs. 1 BGB erloschen sein. Danach entfällt die Verpflichtung zur Leistung für den Gläubiger, wenn nach § 275 I, IV BGB die Leistung für den Schuldner unmöglich wäre. Folglich müsste die Übereignung des Mopeds unmöglich sein. Unmöglichkeit liegt vor, wenn die Leistung durch den Schuldner und jedermann objektiv nicht mehr erbracht werden kann. Vorliegend wurde das Moped irreparabel beschädigt. V kann das Moped daher nicht mehr liefern. Folglich ist durch die Unmöglichkeit auch der Gegenanspruch auf die Kaufpreiszahlung gemäß § 326 Abs. 1 BGB erloschen.

Fraglich ist aber, ob der Gegenanspruch des V dennoch nach § 326 Abs. 2 BGB erhalten bleibt. Dies ist der Fall, wenn der V den Umstand, der zur Befreiung von der Leistung des Mopeds führt, nicht zu vertreten hat, und wenn der Umstand zu einer Zeit eintritt, in der der K sich im Verzug befindet.

Vorliegend müsste K bei Eintritt der Unmöglichkeit mithin zunächst im Annahmeverzug nach den §§ 293 ff. BGB gewesen sein. Ein Annahmeverzug des K wäre gegeben, wenn ein erfüllbarer Anspruch bestand und ein tatsächliches und vertragsgemäßes Angebot des V zur Übergabe des Mopeds erfolgt ist, jedoch K die Leistung dennoch nicht annahm.

V sollte den Anspruch des K auf Übergabe des Mopeds am 15.09.2020 um 12 Uhr durch Lieferung an K erfüllen. V fuhr vereinbarungsgemäß zur rechten Zeit an den vereinbarten Erfüllungsort. Ein tatsächliches und vereinbarungsgemäßes Angebot nach § 294 BGB lag mithin vor. K war jedoch zum vereinbarten Zeitpunkt nicht zu Hause. Er hat das Angebot des V nicht angenommen. Folglich befand sich K im Annahmeverzug.

Zudem darf der Umstand, aus welchem dem V die Leistung unmöglich geworden ist, von diesem nicht zu vertreten sein. Generell richtet sich das Vertretenmüssen nach § 276 Abs. 1 BGB. Danach müsste V für Fahrlässigkeit und Vorsatz haften. Im Falle des Annahmeverzugs greift jedoch die Haftungsprivilegierung des § 300 Abs. 1 BGB. Demzufolge haftet der Schuldner nur für Vorsatz und grobe Fahrlässigkeit. Fraglich ist, ob die Unmöglichkeit aufgrund grober Fahrlässigkeit des V eingetreten ist. Grobe Fahrlässigkeit ist das Außerachtlassen der im Verkehr erforderlichen Sorgfalt in besonders hohem Maße. Vorliegend wurde das Moped durch eine leichte Unachtsamkeit des V beschädigt, sodass allenfalls leichte Fahrlässigkeit vorgelegen hat.

Somit hat V den Umstand, der zum Ausschluss seiner Leistungspflicht führte, nicht zu vertreten. Die Gegenleistung auf Zahlung des Kaufpreises gemäß § 433 Abs. 2 BGB ist folglich nicht erloschen.

V hat mithin gegen K einen Anspruch auf Zahlung des Kaufpreises für das Moped nach § 433 Abs. 2 BGB.

2.15 Fall 15: Gläubigerverzug – „Das Moped"

▶ **Hinweise** Die Lösung des Falles findet sich in der Verschiebung des Haftungsmaßstabes nach § 300 BGB im Falle des Gläubigerverzuges. Der Bearbeiter muss aber den Einstieg über § 326 BGB und erst anschließend Verzug und Vertretenmüssen problematisieren. Eine gute Falllösung zeichnet sich durch eine saubere Anspruchsprüfung aus, die die jeweiligen Problemkreise an der richtigen Stelle diskutiert.

▶ **Wesentliche Paragrafen** §§ 275, 293, 294, 300, 326, 433 BGB

2.16 Fall 16: Minderjährige im Vertragsrecht – „Toms Playstation"

2.16.1 Fallfrage

Tom, 15 Jahre, möchte sich endlich eine Playstation der allerneusten Generation kaufen. Dafür hat er bereits einige Monate sein Taschengeld gespart. Seinen Eltern hat er von seinem Plan allerdings nichts erzählt, da er weiß, dass diese Videospiele grundsätzlich verstörend und gewaltverherrlichend finden. Als Tom das Geld für die Konsole zusammen hat, geht er in eine große Elektronikwarenkette und geht mit der verpackten Playstation zur Kasse. Er gibt der Kassiererin den Kaufpreis von 350 € und nimmt die Playstation 4 mit nach Hause. Die Kassiererin erkundigt sich zwar nicht nach Toms Alter, geht aber davon aus, dass seine Eltern mit dem Kauf einverstanden sind.

Zu Hause sehen die Eltern die Konsole und fordern Tom auf, „dieses schreckliche Ding" sofort wieder zurückzubringen.

Tom möchte das nicht. Er sagt seinen Eltern, dass der Geschäftsführer der Elektronikwarenkette sich bestimmt weigern wird, die Konsole zurückzunehmen. Vertrag sei schließlich Vertrag.

Könnte der Geschäftsführer sich tatsächlich auf einen wirksamen Kaufvertrag berufen?

2.16.2 Lösung

Fraglich ist, ob der Kaufvertrag nach § 433 BGB zwischen Tom (T) und der Elektronikwarenkette wirksam zustande gekommen ist. Dafür bedarf es eines Angebots und einer Annahme, die aufeinander abgestimmt sind und den Inhalt erkennen lassen, dass ein Kaufvertrag mit der jeweils anderen Partei zustande kommen soll.

Das Ausstellen der Playstation im Geschäft könnte bereits ein Angebot, also eine wirksame Willenserklärung, sein. Eine Willenserklärung ist eine Erklärung mit Handlungswillen, Erklärungsbewusstsein und Rechtsbindungswillen. Hier könnte dieser Rechtsbindungswille der Elektronikwarenkette jedoch fehlen. Dafür spricht, dass dem Unternehmen ein potenzieller Geschäftspartner noch unbekannt ist. Es kann darüber hinaus nicht sichergestellt werden, dass noch genügend Konsolen auf Lager sind, um etwaige Interessenten noch zu bedienen. Daher ist das Ausstellen und Auszeichnen mit einem Preis noch nicht als Angebot anzusehen, sondern als Einladung zur Abgabe eines Angebots („Invitatio ad offerendum").

Ein Angebot könnte jedoch durch T erfolgt sein, als dieser die Playstation zur Kasse gebracht hat.

Durch diese Handlung hat T konkludent zum Ausdruck gebracht, dass er die Konsole zum angebrachten Kaufpreis erwerben will. Folglich liegt ein Angebot des T vor. Indem die Kassiererin dem T den Kaufpreis nannte, nimmt diese im Rahmen der ihr als Ladenangestellter zustehenden Vertretungsmacht nach § 56 HGB das Angebot an. Es liegen folglich zwei aufeinander abgestimmte Willenserklärungen vor.

Fraglich ist aber, ob die Willenserklärung des T auch wirksam ist. Dagegen könnte sprechen, dass er als 15-Jähriger noch minderjährig ist. Gemäß § 106 BGB ist T nur beschränkt geschäftsfähig. Eine Willenserklärung eines beschränkt Geschäftsfähigen ist gemäß § 107 BGB nur wirksam, wenn der Minderjährige lediglich einen rechtlichen Vorteil erlangt oder die gesetzlichen Vertreter einwilligen. Der Abschluss eines Kaufvertrages verpflichtet den Minderjährigen zu der Übereignung des Kaufpreises, sodass ein rechtlicher Nachteil vorliegt. Eine Einwilligung der Eltern als gesetzlichen Vertretern nach § 1626 BGB liegt gleichfalls nicht vor.

Die Willenserklärung eines beschränkt Geschäftsfähigen kann jedoch auch gemäß § 110 BGB wirksam sein. Die Erklärung des T wäre danach wirksam, wenn T den Kaufpreis mit eigenen Mitteln bewirkt hat. Die Mittel zur Leistungserfüllung müssten ihm zudem zur Erfüllung genau dieses Zweckes oder zur freien Verfügung überlassen worden sein. Das Geld, mit welchem T die Playstation bezahlt hat, hat er angespart, indem er das ihm zur freien Verfügung gestellte Taschengeld zur Seite gelegt hat. Fraglich ist, ob auch ein solches Ansparen unter den Tatbestand des § 110 BGB fällt. Dies wäre nicht der Fall, wenn der Minderjährige einen Ratenkauf tätigen würde, da er sich an dieser Stelle für die Zukunft in erheblichem Maße verpflichten würde. Bei einem Ansparen von Geldern liegen die Dinge jedoch anders. T hat das ihm zur freien Verfügung überlassene Geld angespart und geht mit dem gegenständlichen Kaufvertrag keinerlei Verpflichtung über das bereits angesparte Geld hinaus ein. Der Gesetzeszweck des § 110 BGB ist gerade darauf gerichtet, dem Minderjährigen die freie Verfügung über das ihm entsprechend überlassene Geld zu übertragen. Dazu gehört auch die Möglichkeit, kleinere Beträge zu sparen, um über den gesammelten Betrag dann später zu verfügen. Daher ist die Erklärung von T gemäß § 110 BGB wirksam.

Zwischen T und der Elektronikwarenkette ist folglich ein wirksamer Kaufvertrag nach § 433 BGB entstanden. Der Geschäftsführer der Elektronikwarenkette kann sich folglich auf die Wirksamkeit des Vertrages berufen.

▶ **Hinweise** Bei der Prüfung des Vorliegens eines Kaufvertrages nach § 433 BGB sind zunächst die grundsätzlichen Voraussetzungen zu erörtern. Erst anschließend ist auf die Sonderproblematik der Minderjährigkeit einzugehen. Der Bearbeiter muss sodann zeigen, dass § 110 BGB eine Ausnahme zu § 107 BGB beinhaltet und dessen Tatbestand durchprüfen.

▶ **Wesentliche Paragrafen** §§ 106, 107, 110, 433, 1626 BGB; § 50 HGB

2.17 Fall 17: Vorvertragliches Schuldverhältnis – „Frisch gewischt"

2.17.1 Fallfrage

Romy geht mit ihrem vier Jahre alten Sohn Lukas in den Supermarkt des Betreibers Stefan, um den Wocheneinkauf zu erledigen. Die beiden schlendern durch den Laden und legen einige Waren in den Einkaufswagen. Als Lukas und Romy am Gemüsestand vorbeigehen, rutscht Lukas plötzlich aus. Der Boden war an dieser Stelle vom Angestellten Andreas frisch gewischt worden und noch sehr feucht. Allerdings hatte Andreas vergessen, ein Hinweisschild aufzustellen, sodass für Kunden der feuchte Boden nicht erkennbar war. Lukas landet so unglücklich auf seinem rechten Arm, dass dieser bricht.

Romy macht daher im Namen von Lukas gegenüber dem Supermarkt geltend, dass dieser für die Behandlungskosten des Sohnes aufkommen soll und zudem ein Schmerzensgeld zu zahlen ist. Der Eigentümer des Supermarktes möchte nicht zahlen. Er beruft sich darauf, dass zwischen Lukas und ihm keine schuldrechtliche Beziehung besteht, deren Verletzung Schadensersatzansprüche hätte entstehen lassen können.

Steht Lukas dennoch ein schuldrechtlicher Schadensersatzanspruch zu?

2.17.2 Lösung

Lukas (L) könnte gegenüber Stefan (S) einen Anspruch auf Ersatz der Behandlungskosten nach den §§ 280 Abs. 1, 241 Abs. 2, 311 Abs. 2 BGB haben.

Dazu müsste zwischen L und S zunächst ein Schuldverhältnis im Sinne des § 280 Abs. 1 BGB bestehen. Ein Schuldverhältnis nach § 241 BGB wird im Regelfall gemäß § 311 BGB durch einen Vertrag begründet. L und S haben aber keinen Vertrag geschlossen. Ausnahmsweise kann ein Schuldverhältnis jedoch auch gesetzlich entstehen.

Dies könnte vorliegend gemäß § 311 II BGB der Fall sein. Es kann auch vorvertraglich durch die Anbahnung oder Aufnahme von Vertragsverhandlungen bereits ein Schuldverhältnis entstehen, das die Rücksichtnahmepflichten nach § 241 II BGB auslöst (culpa in contrahendo). Da L jedoch als Vierjähriger geschäftsunfähig nach § 104 BGB ist, scheidet er als Vertragspartner des S von vornherein aus, sodass auch jede Form eines vorvertraglichen Schuldverhältnisses nicht in Betracht kommt.

Ein solches vorvertragliches Schuldverhältnis könnte jedoch nach § 311 Abs. 2 Nr. 2 BGB zwischen S und der Mutter Romy (R) zustande gekommen sein. Nach § 311 II Nr. 2 BGB entsteht ein Schuldverhältnis durch die Anbahnung eines Vertrags, bei welcher der eine Teil im Hinblick auf eine etwaige rechtsgeschäftliche Beziehung dem anderen Teil die Möglichkeit zur Einwirkung auf seine Rechte, Rechtsgüter und Interessen gewährt. Hier ist die R in den Supermarkt gegangen, um einen Kaufvertrag zu schließen. Dadurch erhält der S auch die Möglichkeit, auf Körper, Gesundheit und Eigentum der R Einfluss zu nehmen, da die R dem Gebäude und Interieur des Supermarktes ausgesetzt ist und sich darin Gefahrenquellen offenbaren können.

Aus diesem Schuldverhältnis müsste ferner eine Pflicht des S resultieren, die durch diesen verletzt wurde. Fraglich ist zudem, ob eine solche Pflicht auch gegenüber dem Sohn L begründet wird, da das Schuldverhältnis, wie bereits aufgezeigt, nur gegenüber der Mutter R besteht.

Eine Wirkung der Pflichten aus dem Schuldverhältnis gegenüber L wäre gegeben, wenn das Rechtsinstitut des Vertrages mit Schutzwirkung zugunsten Dritter Anwendung finden würde und der L in dessen Schutzbereich einbezogen wäre. Ein solcher Vertrag mit Schutzwirkung zugunsten Dritter gilt auch für vorvertragliche Schuldverhältnisse. Fraglich ist aber, ob dieser tatbestandlich überhaupt gegeben ist. Dafür sind Leistungsnähe, Gläubigernähe und Schutzbedürftigkeit erforderlich.

Ein Vertrag mit Schutzwirkung zugunsten Dritter setzt also zunächst voraus, dass eine Leistungsnähe zum Dritten gegeben ist. Leistungsnähe ist dann gegeben, wenn der Dritte bestimmungsgemäß mit der Vertragsleistung in Berührung kommt. Es erscheint nicht unwahrscheinlich, dass eine Mutter ihr Kind mit in einen Supermarkt bringt, während sie ihre Einkäufe erledigt. In einem solchen Fall kommt das Kind mit der Leistung, welche auch darin besteht, die Räumlichkeiten für den Verkehr zu sichern, in Berührung. Eine Leistungsnähe des L zu der Leistung zwischen S und R ist somit anzunehmen.

Darüber hinaus müsste auch eine Gläubigernähe vorliegen. Das bedeutet vorliegend, dass L und R in einem besonderen Näheverhältnis zueinander stehen müssten. R als Mutter des L

2.17 Fall 17: Vorvertragliches Schuldverhältnis – „Frisch gewischt"

hat aufgrund der familienrechtlichen Fürsorgepflicht nach §§ 1626, 1629 BGB eine ganz herausgehobene Nähe zu L, sodass das Näheverhältnis hier offensichtlich vorliegt.

Ferner müsste diese Gläubigernähe für S auch erkennbar gewesen sein. Erkennbar ist die Gläubigernähe dann, wenn er die möglichen Haftungsnehmer eingrenzen kann. Dabei muss die Zahl der möglichen Haftungsnehmer nicht feststehen, aber aus einem überschaubaren Personenkreis stammen. Für den S ist es vorliegend erkennbar, dass jede Person, die den Supermarkt aufsucht, sich entweder in einem vorvertraglichen Schuldverhältnis mit ihm befindet oder aber zu dem geschützten Personenkreis gehört, weil die Person eine andere begleitet, die sich in einem vorvertraglichen Schuldverhältnis befindet. Die Gläubigernähe ist somit für den Schuldner S ohne Weiteres erkennbar.

Letztlich müsste L noch schutzbedürftig sein. L wäre schutzbedürftig, wenn ihm kein gleichwertiger Anspruch gegenüber dem S zusteht. L könnte zwar ein Anspruch aus Deliktsrecht nach den §§ 823 ff. BGB zustehen. Aufgrund der Exkulpationsmöglichkeit nach § 831 BGB und dem zu erbringenden Nachweis des Verschuldens des S wäre dieser Anspruch aber nicht gleichwertig zu einem Anspruch aus einem Vertrag mit Schutzwirkung zugunsten Dritter. L selbst steht, wie bereits ausgeführt, auch kein vertraglicher Anspruch gegenüber S zu. Somit liegt kein gleichwertiger Anspruch gegenüber S vor. L ist schutzwürdig.

Somit liegen die Voraussetzungen des Vertrages mit Schutzwirkung zugunsten Dritter vor. Das Schuldverhältnis aus § 311 II Nr. 2 BGB zwischen R und S entfaltet auch Schutzwirkung für L.

Aus diesem Schuldverhältnis müsste gemäß § 280 I S. 1 BGB eine Pflicht resultieren, die der S verletzt hat. Hier sind gemäß § 311 II BGB die Pflichten nach § 241 II BGB entstanden. Danach hat der S besondere Rücksicht auf die Rechtsgüter der R und des L zu nehmen. Vorliegend hat er durch den feuchten Fußboden sogar eine besondere Gefahrenquelle für die Gesundheit geschaffen, sodass die Rücksichtnahmepflicht verletzt wurde.

Dies müsste schuldhaft, also nach § 276 I BGB vorsätzlich oder fahrlässig erfolgt sein, wobei das Verschulden nach § 280 I S. 2 BGB gesetzlich vermutet wird. Vorliegend hat der Angestellte Andreas (A) vergessen, ein Hinweisschild aufzustellen, also sorgfaltswidrig und mithin fahrlässig nach § 276 II BGB gehandelt. Dies ist dem S zuzurechnen, da er nach § 278 BGB für seinen Mitarbeiter als Erfüllungsgehilfen einstehen muss.

Damit besteht dem Grunde nach ein Anspruch auf Schadensersatz des L gegen S nach den §§ 280 Abs. 1, 241 Abs. 2, 311 Abs. 2 BGB.

Fraglich ist aber, ob dieser Anspruch der Höhe nach auch die geforderten Behandlungskosten sowie ein Schmerzensgeld umfasst. Der Inhalt des Schadensersatzanspruchs richtet sich nach den §§ 249 ff. BGB. Danach ist gemäß § 249 II BGB bei einer Verletzung der Person wie vorliegend der Geldbetrag zu leisten, der zur Herstellung des Zustands ohne das schädigende Ereignis erforderlich ist. Folglich werden danach die Behandlungskosten geschuldet. Ein Anspruch auf Schmerzensgeld ergibt sich ferner aus § 253 BGB, da vorliegend eine Verletzung der Gesundheit vorliegt, wonach eine billige Entschädigung in Geld für den immateriellen Schaden verlangt werden kann.

L hat mithin einen Anspruch auf Zahlung der Behandlungskosten und ein angemessenes Schmerzensgeld nach den §§ 280 Abs. 1, 241 Abs. 2, 311 Abs. 2, 249 II, 253 BGB.

▶ **Hinweise** Der Bearbeiter muss zunächst aus der Fragestellung ablesen, dass deliktische Ansprüche nicht zu prüfen sind. Sodann ist ein Anspruch aus culpa in contrahendo zu prüfen. Dieser führt jedoch nur zusammen mit dem Institut des Vertrages mit Schutzwirkung zugunsten Dritter zu einem Anspruch des Kindes, wodurch wiederum die Schwierigkeiten der deliktischen Ansprüche gleichwohl anzureißen sind. Der Fall ist wegen dieses Verknüpfungserfordernisses schwerer, als es auf den ersten Blick scheinen mag. Für eine gute Falllösung ist es ausreichend, den Anspruch aus culpa in contrahendo in Verbindung mit dem Vertrag mit Schutzwirkung zugunsten Dritter sauber durchzuprüfen. Die in der Rechtswissenschaft höchst streitige Frage nach der dogmatischen Begründung für das Institut des Vertrages mit Schutzwirkung zugunsten Dritten muss nicht angerissen werden.

▶ **Wesentliche Paragrafen** §§ 104, 249 ff., 276, 278, 280, 311, 823, 831 BGB

Besonderes Vertragsrecht 3

3.1 Fall 18: Gewährleistungsrechte im Kaufrecht – „Romantischer Fernseher"

3.1.1 Fallfrage

Sebastian hat über das Internet bei der F-GmbH „einen nagelneuen Fernseher der Marke X" bestellt, den er in seinem Wohnzimmer aufstellen möchte, um dort romantische Stunden mit seiner Ehefrau zu verbringen. Vereinbart wird die versandkostenfreie Lieferung des Geräts in der nächsten Kalenderwoche. Als der Fernseher ankommt, öffnet Sebastian die Verpackung sogleich und sieht, dass den gesamten Bildschirm des Fernsehers ein Sprung durchzieht. Dieser Sprung rührt höchstwahrscheinlich von der unzureichenden Verpackung durch die F-GmbH her. Sebastian hat nun große Zweifel, ob es klug war, einen Fernseher über das Internet zu bestellen. Daher möchte er von dem Vertrag mit der F-GmbH zurücktreten.
    Kann Sebastian dies?

3.1.2 Lösung

I. Rücktritt

Sebastian (S) könnte gegenüber der F-GmbH (F) zum Rücktritt vom Kaufvertrag nach den §§ 433 Abs. 1, 437 Nr. 2, 323 BGB berechtigt sein.

Zwischen S und der F wurde ein wirksamer Kaufvertrag nach § 433 BGB geschlossen. Fraglich ist aber, ob nach § 437 Nr. 2 BGB ein Recht zum Rücktritt vom Kaufvertrag besteht.

Dafür müsste der Fernseher zunächst bei Gefahrübergang einen Mangel nach § 434 BGB aufgewiesen haben. Hier kommt ein Mangel nach § 434 Abs. 1, 2 Nr. 1 BGB in Betracht. Danach ist eine Sache dann nicht frei von Sachmängeln, wenn sie nicht die vereinbarte Beschaffenheit hat. S und F haben vereinbart, dass ein nagelneuer Fernseher der Serie X geliefert wird. Ein nagelneuer Fernseher darf keine Gebrauchsspuren aufweisen und auch nicht zerkratzt sein. Der Fernseher, der dem S geliefert wurde, wies einen Sprung über den gesamten Bildschirm auf. Er entsprach somit nicht der vereinbarten Beschaffenheit. Ein Sachmangel im Sinne des § 434 Abs. 2 Nr. 1 BGB ist somit gegeben.

Dieser müsste auch bei Gefahrübergang vorgelegen haben. Gefahrübergang bedeutet, dass die Gefahr der zufälligen Verschlechterung oder des Untergangs auf den Käufer übergeht. Gemäß § 446 BGB geht die Gefahr mit der Übergabe der Kaufsache an den Käufer auf diesen über. Allerdings könnte nach § 447 BGB eine Besonderheit gelten. Sofern der Verkäufer die Sache auf Wunsch des Käufers versendet, so geht die Gefahr an den Käufer über, sobald die Kaufsache an den Spediteur übergeben wurde. Danach würde der Käufer S vorliegend das Transportrisiko tragen.

Allerdings findet gemäß §§ 474 Abs. 2 S. 1, 475 Abs. 2 BGB der Gefahrübergang nach § 447 BGB nur bei Kaufverträgen statt, die nicht Verbrauchsgüterkäufe sind. Handelt es sich indes um einen Verbrauchsgüterkauf, so findet der Gefahrübergang nach der Sondervorschrift des § 475 Abs. 2 BGB statt. Verbrauchsgüterkäufe sind Kaufverträge, die ein Verbraucher als Käufer mit einem Unternehmer als Verkäufer über bewegliche Sachen schließt. S könnte Verbraucher sein. Verbraucher ist gemäß § 13 BGB jede natürliche Person, die ein Rechtsgeschäft zu einem Zwecke abschließt, der weder ihrer gewerblichen noch ihrer selbstständigen beruflichen Tätigkeit zugerechnet werden kann. S kaufte den Fernseher für den Privatgebrauch und nicht im Rahmen einer selbstständigen oder gewerblichen Tätigkeit. Folglich handelte er als Verbraucher. Die F handelte zudem als Unternehmerin nach § 14 BGB, da sie als GmbH in Ausübung ihrer gewerblichen Tätigkeit gehandelt hat. Auch handelt es sich bei einem Fernseher um eine bewegliche Sache nach § 90 BGB.

Daher ist gemäß §§ 474 Abs. 2, 475 Abs. 2 BGB die Regelung des Gefahrübergangs beim Versendungskauf nach § 447 BGB nicht anzuwenden. Sie gilt nämlich nur dann, wenn der Verbraucher selbst das Versendungsunternehmen bzw. die Versendungsperson mit dem Versand beauftragt hat. Dies ist vorliegend jedoch nicht der Fall. Es bleibt also bei der Regelung des § 446 BGB, wonach die Gefahr der zufälligen Verschlechterung oder des Untergangs erst mit der Übergabe an den Käufer S übergeht.

Der Gefahrübergang war folglich der Moment, in dem S den Fernseher von dem Versandunternehmen erhalten hat. Zu diesem Zeitpunkt lag der Mangel vor. Zudem besteht gemäß § 477

BGB zugunsten des Verbrauchers eine Vermutung, dass ein Mangel, der sich innerhalb von sechs Monaten seit Gefahrübergang zeigt, auch schon bei Gefahrübergang vorgelegen hat. Daher treffen den S vorliegend keinerlei Beweisschwierigkeiten dafür, dass der Sprung am Bildschirm des Fernsehers von der unzureichenden Verpackung der F herrührt.

Demzufolge hat der Mangel an der Kaufsache auch schon bei Gefahrübergang vorgelegen.

Weitere Voraussetzung für ein Rücktrittsrecht des S wäre es, dass er der F eine angemessene Frist zur Nacherfüllung nach § 323 Abs. 1 BGB gesetzt hat. S hat bisher allerdings gar keinen Kontakt mit der F aufgenommen und daher auch keine Frist zur Nacherfüllung gesetzt. Für eine Entbehrlichkeit der Fristsetzung nach § 323 Abs. 2 BGB ist zudem nichts ersichtlich.

Da S der F noch keine Frist zur Nacherfüllung gesetzt hat, kann er auch noch nicht vom Kaufvertrag zurücktreten.

II. Widerruf des Kaufvertrages

S könnte gegenüber der F jedoch ein Widerrufsrecht nach den §§ 312b, 312d, 355 BGB zustehen.

Dazu müsste zwischen F und S ein Fernabsatzvertrag gemäß § 312b BGB vorliegen. Fernabsatzverträge sind Verträge über die Lieferung von Waren, die zwischen einem Unternehmer und einem Verbraucher unter ausschließlicher Verwendung von Fernkommunikationsmitteln abgeschlossen werden. Wie bereits ausgeführt, handelte S als Verbraucher nach § 13 BGB und F als Unternehmerin nach § 14 BGB.

Fernkommunikationsmittel sind nach § 312b Abs. 2 BGB Kommunikationsmittel, die zur Anbahnung oder zum Abschluss eines Vertrags ohne gleichzeitige körperliche Anwesenheit der Vertragsparteien eingesetzt werden können, insbesondere Briefe, Kataloge, Telefonanrufe, E-Mails oder sonstige Mediendienste. S und F kommunizierten ausschließlich über das Internet. Sie nutzten somit ausschließlich Fernkommunikationsmittel, um einen Vertrag über die Lieferung des Fernsehers abzuschließen. Der Kaufvertrag zwischen S und F ist demnach als Fernabsatzvertrag nach § 312c BGB einzuordnen.

Dem S steht demzufolge gemäß § 312g Abs. 1 BGB ein Widerrufsrecht nach § 355 BGB zu. Danach kann er ohne Angabe von Gründen den Widerruf gegenüber F erklären. Dies führt zu den gleichen Rechtsfolgen wie ein Rücktritt, wobei der § 357 BGB den Inhaber des Widerrufsrechts sogar noch besser stellt als einen Rücktrittsberechtigten.

S kann zwar nicht zurücktreten, hat jedoch ein Recht auf Widerruf des Vertrages.

▸ **Hinweise** Der Bearbeiter musste in diesem Fall erkennen, dass das anzuwendende Recht vom Vorliegen eines Verbrauchsgüterkaufs abhängt. Dass kein Rücktrittsrecht besteht, dürfte evident sein, weil weder eine Fristsetzung zur Nacherfüllung noch Anzeichen für eine Entbehrlichkeit der Fristsetzung erkennbar sind. Die Prüfung des Widerrufsrechts sollte gleichfalls ohne größere Schwierigkeiten möglich sein. Der Bearbeiter muss jedoch zuvor sensibilisiert dafür sein, dass für Fernabsatzverträge wiederum Sonderregelungen greifen, die das Bestehen eines Widerrufsrechts überhaupt erst ermöglichen.

▸ **Wesentliche Paragrafen** §§ 13, 14, 90, 312b, 312d, 323, 355, 357, 433, 437, 446, 447, 474, 477 BGB

3.2 Fall 19: Unverhältnismäßigkeit im Rahmen der Wahl der Nacherfüllungsvariante – „Restposten oder Riesenglotze?"

3.2.1 Fallfrage

Nach erfolgreichem Widerruf des Vertrages aus dem vorigen Fall hat sich Sebastian in einer Filiale der Elektronikwarenkette Murks nunmehr einen anderen, noch viel größeren Fernseher gekauft. Als er mit dem frisch erworbenen Gerät zu Hause ankommt und die Verpackung öffnet, vergeht ihm jedoch die Freude. Durch einen Fehler in der Elektronik lässt sich der Fernseher gar nicht erst anschalten. Sebastian ruft sofort bei Murks an und verlangt die Lieferung eines funktionstüchtigen Fernsehers. Murks hingegen möchte den Fernseher nur kostenfrei reparieren, da es sich bei dem Fernseher um einen Restposten handelt und die Neubeschaffung dieses Modells mit ganz erheblichen Kosten verbunden wäre. Diese Behauptung trifft auch tatsächlich zu, da der Gerätetyp nicht mehr hergestellt wird.

Wie ist die Rechtslage?

3.2.2 Lösung

Sebastian (S) könnte einen Anspruch auf Lieferung eines funktionstüchtigen Fernsehers nach den §§ 433 Abs. 1, 437 Nr. 1, 439 BGB gegenüber Murks (M) haben.

Unproblematisch ist zwischen M und S ein Kaufvertrag im Sinne des § 433 Abs. 1 BGB zustande gekommen.

Für einen Anspruch des S auf Neulieferung gemäß §§ 437 Nr. 1, 439 Abs. 1 BGB müsste der Fernseher zunächst einen Mangel aufweisen. Ein Sachmangel läge nach § 434 Abs. 1, 2 Nr. 1 BGB vor, wenn der Fernseher nicht die vereinbarte Beschaffenheit aufgewiesen hat. S und M haben einen Kaufvertrag über ein Neugerät abgeschlossen. Damit ist die uneingeschränkte Funktionsfähigkeit der Kaufsache vereinbart. Dass ein Neugerät einen Fehler in der Elektronik aufweist, entspricht daher nicht der vereinbarten Beschaffenheit. Ein Sachmangel nach § 434 Abs. 1, 2 Nr. 1 BGB liegt somit vor.

Dieser Sachmangel müsste auch bei Gefahrübergang vorgelegen haben. Gefahrübergang bedeutet, dass die Gefahr der zufälligen Verschlechterung oder des Untergangs auf den Käufer übergeht. Gemäß § 446 BGB geht die Gefahr mit der Übergabe der Kaufsache an den Käufer auf diesen über. Dies war vorliegend die Übergabe des Gerätes im Ladenlokal der M. Gemäß § 477 BGB besteht zudem zugunsten des Verbrauchers eine Vermutung, dass ein Mangel, der sich innerhalb von sechs Monaten seit Gefahrübergang zeigt, auch schon bei Gefahrübergang vorgelegen hat. Voraussetzung für das Greifen dieser Vermutungsregel ist das Vorliegen eines Verbrauchsgüterkaufs nach § 474 Abs. 1 BGB. Vorliegend hat S als Verbraucher nach § 13 BGB von M als Unternehmer nach § 14 BGB eine bewegliche Sache gemäß § 90 BGB gekauft, sodass ein Verbrauchsgüterkauf vorliegt. Daher treffen den S keine Beweisschwierigkeiten darüber, dass der Fehler in der Elektronik schon bei Gefahrübergang vorgelegen hat.

Gemäß § 439 Abs. 1 BGB steht dem Käufer einer mangelhaften Sache das Wahlrecht zu, ob er die Nachbesserung oder eine Neulieferung verlangt. S hat dem M mitgeteilt, dass er die Lieferung eines mangelfreien Fernsehers begehrt.

Ausnahmsweise kann der Verkäufer die gewählte Nacherfüllungsart des Käufers jedoch verweigern, wenn diese nach § 439 Abs. 4 S. 1 BGB mit erheblichen und unverhältnismäßig hohen Kosten verbunden ist. Das Fernsehmodell, welches S in dem Laden M gekauft hat, gehörte zu einem Restposten. Eine Wiederbeschaffung eines Fernsehers dieses Modells ist laut Sachverhalt mit unverhältnismäßig hohen Kosten verbunden. Somit ist der Anspruch des Käufers S in diesem Falle auf die Nachbesserung beschränkt. M hat daher zu Recht die Lieferung eines neuen Fernsehers gegenüber S verweigert.

Somit hat S keinen Anspruch auf Lieferung eines Neugerätes nach §§ 433 Abs. 1, 437 Nr. 1, 439 BGB gegenüber M, sondern nur einen Anspruch auf Nachbesserung.

▶ **Hinweise** Im vorliegenden Sachverhalt wird dem Bearbeiter die Wertung vorweggenommen, ob die Kosten der gewählten Art der Nacherfüllung unverhältnismäßig sind oder nicht. Sollte diese Wertung im Sachverhalt nicht vorhanden sein, muss der Bearbeiter durch eine entsprechende Abwägung selbstständig über den Rechtsbegriff der Unangemessenheit der Kosten entscheiden. Unangemessenheit dürfte erst vorliegen, wenn die

Kosten für die gewählte Art der Nacherfüllung die Kosten für die alternative Art der Nacherfüllung mit jedenfalls 25 % übersteigen („relative Unverhältnismäßigkeit").

▶ **Wesentliche Paragrafen** §§ 13, 14, 90, 433, 437, 439, 446, 474, 477 BGB

3.3 Fall 20: Gewährleistungsrecht, Gefahrübergang – „Nachtlicht"

3.3.1 Fallfrage

Johannes kann nachts nur sehr schwer einschlafen, da er sich vor der Dunkelheit fürchtet. Daher entschließt er sich dazu, bei der Luna Mond GmbH ein Nachtlicht für 9,99 € zu bestellen.

Die Webseite der Luna Mond GmbH verspricht, dass das Nachtlicht ein „sanftes Licht spendet, welches das Einschlafen erleichtert". Als das Nachtlicht geliefert wird, ist Johannes zunächst sehr erfreut. Doch als er dieses in die Steckdose steckt, macht sich Verwirrung breit: Das Nachtlicht leuchtet tatsächlich so hell, dass es Johannes geradezu schmerzt. Durch das Nachtlicht wird nicht nur ein „sanftes Licht" gespendet, sondern der gesamte Raum taghell beleuchtet. Johannes ist empört. Mit dem Nachtlicht ist ihm das Einschlafen geradezu unmöglich. Daher verlangt er von der Luna Mond GmbH die Nachbesserung des Nachtlichtes.

Die Luna Mond GmbH wendet gegen das Begehren zweierlei ein. Zunächst entspreche die Helligkeit des an Johannes gesendeten Nachtlichtes den üblicherweise hergestellten Nachtlichtern. Zudem wäre das Nachtlicht bei der Übergabe an Johannes auch vertragsgemäß gewesen. Eine Nachbesserung kommt für die Luna Mond GmbH daher nicht in Frage. Dafür müsste eine komplett neue Produktlinie entworfen werden, was zu ganz erheblichen Kosten von mindestens 20.000 € führen würde.

Johannes will sich damit nicht zufriedengeben und besteht auf die Lieferung eines neuen Nachtlichtes, welches tatsächlich ein „sanftes Licht" spendet.

Zu Recht?

3.3.2 Lösung

Johannes (J) könnte einen Anspruch auf Neulieferung nach den §§ 433 Abs. 1, 437 Nr. 1, 439 BGB gegenüber der Luna Mond GmbH (L) haben.

Zwischen J und L ist ein Kaufvertrag im Sinne des § 433 Abs. 1 BGB zustande gekommen. Damit J einen Anspruch auf Nachbesserung nach § 437 Nr. 1 BGB hat, müsste das Nachtlicht bei Gefahrübergang nach § 446 BGB einen Mangel nach § 434 BGB aufweisen. Ein Sachmangel liegt nach § 434 BGB vor, wenn die Sache bei Gefahrübergang den subjektiven Anforderungen, den objektiven Anforderungen und den Montageanforderungen entspricht. In Betracht kommt vorliegend ein Verstoß gegen die subjektiven Anforderungen gem. § 434 Abs. 2 Nr. 1 BGB. Dies ist der Fall, wenn das Nachtlicht bei Übergabe nicht die vereinbarte Beschaffenheit hatte, ein „sanftes Licht" zu spenden. L wendet dagegen ein, dass das Licht die übliche Helligkeit habe. Dieser Einwand ist jedoch insoweit unbeachtlich, als es auf die übliche Beschaffenheit nur ankommt, soweit keine Beschaffenheitsvereinbarung getroffen wurde. Das ist hier jedoch – wie bereits ausgeführt – der Fall. Fraglich ist folglich, ob das Nachtlicht ein sanftes Licht spendet oder nicht. Ein sanftes Licht ist ein solches, welches warm und unscheinbar wirkt. Das Nachtlicht, das J geliefert wurde, ist dagegen so hell, dass es einen ganzen Raum erleuchtet. Das Nachtlicht weist daher nicht die vereinbarte Beschaffenheit im Sinne des § 434 Abs. 2 Nr. 1 BGB auf. Mithin ist ein Sachmangel gegeben.

Der Sachmangel müsste auch bei Gefahrübergang vorgelegen haben. Gemäß § 446 BGB geht die Gefahr mit der Übergabe der Kaufsache an den Käufer über. L behauptet, im Moment der Übergabe habe das Nachtlicht die vertraglich geschuldete Beschaffenheit gehabt. Die Parteien machen folglich sich widersprechende Angaben. Nach § 477 BGB besteht jedoch bei einem Verbrauchsgüterkauf zugunsten des Verbrauchers eine Vermutung, dass ein Mangel, der sich innerhalb von sechs Monaten ab Gefahrübergang zeigt, auch schon bei Gefahrübergang vorgelegen hat. Ein Verbrauchsgüterkauf liegt nach § 474 BGB vor, wenn ein Verbraucher nach § 13 BGB von einem Unternehmer nach § 14 BGB eine bewegliche Sache kauft. Vorliegend erwirbt J für nicht geschäftliche Zwecke als Privatperson das Nachtlicht als bewegliche Sache von L, welche als GmbH geschäftlich den Verkauf von Nachtlichtern betreibt. Folglich liegt ein Verbrauchsgüterkauf vor, sodass die gesetzliche Vermutung des § 477 BGB zugunsten von J greift.

Die Voraussetzungen für ein Nacherfüllungsrecht nach § 439 Abs. 1 BGB liegen damit vor. Gemäß § 439 Abs. 1 BGB steht es dem Käufer einer mangelhaften Sache frei zu wählen, ob er Nachbesserung oder Neulieferung begehrt. J hat die Neulieferung gewählt. Ein Anspruch auf Neulieferung eines mangelfreien Nachtlichtes ist somit entstanden. Allerdings könnte dieser Anspruch von J nach den §§ 439 Abs. 4, 275 BGB untergegangen sein. Danach ist der Anspruch auf Nacherfüllung ausgeschlossen, wenn er unmöglich ist.

Hier könnte ein Fall der wirtschaftlichen Unmöglichkeit nach § 275 Abs. 2 BGB vorliegen. Eine solche wirtschaftliche Unmöglichkeit liegt vor, wenn die Leistung an sich zwar tatsächlich möglich ist, aber nur mit ganz unverhältnismäßigen und unzumutbaren Schwierigkeiten und Kosten für den Schuldner verbunden ist. Die L könnte hier zwar die Produktion eines neuen Nachtlichtes vornehmen, welches tatsächlich ein „sanftes Licht" spendet. Dies würde aber nur durch die Entwicklung eines völlig neuen Produktes gelingen, welches Kosten von jedenfalls 20.000 € nach sich ziehen würde. Dies steht völlig außer Verhältnis zum Nacherfüllungsbegehren des J. Zwischen diesen beiden Interessenposten besteht ein krasses Missverhältnis. Es kann der L nicht zugemutet werden, nur für einen Kunden ein völlig neues Produkt zu entwerfen. Die Neulieferung eines mangelfreien Nachtlichtes ist der L daher wirtschaftlich unmöglich im Sinne des § 275 Abs. 2 BGB. Der Anspruch von J auf Neulieferung eines mangelfreien Nachtlichtes ist somit untergegangen.

J hat keinen Anspruch auf Neulieferung eines Nachtlichtes aus den §§ 433 Abs. 1, 437 Nr. 1, 439 Abs. 1 BGB gegenüber L.

▸ **Hinweise** Die Lösung des Falles erfordert große Sorgfalt bei der Tatbestandsprüfung. Dies gelingt nur durch eine enge Arbeit am Sachverhalt und eine genaue Kenntnis der rechtlichen Voraussetzungen der Nacherfüllung. Der Bearbeiter muss zunächst zeigen, dass er den Sachmangelbegriff beherrscht. Dieser ist mehrstufig, wobei eine vereinbarte Beschaffenheit der üblichen Beschaffenheit vorgeht. Sodann ist der Gefahrübergang zu problematisieren. Erst in diesem Zusammenhang ist die Beweislastumkehr zu prüfen, weil diese nicht das Vorliegen des Mangels als solches, sondern den Zeitpunkt des Vorliegens bei Gefahrübergang beinhaltet. Schließlich muss der Bearbeiter die Gegenrechte des Verkäufers nach § 439 III BGB in der korrekten Form erörtern. Im konkreten Fall sind nicht die einzelnen Arten der Nacherfüllung (Nachbesserung oder Ersatzlieferung) zu prüfen, sondern die Nacherfüllung als Ganzes. Das Vorliegen wirtschaftlicher Unmöglichkeit ergibt sich insoweit eindeutig aus den Sachverhaltsangaben.

▸ **Wesentliche Paragrafen** §§ 13, 14, 275, 433, 434, 437, 439, 446 474, 477 BGB

3.4 Fall 21: Gewährleistungsrechte, Sachmangelbegriff, Verbrauchsgüterkauf – „Gebraucht gefälligst?"

3.4.1 Fallfrage

Kim ist auf der Suche nach einem neuen Handy und begibt sich deshalb in das Elektronik-Fachgeschäft von Vincent. Aufgrund von finanziellen Engpässen lässt sich Kim ausschließlich die gebrauchten Modelle vorführen. Als Kim sich schließlich für ein Gerät entschieden hat, weist Vincent sie ausdrücklich darauf hin, dass es sich um eine Gebrauchtware handle und Gebrauchtwaren hätten gerne mal Macken. Kim erwidert, dass ihr dies vollkommen bewusst sei und sie kein Problem damit habe. Anschließend einigen sich die beide auf einen Preis und Kim nimmt ihr neues Handy mit nach Hause.

Am selben Abend möchte Kim sodann eine SIM-Karte in das Handy einlegen und ihre Mutter anrufen. Leider muss sie dann jedoch feststellen, dass das Handy eine Beschädigung an der verbauten Antenne hat und dass es deshalb keinen Empfang hat. Die Beschädigung kann allerdings durch eine Reparatur vom Fachmann Vincent behoben werden.

Kim meldet sich daraufhin bei Vincent und schildert ihm die Umstände. Jener wusste selbst nichts von der Beschädigung, möchte aber auch trotz Mitgefühl nicht die Reparatur vornehmen, denn er würde seine Zeit gerne anders investieren. Außerdem habe er Kim vor dem Kauf des Handys eindeutig darauf hingewiesen, dass derartige Gebrauchtwaren Macken haben können und Kim habe im Hinblick darauf auch eingewilligt. Damit sei dies nun ihr Problem.

Kann Kim von Vincent die Reparatur des Handys verlangen?

3.4.2 Lösung

Kim (K) könnte einen Anspruch auf Nachbesserung in Form einer Reparatur des zuvor erworbenen Handys gegen Vincent (V) gem. §§ 437 Nr. 1, 434, 439 BGB haben.

Diesbezüglich ist zunächst festzustellen, dass zwischen K und V ein wirksamer Kaufvertrag im Sinne des § 433 Abs. 1 BGB bezüglich des gebrauchten Handys besteht.

Allerdings müsste auch ein Sachmangel im Sinne von § 434 BGB vorliegen. Gemäß § 434 Abs. 1 BGB ist eine Sache indes frei von Sachmängeln, wenn sie bei Gefahrenübergang den subjektiven und objektiven Anforderungen sowie den Montagevorschriften entspricht. Im Hinblick auf die subjektiven Anforderungen käme zunächst ein Mangel aufgrund eines Abweichens von einer Beschaffenheitsvereinbarung nach § 434 Abs. 2 S. 1 Nr. 1 BGB in Betracht. K und V haben sich jedoch nicht ausdrücklich auf eine bestimmte Beschaffenheit geeinigt. Insbesondere nicht im Hinblick auf das Funktionieren der im Handy verbauten Antenne. Eine konkludent geschlossene Beschaffenheitsvereinbarung ist ebenfalls abzulehnen, da an eine solche strenge Anforderungen zu stellen sind. Andernfalls hätte der § 434 Abs. 3 S. 1 Nr. 2 BGB kaum einen eigenständigen Anwendungsbereich; schließlich könnte man dann stets von der Verletzung einer konkludent geschlossenen Beschaffenheitsvereinbarung ausgehen, sobald die Kaufsache eine unübliche Beschaffenheit aufweist. Ein Sachmangel aufgrund von Nichterfüllung der subjektiven Anforderungen ist deshalb abzulehnen.

Die objektiven Anforderungen könnten jedoch nicht erfüllt sein. Nach § 434 Abs. 3 S. 1 Nr. 2 Buchst. a) BGB sind die objektiven Anforderungen nämlich dann nicht erfüllt, wenn die Kaufsache eine Beschaffenheit aufweist, die bei Sachen derselben Art üblich ist und die der Käufer erwarten kann unter Berücksichtigung der Art der Sache. Bei Handys – auch im gebrauchten Zustand – ist grundsätzlich davon auszugehen, dass diese Empfang durch eine funktionierende Antenne und somit das Telefonieren ermöglichen. Das von K erworbene Handy entspricht damit nicht den objektiven Anforderungen. Allerdings könnten sich V und K aufgrund der Verständigung bezüglich des möglichen Vorhandenseins von Macken auf eine Vereinbarung im Sinne von § 476 Abs. 1 BGB geeinigt haben, welche das Abweichen von den objektiven Anforderungen im Sinne von § 434 Abs. 3 BGB ermöglicht. Voraussetzung für die Anwendbarkeit der Vorschrift ist zunächst, dass es sich bei dem zwischen K und V geschlossenen Vertrag um einen Verbrauchsgüterkauf im Sinne von § 474 BGB handelt. K kauft hier ein Handy als natürliche Person für den Privatgebrauch und handelt somit als Verbraucherin gem. § 13 BGB, während V als Betreiber eines Elektronik-Fachgeschäfts als Unternehmer gem. § 14 Abs. 1 BGB zu klassifizieren ist. Ein Verbrauchsgüterkauf zwischen V und K ist damit gegeben. Weitere Voraussetzung für die Wirksamkeit einer abweichenden Vereinbarung ist gem. § 476 Abs. 1 S. 2 BGB unter anderem, dass der Verbraucher vor Abgabe seiner Vertragserklärung eigens davon in Kenntnis gesetzt wird, dass ein bestimmtes Merkmal der Ware von den objektiven Anforderungen abweicht. Zwar erfolgte der Hinweis von V vor Abgabe der Willenserklärung der K. Jedoch bezog sich der Hinweis nicht auf ein konkretes Merkmal der Ware. Vielmehr warnte V allgemein vor potenziellen Einschränkungen. Mithin haben V und K keine Vereinbarung im Sinne von § 476 Abs. 1 BGB geschlossen und ein Sachmangel gem. § 434 Abs. 3 BGB ist gegeben.

Mangels entgegenstehender Sachverhaltsangaben ist ferner davon auszugehen, dass der Sachmangel bereits zum Zeitpunkt des Gefahrübergangs im Sinne von § 446 BGB vorlag.

Bei dem Hinweis von V, dass das Handy möglicherweise Macken haben könnte, da es sich dabei um ein gebrauchtes Modell handle, könnte es sich um einen wirksamen Gewährleistungsausschluss handeln. Eine Auslegung nach dem objektiven Empfängerhorizont gem. §§ 133, 157 BGB ergibt jedoch, dass V mit der Aussage die K lediglich vor kleineren Fehlfunktionen oder kleinen Kratzern und Dellen warnen wollte und allenfalls für ebendiese nicht haften möchte. Hierunter kann indes nicht das gänzliche Nichtfunktionieren der Telefonie-Möglichkeit als eine der Hauptfunktionen von Handys gefasst werden. Außerdem kann in der Aussage die Intention eines vollumfänglichen Gewährleistungsausschlusses nicht gesehen werden. Ob ein derartiger Ausschluss überhaupt wirksam gewesen wäre, kann folglich dahinstehen.

Weitere entgegenstehende Einwendungen sowie Einreden sind indes nicht ersichtlich.

Die K hat folglich einen Anspruch auf Nachbesserung in Form der Reparatur des Handys gegen den V gem. §§ 437 Nr. 1, 434, 439 BGB.

▶ **Hinweise** Das Auffinden der einschlägigen Anspruchsgrundlage dürfte keine Schwierigkeiten bereiten. Wesentlich komplizierter sind der richtige Umgang mit dem Sachmangelbegriff sowie die juristische Einordnung des von Vincent getätigten Hinweises bezüglich der Möglichkeit von Macken. Hier kommt es insbesondere auf eine saubere Auslegung und eine gute Argumentation an. In diesem Zusammenhang ist es erforderlich, dass der im Rahmen der Kaufrechtsnovelle 2022 neugefasste § 476 Abs. 1 S. 2 BGB gefunden und einschlägig geprüft wird. Vertieftes Wissen – insbesondere im Hinblick auf die Gesetzesbegründung und Rechtsprechung – ist für die Lösung des Falles jedoch nicht erforderlich.

▶ **Wesentliche Paragrafen** §§ 13, 14, 433, 434, 437, 439, 476

3.5 Fall 22: Ratenlieferungsvertrag, Kündigungsbutton – „Das verflixte Abo"

3.5.1 Fallfrage

Valentina interessiert sich sehr für das Unterwasserleben. Als sie eines Tages auf der Homepage der U-GmbH landet, ist sie hellauf begeistert von der dort angebotenen Zeitschrift, welche monatlich erscheint und viele Bilder von Tauchgängen auf der ganzen Welt zeigt. Prompt will sie ein Abonnement abschließen und sich die Zeitschrift zu einem monatlichen Preis von 10 € nach Hause liefern lassen. Über die Homepage erhält sie sodann ein Angebot, das eine unbefristete Laufzeit und eine Kündigungsfrist von drei Monaten zum Ende eines Kalendermonats vorsieht. Bei keiner wirksamen Kündigung soll sich das Abo stillschweigend unbefristet verlängern. Valentina schließt das Abo formgerecht ab und erhält anschließend eine Bestätigungs-Mail. Einige Tage später erhält sie bereits ihre erste Ausgabe der Zeitschrift.

Von der anfänglichen Euphorie ist ein Jahr später nicht mehr viel übrig. Valentina hat nun andere Interessen und ertappt sich immer wieder dabei, wie sie die regelmäßig gelieferten Zeitschriften nur noch in die Ecke wirft und nicht mehr hineinschaut. Deshalb entschließt sie sich Ende Januar, das Abo zu beenden. Hierzu geht sie wieder auf die Homepage der U-GmbH, um einen leichten Weg der Kündigung zu finden. Als sie nach langem Suchen nicht fündig wird, entschließt sie sich dazu, ein Kündigungsschreiben aufzusetzen. Hierin bittet sie, das Abonnement zum nächstmöglichen Zeitpunkt zu beenden. Kurze Zeit darauf erhält sie ein Schreiben der U-GmbH, in welchem jene auf die dreimonatige Kündigungsfrist aufmerksam macht. Entsprechend ende das Abo erst Ende April, sodass Valentina noch insgesamt 30 € für die Monate Februar, März und April zu zahlen habe. Valentina würde hingegen gerne sofort das Abo beenden und nicht noch weitere drei Monate beliefert werden.

Hat die U-GmbH in den folgenden Monaten einen Anspruch auf Zahlung der geforderten Beträge in Höhe von 30 €?

▸ **Bearbeiterhinweis** Der Fall ist nach der aktuellen Rechtslage (Stand März 2023) zu bearbeiten und ein Widerruf durch Valentina sowie eine AGB-Kontrolle sind nicht zu prüfen.

3.5.2 Lösung

Die U-GmbH (U) könnte einen Anspruch auf Zahlung der drei Monatsraten in Höhe von insgesamt 30 € gegen Valentina (V) gem. §§ 433 Abs. 2, 510 Abs. 1 S. 1 BGB haben.

Der zwischen U und V geschlossene Vertrag müsste einen Kaufvertrag in Form eines Ratenlieferungsvertrags darstellen. Nach § 510 Abs. 1 S. 1 Nr. 2 BGB sind insbesondere solche Verträge als Ratenlieferungsverträge zu klassifizieren, welche die regelmäßige Lieferung von Sachen gleicher Art zum Gegenstand haben. Nach der zwischen U und V geschlossenen Vereinbarung hat sich U für eine unbestimmte Zeit und für die Dauer des Vertragsverhältnisses dazu verpflichtet, der V monatlich eine Unterwasserwelt-Zeitschrift zu liefern. Ein Ratenlieferungsvertrag im Sinne von § 510 Abs. 1 S. 1 Nr. 2 BGB liegt mithin vor. Fraglich ist indes, ob es sich hierbei um einen Kaufvertrag im Sinn der §§ 433 ff. BGB oder um einen Werklieferungsvertrag im Sinne des § 650 Abs. 1 BGB handelt. Der wesentliche Unterschied liegt darin, dass der Schuldner bei einem Werklieferungsvertrag neben der Lieferung der Sache auch zu ihrer Herstellung verpflichtet ist. Bei einem Kaufvertrag ist die Herstellung des Kaufgegenstandes indes kein Vertragsbestandteil. U und V haben sich nicht ausdrücklich auf die Herstellung der Zeitschriften geeinigt. Eine konkludente Einigung diesbezüglich ist auch nicht ersichtlich. Zudem besteht auch kein Interesse der V daran, dass die Zeitschriften konkret von U hergestellt wurden. Folglich handelt es sich bei dem zwischen U und V vereinbarten Zeitschriften-Abo um einen Kaufvertrag in Form eines Ratenlieferungsvertrags.

Der Kaufpreiszahlungsanspruch der U gem. § 433 Abs. 2 BGB ist somit vorerst entstanden.

Der Anspruch könnte jedoch erloschen sein. In Betracht kommt vorliegend insbesondere eine Kündigung durch V, wodurch das Vertragsverhältnis beendet wird und der Anspruch der U untergeht. Im Hinblick auf eine wirksame Kündigungserklärung seitens der V bestehen indes keine Bedenken. Fraglich ist jedoch, zu welchem Zeitpunkt das Vertragsverhältnis zwischen U und V beendet wird. Mangels gesetzlicher Regelung hinsichtlich der Kündigungsfrist von Ratenlieferungsverträgen kommt es zunächst auf die Vereinbarung zwischen den Parteien an. U und V haben sich bei Vertragsschluss auf eine Kündigungsfrist von drei Monaten geeinigt.

▸ **Tipp** § 314 BGB regelt lediglich die außerordentliche Kündigung von Dauerschuldverhältnissen; nicht jedoch die ordentliche Kündigung!

Allerdings könnte vorliegend § 312 k Abs. 6 S. 1 BGB greifen. Demnach kann ein Verbraucher jederzeit und ohne Einhaltung einer Kündigungsfrist einen Vertrag kündigen, sofern der Unternehmer die Vorschriften aus § 312 k Abs. 1, 2 BGB nicht befolgt hat.

Voraussetzung für die Anwendbarkeit von § 312 k BGB ist vorerst jedoch, dass es sich bei dem zwischen U und V geschlossenen Vertrag um einen Verbrauchervertrag im Sinne von § 310 Abs. 3 BGB handelt. Die V schloss als natürliche Person das Abo nicht für gewerbliche oder berufliche Zwecke ab und handelte mithin als Verbraucherin im Sinne von § 13 BGB. Die U handelte hingegen in Ausübung ihrer gewerblichen Tätigkeit und ist somit eine Unternehmerin im Sinne von § 14 Abs. 1 BGB. Ein Verbrauchervertrag ist somit gegeben.

3.5 Fall 22: Ratenlieferungsvertrag, Kündigungsbutton – „Das verfixte Abo"

Zudem müsste die U die Vorschriften aus § 312 k Abs. 1, 2 BGB missachtet haben. Diese schreiben mitunter vor, dass ein Unternehmer, der es über seine Webseite ermöglicht, ein Dauerschuldverhältnis abzuschließen, sicherzustellen hat, dass der Verbraucher auf ebendieser Webseite die Möglichkeit hat, über eine Kündigungsschaltfläche eine ordentliche oder außerordentliche Kündigung abzugeben (sog. „Kündigungsbutton"). Dabei sind Dauerschuldverhältnisse erfasst, die für den Verbraucher dauerhafte Leistungspflichten im Sinne einer Zahlung begründen. Die U bietet über ihre Homepage Zeitschriften-Abos an, bei denen der Verbraucher über die Dauer des Vertrags zu einer monatlichen Zahlung verpflichtet wird. Gleichwohl bietet dieselbe Webseite keine Möglichkeiten für die Verbraucher, über eine entsprechende Schaltfläche die Dauerschuldverhältnisse wieder zu kündigen. Folglich hat U die Vorschriften aus § 312 k Abs. 1, 2 BGB missachtet.

Nach § 312 k Abs. 6 S. 1 BGB konnte die V somit jederzeit und ohne Einhaltung einer etwaigen Kündigungsfrist das Zeitschriften-Abo wirksam kündigen. Das Vertragsverhältnis endete damit bereits Ende Januar.

Die U hat dementsprechend keinen Anspruch auf die Zahlungen für die Monate Februar, März und April gegen die V.

▸ **Hinweise** Die erste Hürde des Falles liegt in der richtigen Einordnung des vorliegenden Vertragstyps und daraus resultierend dem Finden der entsprechenden Anspruchsgrundlage. Sodann ist die Kenntnis von § 312k BGB, welcher infolge des Gesetzes für faire Verbraucherverträge im Juli 2022 in Kraft getreten ist, unabdingbar für die Lösung des Falles. Das richtige Anwenden der Norm dürfte hingegen keine großen Schwierigkeiten bereiten.

Interessant im Hinblick auf das Gesetz für faire Verbraucherverträge ist auch die Änderung von § 309 Nr. 9 Buchst. c) BGB, wonach Dauerschuldverhältnisse wie etwa der vorliegende Abo-Vertrag nun maximal eine Kündigungsfrist von einem Monat haben können (statt zuvor drei Monate). Um den Rahmen des Falles jedoch nicht zu sprengen, wurde durch den Bearbeitervermerk eine anderenfalls erforderliche AGB-Kontrolle ausgeschlossen.

▸ **Wesentliche Paragrafen** §§ 312k, 433, 510, 650

3.6 Fall 23: Waren mit digitalen Elementen, Aktualisierungspflicht – „Der Saugroboter"

3.6.1 Fallfrage

Konstantin möchte die Vorzüge der heutigen Technik nutzen und sich einen Saugroboter zulegen. Er stöbert dazu in sämtlichen Angeboten, die er im Internet finden kann. Schließlich fällt ihm eine Anzeige der V-GmbH ins Auge. Sie wirbt mit einem Modell, das man mit allen marktüblichen Smartphones einrichten und steuern kann. Konstantin ist sehr angetan und bestellt den Saugroboter sofort über die Homepage der V-GmbH. Wenige Tage später ist das Gerät bei Konstantin angekommen. Er verknüpft es umgehend mit seinem Smartphone und ist sehr zufrieden mit seiner neuen Haushaltshilfe.

Ein Jahr später kauft sich Konstantin das neuste Smartphone, das der Markt zu bieten hat. Als er sodann seinen Saugroboter mit dem neuen Smartphone verbinden möchte, muss er feststellen, dass die Software des Roboters damit nicht kompatibel ist. Dies ärgert Konstantin sehr. Er setzt sich deshalb mit der V-GmbH in Verbindung und verlangt eine Nachbesserung in Form einer Aktualisierung der Gerätesoftware des Saugroboters. Die V-GmbH wendet dagegen ein, dass sie ihren kaufvertraglichen Pflichten bereits nachgekommen sei. Schließlich sei der Saugroboter auf dem neusten Stand gewesen und kompatibel mit allen gängigen Smartphones, als Konstantin ihn erhalten hat. Damit sei das Gerät seinerzeit ordnungsgemäß und mangelfrei übergeben und übereignet worden.

Hat Konstantin einen Anspruch auf Nachbesserung in Form einer Aktualisierung der Software des Saugroboters gegen die V-GmbH?

3.6.2 Lösung

Konstantin (K) könnte einen Anspruch auf Nachbesserung des Saugroboters durch Aktualisierung der Gerätesoftware gem. §§ 433 Abs. 1, 437 Nr. 1, 439 BGB gegen die V-GmbH (V) haben.

Dazu müssten K und V wirksam einen Kaufvertrag hinsichtlich des Roboters geschlossen haben. Diesbezüglich bestehen keine Bedenken.

Darüber hinaus müsste der Saugroboter einen Sachmangel haben. In Betracht kommt vorliegend ein Mangel i. S. v. § 475b Abs. 2 BGB.

Die Anwendbarkeit von § 475b BGB setzt zunächst voraus, dass es sich bei dem zwischen K und V geschlossenen Vertrag um einen Verbrauchsgüterkauf handelt. Nach § 474 Abs. 1 S. 1 BGB sind Verbrauchsgüterkäufe in erster Linie Verträge, durch die ein Verbraucher von einem Unternehmer eine Ware kauft. K kauft von V einen Saugroboter für sein Zuhause. Die V verkauft den Roboter auch im Rahmen ihrer gewerblichen Tätigkeit. Zudem handelt es sich bei dem Saugroboter um eine Ware i. S. v. § 241a Abs. 1 BGB. Ein Verbrauchsgüterkauf gem. § 474 Abs. 1 S. 1 BGB liegt mithin vor.

Ferner setzt die Anwendbarkeit von § 475b BGB voraus, dass es sich bei dem Roboter um eine Ware mit digitalen Elementen handelt. Aus § 327 Abs. 3 S. 1 BGB lässt sich entnehmen, dass Waren mit digitalen Elementen solche sind, die in einer Weise digitale Produkte enthalten oder mit ihnen verbunden sind, dass die Waren ihre Funktionen ohne diese digitalen Produkte nicht erfüllen können. Staubsauger, die mit einer Software versehen sind und dadurch mit anderen Geräten verbunden werden können, um jene sodann einzurichten und zu steuern, können ohne das digitale Element der Gerätesoftware nicht funktionieren. Bei Saugrobotern handelt es sich deshalb um Waren mit digitalen Elementen i. S. v. § 327 Abs. 3 S. 1 BGB.

Außerdem müsste die Aktualisierungspflicht aus § 475b Abs. 2, 4 BGB auch eine Aktualisierung der Gerätesoftware in der von K erwünschten Weise beinhalten. Die Aktualisierungspflicht umfasst grundsätzlich den Erhalt der Vertragsmäßigkeit des Kaufgegenstandes, es sei denn, die Parteien haben etwas Anderes vereinbart. Die Aktualisierungsverpflichtung bezieht sich somit auf Neuerungen, die notwendig sind, damit die Sache weiterhin den objektiven und subjektiven Anforderungen i. S. d. § 434 BGB entspricht. Nicht umfasst sind jedoch sog. „Upgrades". Der Verkäufer ist also nicht dazu verpflichtet, funktionserweiternde Neuerungen zu stellen. Von einer Funktionserweiterung kann indes regelmäßig ausgegangen werden, wenn die Aktualisierung nicht zu einem aktualisierten, sondern einem komplett neuen Leistungsgegenstand führt. Vorliegend verlangt K eine Aktualisierung der Gerätesoftware, die dazu führt, dass der Saugroboter kompatibel ist mit seinem marktneuen Smartphone. Hierbei handelt es sich um den Erhalt der Funktionen, mit denen V sogar in der eigenen Anzeige geworben hat, und eben nicht um eine Funktionserweiterung. Mangels entgegenstehender Vereinbarung zwischen K und V umfasst die Aktualisierungspflicht deshalb auch Neurungen, die dazu führen, dass der Saugroboter kompatibel mit den neusten Smartphones bleibt.

Fraglich ist jedoch, ob auch der zeitliche Rahmen der Aktualisierungspflicht aus § 475b Abs. 2, 4 BGB noch gegeben ist. Aus § 475b Abs. 4 Nr. 2 BGB ergibt sich diesbezüglich, dass die Aktualisierungspflicht einen Zeitraum zu umfassen hat, den der Verbraucher aufgrund der

Art und des Zwecks der Ware und ihrer digitalen Elemente sowie unter Berücksichtigung der Umstände und der Art des Vertrags erwarten kann. Zwar ist der Wortlaut dieser Generalklausel sehr unbestimmt und lässt deshalb verschiedene Interpretationen zu. Sachgemäß erscheint jedoch ein zeitlicher Rahmen, der sich nach der gesetzlichen Gewährleistungspflicht richtet. Nach § 438 Abs. 1 Nr. 3 BGB verjähren die kaufrechtlichen Gewährleistungsansprüche in der Regel nach zwei Jahren ab Ablieferung der Kaufsache (vgl. § 438 Abs. 2 BGB). Die Aktualisierungspflicht aus § 475b Abs. 2, 4 sollte deshalb im Normalfall auch mindestens zwei Jahre andauern. Etwas Anderes kann allenfalls dann gelten, wenn die Kaufsache eine Lebensdauer von unter zwei Jahren hat oder wenn die Parteien eine abweichende Vereinbarung getroffen haben. Mangels abweichender Vereinbarung kann vorliegend deshalb davon ausgegangen werden, dass K für mindestens zwei Jahre die Kompatibilität des Saugroboters mit allen marktüblichen Smartphones erwarten kann. K verlangt die Aktualisierung der Gerätesoftware etwa ein Jahr nach Ablieferung des Saugroboters. Der zeitliche Rahmen der Aktualisierungspflicht aus § 475b Abs. 2, 4 BGB ist folglich ebenfalls gewahrt.

Mangels entgegenstehender Sachverhaltsangaben im Hinblick auf einen Ausschluss der Aktualisierungspflicht, insbesondere in Bezug auf § 275 BGB (Unmöglichkeit), und mangels einer abweichenden Vereinbarung durch K und V, hat K einen Anspruch auf Nachbesserung des Saugroboters durch Aktualisierung der Gerätesoftware gem. §§ 433 Abs. 1, 437 Nr. 1, 439 BGB i. V. m. § 475b Abs. 2, 4 BGB gegen V.

▸ **Hinweise** Die Lösung des Falles erfordert einen sicheren Umgang mit dem Begriff der „Waren mit digitalen Elementen" und der Aktualisierungspflicht. Beide Elemente wurden im Rahmen der Schuldrechtsreform im Jahre 2022 neu in das BGB integriert.

Dabei ist vor allem die Aktualisierungspflicht bei Verbrauchsgüterkäufen, die Waren mit digitalen Elementen umfassen, höchst umstritten. Denn sie modifiziert den kaufrechtlichen Mangelbegriff dahingehend, dass die Mangelfreiheit nicht nur zum Zeitpunkt des Gefahrübergangs gegeben sein muss, sondern innerhalb eines bestimmten Zeitraumes. Der Verkäufer schuldet also nicht nur die vertragsgemäße Erfüllung der kaufrechtlichen Primärleistungspflicht (= Übergabe und Übereignung der Kaufsache) bei Gefahrübergang, sondern zusätzlich den Erhalt der Vertragsmäßigkeit. Hieraus könnte man eine systematische Unstimmigkeit mit dem kaufrechtlichen Gewährleistungsrecht folgern. Damit könnte sodann vertreten werden, dass die Nachbesserungspflicht in Form der Aktualisierungspflicht bei einem Verbrauchsgüterkauf eben nicht aus dem kaufrechtlichen Gewährleistungsrecht folgen könne, sondern etwa aus § 327 f. Abs. 1 S. 1 BGB als eigenständige Pflicht. Gegen die direkte Anwendung von § 327 f. Abs. 1 S. 1 BGB als Anspruchsgrundlage für die Nachbesserung spricht jedoch der Wortlaut des Gesetzes: Nach § 327 Abs. 3 S. 1 gelten die §§ 327 ff. BGB explizit nicht für Waren mit digitalen Elementen. Vertretbar wäre aber möglicherweise eine analoge Anwendung von § 327 f. Abs. 1 S. 1 BGB als Anspruchsgrundlage für die Nachbesserung. Dies erfordert jedoch eine hinreichende Begründung der Planwidrigkeit der Regelungslücke in Form der Unstimmigkeit mit dem kaufrechtlichen Gewährleistungsrecht (z. B. Bezugnahme auf die zugrunde liegenden Europäischen Richtlinien, die davon ausgehen, dass die Aktualisierung nicht selbst Teil der Vertragsmäßigkeit sei und somit eine Trennung vom Gewährleistungsrecht geboten sei). Die hiesige Lösung stellt deshalb lediglich einen Vorschlag dar. Ein anderer Weg ist mit einschlägiger Begründung ebenso vertretbar.

▶ **Wesentliche Paragrafen** §§ 13, 14, 241a, 327, 327 f., 433, 434, 437, 438, 439, 475b BGB

3.7 Fall 24: Vertrag über digitale Produkte, Paketvertrag, Beendigung – „Heimtrainer & Fitness-App"

3.7.1 Fallfrage

Victor möchte gesünder leben und hat sich deshalb vorgenommen, einen Heimtrainer zu erwerben. Dazu lässt er sich im Geschäft des Udo ausgiebig beraten. Dieser schwört auf das neuste Gerät der Firma X-GmbH, welches aktuell für 900 € zu haben ist und in Kombination mit einer entsprechenden Fitness-App genutzt werden kann. Die App erfasst dabei diverse Daten wie etwa verbrannte Kalorien, Dauer der Trainingseinheiten etc. und ermöglicht es den Nutzern, die Daten zu speichern, um etwa den erzielten Fortschritt zu dokumentieren. Die Nutzung der App soll 30 € für ein Jahr kosten. Victor ist von diesem Angebot sehr begeistert und schlägt sofort zu. Das Gerät kann er sodann direkt mit nach Hause nehmen. Hinsichtlich der App vereinbaren die beiden, dass Victor sich jene herunterlädt und Udo ihm eine E-Mail mit einem passenden Zugangscode zuschickt.

Gleichwohl versäumt Udo es, den Zugangscode an Victor zu schicken. Ohne länger zu Hause warten zu wollen, macht Victor sich dennoch auf den Heimtrainer und führt seine erste Trainingseinheit aus. Ihm vergeht jedoch aufgrund der fehlenden Daten, die durch die App einsehbar gewesen wären, schnell die Motivation. Als auch am darauffolgenden Tag keine E-Mail von Udo im Postfach von Victor erscheint, fordert Victor diesen per Telefon zur unverzüglichen Übersendung auf. Udo entschuldigt sich und begründet das Versäumnis mit einer hohen Auslastung im Laden. Nachdem Udo auch eine Woche später noch immer nicht dazu gekommen ist, den Code zu verschicken, geht Victor erneut in das Geschäft des Udo und teilt jenem mit, dass er sich vom gesamten Vertrag lösen möchte und sein Geld (930 €) zurück haben möchte. Udo wendet hingegen ein, dass er doch den Heimtrainer mangelfrei und ordnungsgemäß übergeben habe. Victor könne deshalb allenfalls die 30 € für die App verlangen.

Kann Victor von Udo eine Rückzahlung i. H. v. 930 € verlangen?

3.7.2 Lösung

I. Rückzahlung 30 €

Victor (V) könnte einen Anspruch auf Rückzahlung i. H. v. 30 € aus § 327o BGB gegen den Udo (U) haben.

Dazu müsste zunächst der Anwendungsbereich gem. § 327 Abs. 1 BGB eröffnet sein. Dies ist dann der Fall, wenn es sich bei dem zwischen U und V geschlossenen Vertrag um einen Verbrauchervertrag i. S. d. § 310 Abs. 3 BGB handelt und zugleich um einen Vertrag über digitale Produkte.

V möchte den Heimtrainer samt Fitness-App für seine Privatwohnung kaufen, um gesünder zu leben. Er ist mithin ein Verbraucher i. S. v. § 13 BGB. Der U betreibt demgegenüber ein Sportgeschäft und handelte beim Abschluss des Vertrages mit V auch in Ausübung seiner gewerblichen Tätigkeit. U ist somit ein Unternehmer i. S. v. § 14 BGB. Damit lässt sich zunächst festhalten, dass ein Verbrauchervertrag i. S. v. § 310 Abs. 3 BGB vorliegt.

Ein Vertrag über digitale Produkte liegt gem. § 327 Abs. 1 BGB vor, wenn der Unternehmer dazu verpflichtet wird, digitale Inhalte oder digitale Dienstleistungen bereitzustellen, und im Gegenzug dafür die Zahlung eines Preises vom Verbraucher erhält. Nach § 327 Abs. 2 S. 1 BGB sind digitale Inhalte Daten, die in digitaler Form erstellt und bereitgestellt werden. Digitale Dienstleistungen sind demgegenüber Dienstleistungen, die die dem Verbraucher entweder die Erstellung, die Verarbeitung oder die Speicherung von Daten in digitaler Form oder den Zugang zu solchen Daten ermöglichen oder die gemeinsame Nutzung der vom Verbraucher oder von anderen Nutzern der entsprechenden Dienstleistung in digitaler Form hochgeladenen oder erstellten Daten oder sonstige Interaktionen mit diesen Daten ermöglichen (vgl. § 327 Abs. 2 S. 2). Vorliegend soll nach der Vereinbarung zwischen V und U der Zugang zu einer App gewährt werden, die es dem Nutzer ermöglicht, verschiedene Daten einzusehen und diese anschließend zu speichern. Im Gegenzug dafür soll V einen Preis i. H. v. 30 € zahlen. Dem Nutzer der App werden demnach keine bestimmten Daten durch die App erstellt und zur Verfügung gestellt. Vielmehr erstellt dieser sie selbst durch das jeweilige Trainieren mit dem Heimtrainer. Es ist somit davon auszugehen, dass es sich vorliegend um eine digitale Dienstleistung i. S. v. § 327 Abs. 2 S. 2 Nr. 1 BGB handelt und nicht um digitale Inhalte gem. § 327 Abs. 1 BGB. Ein Vertrag über digitale Produkte gem. § 327 Abs. 1 BGB ist jedenfalls gegeben.

Folglich ist der Anwendungsbereich der §§ 327 ff. eröffnet.

Fraglich ist jedoch, ob auch ein Beendigungsgrund gem. § 327c Abs. 1 BGB vorliegt, der es dem V ermöglicht, Abstand vom geschlossenen Vertrag zu nehmen. Ein Beendigungsgrund liegt vor, wenn der Unternehmer einer fälligen Verpflichtung zur Bereitstellung des digitalen Produkts auf Aufforderung des Verbrauchers nicht unverzüglich nachkommt.

Grundsätzlich richtet sich die Fälligkeit der Verpflichtung des Unternehmers nach § 327b Abs. 2 BGB. Der Verbraucher kann somit die Leistung des Unternehmers unverzüglich nach Vertragsschluss verlangen, es sei denn, die Parteien vereinbaren eine konkrete Zeit. V und U haben sich nicht auf eine bestimmte Zeit hinsichtlich des Zusendens des Zugangscodes geeinigt. Mithin war die Leistung des V unverzüglich nach Vertragsschluss fällig.

Der fälligen Verpflichtung des Zusendens als Bereitstellung der digitalen Dienstleistung i. S. v. § 327b Abs. 4 BGB ist der U auch nicht nachgekommen, selbst nach telefonischer Aufforderung durch den V. (Wie viel Zeit dem Unternehmer konkret bleibt, um die Verpflichtung einer „unverzüglichen" Bereitstellung zu erfüllen, muss vorliegend nicht beantwortet werden, da jedenfalls nach über einer Woche Zeit für das einfache Zuschicken eines Zugangscodes nicht mehr von einer unverzüglichen Leistungserfüllung die Rede sein kann.)

Damit liegt auch ein Beendigungsgrund gem. § 327c Abs. 1 BGB vor.

Der V hat auch mit der Aussage im Geschäft des U, sich vom Vertrag lösen zu wollen, eine wirksame Beendigungserklärung i. S. v. § 3270 Abs. 1 BGB abgegeben.

Nach § 3270 Abs. 2 hat der U dem V damit die von jenem für die App gezahlten 30 € zu erstatten. Ein Anspruch des V gegen U auf Rückzahlung der 30 € kann damit bejaht werden.

II. Rückzahlung 900 €

Fraglich ist jedoch, ob der V auch einen Anspruch auf Rückzahlung der 900 € hat.

Ein Rückzahlungsanspruch des V könnte sich aus § 346 Abs. 1 i. V. m. § 327c Abs. 6 BGB ergeben. Dem Wortlaut von § 327c Abs. 6 BGB ist zu entnehmen, dass hierfür ein Paketvertrag erforderlich ist, bei welchem der Verbraucher den Vertrag im Hinblick auf das digitale Produkt gem. § 327c Abs. 1 BGB beenden kann und er kein Interesse am übrigen Teil des Paketvertrages hat.

Bei dem zwischen V und U geschlossenen Vertrag hinsichtlich des Erwerbs des Heimtrainers und dem Zugang zu der App müsste es sich um einen Paketvertrag handeln. Paketverträge sind nach § 327a Abs. 1 BGB Verbraucherverträge zwischen denselben Parteien, die neben der Bereitstellung digitaler Produkte die Bereitstellung anderer Sachen oder die Bereitstellung anderer Dienstleistungen zum Gegenstand haben. Vorliegend hat sich der U als Unternehmer gegenüber dem V als Verbraucher verpflichtet, durch das Zuschicken des Zugangscodes für eine Fitness-App eine digitale Dienstleistung zu erbringen sowie durch die Übergabe und Übereignung des Heimtrainers auch zu einer Bereitstellung einer anderen Sache i. S. v. § 90 BGB. Im Gegenzug dafür soll U eine Geldzahlung von V erhalten. Das Vorliegen eines Paketvertrages kann mithin bejaht werden.

Außerdem kann V auch den Vertrag hinsichtlich des digitalen Produkts gem. § 327c Abs. 1 BGB beenden (siehe oben)

Zuletzt dürfte V auch kein Interesse mehr an dem Heimtrainer als Teilleistung haben. Das Interesse ist dabei objektiv zu bestimmen und nicht nach dem subjektiven Empfinden des Gläubigers. Vorliegend ging es bei dem zwischen V und U geschlossenen Vertrag in erster Linie darum, dem V ein Fitnessgerät zu verschaffen, das ihm dabei helfen soll, gesünder zu leben. Dabei dient die Fitness-App eher als eine Art Zubehör bzw. ein „Bonus", der den Umgang mit dem Heimtrainer verbessern und umfangreicher gestalten soll. Dass im Vordergrund das Gerät und nicht die App steht, verdeutlicht auch der Preisunterschied beider Posten: 900 € im Vergleich zu den 30 € für die App. Außerdem ist die Nutzung der App laut Vereinbarung zwischen V und U beschränkt auf lediglich ein Jahr. Eine derartige zeitliche Begrenzung spricht ebenfalls eher für die Nebensächlichkeit der App. V hat somit objektiv noch Interesse an dem Heimtrainer.

Ein Rückzahlungsanspruch des V gem. § 346 Abs. 1 i. V. m. § 327c Abs. 6 BGB scheidet damit aus.

Andere Anspruchsgrundlagen, die einen Rückzahlungsanspruch des V i. H. v. 900 € begründen, kommen nicht in Betracht.

▸ **Tipp** Mit einer anderen Argumentation ist auch ein anderes Ergebnis vertretbar. Behauptet man bspw., dass die Daten, welche die App generieren soll, essenziell für die Motivation des Geräte- und App-Nutzers seien und der durchschnittliche Kunde deshalb auf den Erwerb eines Gerätes verzichten würde ohne Zugang zur App, könnte man den Wegfall des Interesses seitens des V am Heimtrainer bejahen. Mit der einschlägigen Argumentation kann ein Rückzahlungsanspruch des V auch im Hinblick auf den Heimtrainer bestehen.

III. Endergebnis

V kann von U die Rückzahlung der 30 € für die Fitness-App verlangen. Ein Anspruch auf Rückzahlung im Hinblick auf den Heimtrainer scheidet jedoch aus.

▸ **Hinweise** Die Lösung des Falles erfordert einen sicheren Umgang mit dem juristischen Handwerk. Im Vordergrund steht hierbei das aufmerksame Lesen des Gesetzestextes. Fachspezifische Kenntnisse sind jedoch nicht erforderlich. Die erste Hürde des Falles liegt in dem Auffinden der einschlägigen Normen. Gerade die jeweiligen Anspruchsgrundlagen und Legaldefinitionen gilt es hierbei nicht zu übersehen (z. B. digitale Produkte gem. 327 Abs. 1 BGB; Paketvertrag gem. § 327a Abs. 1 BGB). Bei der Abgrenzung zwischen digitalen Inhalten und digitalen Dienstleistungen i. S. v. § 327 Abs. 1 BGB ist sodann eine spitzfindige und saubere Subsumtion und Argumentation erforderlich. Ebenso bei der Frage, ob der V noch Interesse an der Teilleistung des U hat.

Auf den ersten Blick mag der Gesetzeskatalog aus §§ 327 ff. BGB, welcher im Rahmen der Schuldrechtsreform 2022 neu eingegliedert wurde, allein aufgrund der schieren Menge neuer Regelungen überwältigend wirken. Hilfreich ist dann – wie immer – der kurze Blick in das Inhaltsverzeichnis. Die Überschriften der einzelnen Normen ermöglichen es, den Inhalt und die Systematik schnell zu erfassen und entsprechend anzuwenden.

▸ **Wesentliche Paragrafen** §§ 13, 14, 310, 327, 327a, 327b, 327c, 327o BGB

3.8 Fall 25: Mietrecht, Mietminderung – „Nasse Wohnung"

3.8.1 Fallfrage

Britta und Basti sind auf der Suche nach einem geeigneten Haus, in dem sie ihren geplanten Nachwuchs großziehen können. Nachdem sie das Haus des Clemens besichtigt haben, sind sie fest entschlossen, dieses zu mieten. Auch Clemens ist mit den beiden als Mietern einverstanden. Daher kommt im Mai 2020 ein Mietvertrag zustande. Was die beiden Vertragsparteien nicht wissen: Die Fenster im Dachgeschoss des Hauses sind nicht ordnungsgemäß eingebaut. Bei starken Unwettern werden daher die Fugen der Fenster durchweichen, sodass es in das Dachgeschoss hineinregnen wird. Clemens hat von diesem Missstand nie etwas bemerkt, da er die Fenster erst im Februar 2019 neu einbauen ließ und es seither zu keinem starken Unwetter kam.

Als es nun allerdings im September 2019 zu fürchterlichen Gewittern kommt, tritt der zu erwartende Feuchtigkeitseinbruch tatsächlich ein. Der Laminatboden im Dachgeschoss wird dadurch irreparabel beschädigt.

Britta und Basti sind erbost. Unabhängig von Schadensersatzfragen für das Laminat wollen sie auf keinen Fall die volle Miete bezahlen, bis die Fenster ordnungsgemäß nachgebessert wurden, da sie bis zur Reparatur der Fenster das gesamte Dachgeschoss nicht nutzen können. Sie fordern deshalb von Clemens die Reparatur der Fenster und reduzieren bis dahin die Miete um einen angemessenen Teil.

Zu Recht?

3.8.2 Lösung

Britta und Basti (B) könnten einen Anspruch auf Mietminderung gegenüber Clemens (C) nach § 536 Abs. 1 S. 2 BGB haben.

Der zunächst zwischen den Parteien erforderliche wirksame Mietvertrag nach § 535 BGB kam im Mai 2019 ordnungsgemäß zustande und besteht unverändert fort.

Weiterhin müsste ein die Gebrauchstauglichkeit einschränkender Sachmangel an der Mietsache nach § 536 Abs. 1 BGB vorliegen, von dem die Mieter bei Vertragsschluss keine Kenntnis hatten. Eine solche Kenntnis der B liegt nach den Sachverhaltsangaben ausdrücklich nicht vor.

Ein Sachmangel liegt nach § 536 I BGB vor, wenn die Tauglichkeit der Mietsache zum vertragsgemäßen Gebrauch bei Vertragsbeginn oder während der Mietzeit aufgehoben oder eingeschränkt ist. Dies gilt für jede negative Abweichung der Ist-Beschaffenheit von der Soll-Beschaffenheit der Mietsache, die nicht nur eine Bagatelle darstellt. Vorliegend waren die Fenster in dem Dachgeschoss von Beginn des Mietverhältnisses an nicht ordnungsgemäß eingebaut, sodass bei starken und langandauernden Regenschauern die Fugen durchweichen und ein Feuchtigkeitseinbruch erfolgt. Unabhängig davon, dass die Folgen des Mangels erst zu einem späteren Zeitpunkt offenbar wurden, haftete dieser Mangel der Wohnung bereits seit der fehlerhaften Montage der Fenster, also schon bei Vertragsbeginn, an. Dass die Fugen der Fenster im Dachgeschoss nicht stärkeren Unwettern standhalten können, schränkt auch die Brauchbarkeit der Mietsache ein. Somit lag schon bei Abschluss des Mietvertrages ein Mangel der Mietsache im Sinne des § 536 Abs. 1 BGB vor.

Fraglich ist jedoch, ab welchem Zeitpunkt die Reduzierung der Gebrauchstauglichkeit vorgelegen hat. Die Minderung der Tauglichkeit der Wohnung hatte die Bagatellgrenze des § 536 Abs. 1 S. 3 BGB noch nicht überschritten, bevor das starke Unwetter die Fugen durchweichte und der Feuchtigkeitseintritt erfolgte. Bis zu diesem Zeitpunkt lag eine uneingeschränkte Nutzungsmöglichkeit der Mietsache vor. Allerdings ist das Dachgeschoss nunmehr nach dem Unwetter komplett unbrauchbar, bis die Fenster repariert sind, da jederzeit ein erneuter Feuchtigkeitseinbruch erfolgen könnte. Die Unmöglichkeit der Nutzung eines kompletten Geschosses stellt eine erhebliche Minderung der Tauglichkeit einer Wohnung dar.

Folglich steht den B das Recht zur Mietminderung nach § 536 Abs. 1 S. 2 BGB zu.

▸ **Hinweise** Dieser mietrechtliche Fall ist einfach gelagert, da er Schadensersatzansprüche der Mieter aus der Fragestellung ausklammert und somit nur noch die Mietminderung zu prüfen ist. Der Bearbeiter muss lediglich darlegen, worin in tatsächlicher und zeitlicher Hinsicht ein Sachmangel bei einer Mietsache liegt und den Zeitpunkt der Reduzierung der Gebrauchstauglichkeit bestimmen.

▸ **Wesentliche Paragrafen** §§ 535, 536 BGB

3.9 Fall 26: Vermieterpfandrecht – „Ab nach Argentinien"

3.9.1 Fallfrage

Bereits fünf Jahre lang ist Paolo Mieter der Wohnung von Valentina. Das Mietverhältnis lief die ganzen Jahre über störungsfrei. Eines Tages bleiben völlig unerwartet seine Mietzahlungen aus. Als auch zwei Monate später kein Wort von Paolo zu hören ist, sucht Valentina die Wohnung auf. Dort liegt ein Brief von Paolo mit den Wohnungsschlüsseln auf der Fußmatte: „Bin nach Argentinien ausgewandert! Adios!"

Valentina ist verärgert und fragt sich, wie sie nun an die beiden ausstehenden Monatsmieten kommen soll. In der Wohnung findet sie noch diverse Möbel vor, die grundsätzlich pfändbar wären. Diese nimmt sie in Besitz und versteigert sodann die Möbel zu einem guten Preis. Der Erlös reicht gerade so aus, um die offenen Mietrückstände von Paolo zu begleichen.

Unterdessen bereut Paolo seine Auswanderung sehr. Er vermisst sein Zuhause und seine Freunde. Daher entschließt er sich, wieder zurück nach Deutschland zu kommen. Dort angekommen verlangt er von Valentina die Wohnungsschlüssel zurück. Jedenfalls aber will er die in seinem Eigentum stehenden Möbel wiederhaben. Er ruft Valentina direkt an und lässt sie seine Wut spüren. Diese beruft sich nun auf ihr Vermieterpfandrecht. Nach einem entsprechenden Streitgespräch verzichtet Paolo zwar auf die Wohnung, besteht jedoch weiter auf die Möbel.

Zu Recht?

3.9 Fall 26: Vermieterpfandrecht – „Ab nach Argentinien"

3.9.2 Lösung

Valentina (V) hätte die Sachen des Paolo (P) verwerten dürfen, wenn ihr ein Vermieterpfandrecht gemäß § 562 Abs. 1 BGB zustand.

Der dafür zunächst erforderliche Wohnraummietvertrag nach den §§ 535, 549 BGB zwischen V und P lag unproblematisch vor. Ein Vermieterpfandrecht nach § 562 I BGB erfordert weiter das Vorliegen einer Forderung des Vermieters gegen den Mieter. P ist hier mit zwei Monatsmieten im Rückstand gewesen. V hatte somit eine Forderung in Höhe von zwei Monatsmieten gegenüber P.

Dem Grunde nach stand V somit ein Vermieterpfandrecht an den eingebrachten Sachen des P zu. Fraglich ist jedoch, welche Sachen das Pfandrecht betrifft. Nach § 562 I BGB erstreckt sich das Pfandrecht nur auf eingebrachte Sachen. Eingebracht sind Sachen des Mieters, die während der Mietzeit in die Wohnung gebracht worden sind und zu diesem Zeitpunkt im Eigentum des Mieters standen. Die Möbel in der Wohnung des P waren dessen Eigentum. Er stellte diese Gegenstände auch während der Mietzeit in die Wohnung ein. Die Möbel waren somit eingebrachte Sachen des P gemäß § 562 BGB.

Somit war die V gemäß § 562 Abs. 1 BGB dazu berechtigt, die Sachen des P zu verwerten, um ihre offenen Forderungen aus dem Mietvertrag zu befriedigen.

▸ **Hinweise** Der Fall ist auf die Prüfung der Grundvoraussetzungen des Vermieterpfandrechts beschränkt. Als Klausurfall könnten viele Variationen gewählt werden und so der Umfang und die Schwere des Falles vergrößert werden. So könnte das Eigentum fraglich sein, ein Anwartschaftsrecht vorliegen oder eine Kombination mit Problemen der Beendigung des Mietverhältnisses erfolgen.

▸ **Wesentliche Paragrafen** §§ 535, 549, 562 BGB

3.10 Fall 27: Selbstvornahme im Werkvertragsrecht – „Das undichte Dach"

3.10.1 Fallfrage

Jannis hat im Januar bei Mike die Reparatur des Daches seines Hauses in Auftrag gegeben, da dieses an einigen Stellen undicht war. Sodann kam Mike zu Jannis und reparierte das Dach. Nach Abschluss der Arbeiten sah sich Jannis die Arbeiten von Mike an und erklärte sich mit dessen Arbeit zufrieden. Einige Tage später stellte sich allerdings heraus, dass weiterhin Regen durch das Dach eindringt. Dies ist auf die unzureichende Arbeit von Mike zurückzuführen.

Jannis setzt daher Mike eine Frist von zwei Wochen zur Nachbesserung der Mängel. Mike reagiert auf das Fordern von Jannis jedoch nicht. Jannis hat daraufhin genug von der Arbeit und Moral des Mike. Er möchte das Dach daher selbst reparieren. Dafür bräuchte er jedoch die Hilfe eines anderen Dachdeckers.

Kann Jannis die Reparatur von einem anderen Dachdecker durchführen lassen und von Mike Ersatz seiner Aufwendungen verlangen?

3.10.2 Lösung

Jannis (J) könnte gegenüber Mike (M) einen Anspruch auf Selbstvornahme nach den §§ 637 Abs. 1, 634 Nr. 2, 633, 631 BGB haben.

Dafür müsste zunächst ein wirksamer Werkvertrag nach § 631 BGB bestehen. J hat M mit der Reparatur seines Daches, folglich der Herbeiführung eines Erfolges nach § 631 II BGB beauftragt. Ein Werkvertrag liegt mithin vor.

Für einen Anspruch auf Selbstvornahme müsste das Werk des M bei Gefahrübergang einen Sachmangel nach § 633 BGB aufweisen. Es könnte ein Sachmangel nach § 633 Abs. 2 S. 2 Nr. 1 BGB vorliegen. Dieser läge vor, wenn die Beschaffenheit des Werkes von der vertraglich vereinbarten Beschaffenheit abweicht. J forderte M zur Reparatur des undichten Daches auf. Nach der Reparatur durch M war das Dach jedoch weiterhin undicht. Das vertraglich vorausgesetzte Ziel wurde folglich nicht erreicht. Ein Sachmangel im Sinne des § 633 Abs. 2 S. 2 Nr. 1 BGB liegt demnach vor.

Dieser Sachmangel müsste auch bei Gefahrübergang vorgelegen haben. Der Gefahrübergang vom Unternehmer an den Besteller liegt bei einer Werkleistung gemäß § 644 Abs. 1 BGB im Zeitpunkt der Abnahme nach § 640 Abs. 1 BGB. Die Abnahme ist die Feststellung des Werkes als im Wesentlichen vertragsgemäß. J hat nach Fertigstellung der Arbeiten die Ordnungsgemäßheit der Arbeit bestätigt, sodass folglich eine Abnahme erfolgt ist. Der Mangel der unzureichenden Reparatur lag auch bereits zu diesem Zeitpunkt vor. Zudem war der Mangel für J nicht erkennbar. Auch hatte J keine fahrlässige Unkenntnis von der Mangelhaftigkeit des Werkes des M, da erst nach dem Einsetzen des Regens die Undichtigkeit zu sehen war. Folglich sind die Voraussetzungen des § 633 BGB erfüllt.

Gemäß § 637 Abs. 1 BGB müsste für einen Anspruch auf Ersatz der Kosten der Selbstvornahme der J dem M auch eine angemessene Frist zur Nacherfüllung gesetzt haben. J hat M eine Frist von zwei Wochen gesetzt. Innerhalb dieses Zeitraums hätte eine Nacherfüllung von Seiten des M erfolgen können. Eine angemessene Fristsetzung zur Nacherfüllung ist somit gegeben. Diese hat der M erfolglos verstreichen lassen.

J hat demnach einen Anspruch auf Selbstvornahme nach § 637 Abs. 1 BGB. Die hierfür erforderlichen Kosten hat M zu ersetzen.

▸ **Hinweise** Das Selbstvornahmerecht des Bestellers gibt diesem die Möglichkeit, Mängel auf Kosten des Unternehmers beseitigen zu lassen. Genau wie für die weiteren Gewährleistungsrechte des Rücktritts und der Minderung ist jedoch das vorherige erfolglose Setzen einer Nachfrist erforderlich. Für die Prüfung der Entbehrlichkeit dieser Frist ist § 323 II BGB entsprechend anzuwenden. Der Bearbeiter muss daher bei der Falllösung die grundsätzliche Systematik der Sachmangelgewährleistung vor Augen haben, die im Werk- wie im Kaufvertrag ähnlich aufgebaut ist.

▸ **Wesentliche Paragrafen** §§ 631, 633, 640, 644 647 BGB

3.11 Fall 28: Mängel im Werkvertragsrecht – „Der schluderige Bauunternehmer"

3.11.1 Fallfrage

Anton ist Bauunternehmer. Im März 2020 wird Anton von Familie Jubel beauftragt, das Dach ihres Hauses zu reparieren. Das Dach ist so marode, dass Anton einen Preis von 10.000 € für die Reparatur ansetzt. Dies ist bei einer solchen Reparatur auch ein üblicher Preis. Anton führt die Reparatur aus, übersieht jedoch eine Stelle von 5 x 5 cm Größe, die er nicht ausbessert. Das Dach ist dort nicht dicht. Zudem ist die nicht reparierte Stelle auch optisch klar erkennbar.

Als die Familie Jubel das Dach in Augenschein nimmt, sehen sie die nicht reparierte Stelle. Sie verweigern daher die Zahlung der 10.000 € so lange, bis Anton auch diese Stelle ausgebessert hat. Anton räumt seinen Fehler ein und kündigt an, die Nachbesserung selbstverständlich und unverzüglich vorzunehmen. Gleichzeitig räumt er ein, dass auch nach der Nachbesserung ein kleiner optischer Mangel verbleiben könnte, der nur durch eine völlig unverhältnismäßige, großflächige Reparatur ganz beseitigt werden kann, was nahezu einer erneuten Dachsanierung gleichkäme. Eine solche Großreparatur lehnt Anton aus Kostengründen jedoch ab.

Familie Jubel ist damit jedoch nicht zufrieden. Keinesfalls wollen sie eine verbleibende optische Beeinträchtigung hinnehmen. Anton ist empört und verweist auf die Größe der Stelle, die in seinen Augen nun wirklich minimal sei. Anton besteht daher auf Zahlung der 10.000 € nach erfolgter Nachbesserung und kündigt zugleich die Nachbesserung noch für denselben Tag an.

Zu Recht?

Steht der Familie Jubel, sofern sie zu der Hinnahme der optischen Beeinträchtigungen verpflichtet wären, ein Anspruch auf Minderung zu?

3.11.2 Lösung

Anton (A) könnte gegenüber Familie Jubel (J) einen Anspruch auf Zahlung von 10.000 € aus § 631 Abs. 1 BGB haben.

Dazu müsste zwischen A und J ein Werkvertrag im Sinne des § 631 BGB zustande gekommen sein. Ein Werkvertrag zeichnet sich durch seine Erfolgsbezogenheit aus. In Abgrenzung dazu steht bei einem Dienstvertrag nach § 611 BGB die Leistung an sich im Vordergrund.

A und J haben vereinbart, dass A das Dach reparieren soll. Der Kern des Vertrages war mithin, dass der Erfolg der Reparatur eintritt, also das Dach wieder instandgesetzt ist. Folglich liegt ein Werkvertrag vor.

Nach § 631 I BGB schuldet der Besteller die vereinbarte Vergütung. Fraglich ist aber, ob dieser Anspruch vorliegend auch fällig ist. Gemäß § 641 Abs. 1 BGB ist die Vergütung bei Abnahme des Werkes fällig. Abnahme ist nach § 640 BGB die Feststellung, dass das Werk vertragsgemäß herbeigeführt wurde. J hat die Abnahme des Werkes verweigert, da sie ausdrücklich eine weitere Nachbesserung verlangt hat.

Fraglich ist jedoch, ob die Abnahme vorliegend auch zu Recht verweigert wurde. Gemäß § 631 Abs. 1 BGB sind die Besteller eines Werkes grundsätzlich zur Abnahme verpflichtet. Ein Recht zur Abnahmeverweigerung könnte jedoch nach § 640 Abs. 1 S. 2 BGB gegeben sein, wenn die Reparatur durch A mangelhaft im Sinne des § 633 BGB war und der Mangel nicht nur unwesentlich ist.

Vorliegend könnte ein Mangel gemäß § 633 Abs. 2 Nr. 2 BGB gegeben sein. In Ermangelung einer konkreten Beschaffenheitsvereinbarung kommt es auf die gewöhnliche Verwendung des Werkes an. Bei der Reparatur eines Daches kann gewöhnlich erwartet werden, dass dieses an jeder Stelle dicht ist und der Werkunternehmer nicht eine Stelle von 5 x 5 cm von der Reparatur ausnimmt. An dieser Stelle ist das Dach weiterhin undicht und eignet sich somit nicht für die gewöhnliche Verwendung des Abhaltens von Wasser. Ein Sachmangel im Sinne des § 633 Abs. 2 Nr. 2 BGB liegt demnach vor.

Gemäß § 634 Nr. 1 BGB ist J daher berechtigt, Nacherfüllung zu verlangen. Dem will der A auch sofort nachkommen. Allerdings steht es J danach nicht zu, die konkrete Art der Nacherfüllung zu wählen. Diese Wahl trifft der Werkunternehmer nach § 635 Abs. 1 BGB, da er die Kosten der Nacherfüllungsarten besser kalkulieren kann. A entscheidet sich entgegen dem Wunsch der J für die Nachbesserung des Mangels.

Dadurch entstünde zwar ein optischer Mangel, dieser ist jedoch aufgrund seiner Art und Größe von nur 5x5 cm als unwesentlich anzusehen, sodass die J nach der Nachbesserung durch A nicht mehr dazu berechtigt wäre, die Vergütung einzubehalten. Nach erfolgter Nachbesserung durch A ist die J dazu verpflichtet, das Werk nach § 640 Abs. 1 S. 1 BGB abzunehmen.

Nach erfolgter Nachbesserung durch A hat dieser folglich einen Anspruch auf Zahlung der Vergütung i. H. v. 10.000 € gegenüber J im Sinne des § 631 Abs. 1 BGB.

Fraglich ist aber, ob der J in diesem Fall ein Anspruch auf Minderung nach den §§ 634 Nr. 3, 633, 631, 638 BGB zusteht. Eine Minderung kommt grundsätzlich nur in Betracht, wenn der J ein Rücktrittsrecht nach § 636 BGB zusteht, da eine Minderung statt des Rücktritts erklärt werden kann. Folglich müsste der J vorliegend ein Rücktrittsrecht zustehen.

J könnte vom Werkvertrag zurücktreten, wenn die Nacherfüllung durch A fehlgeschlagen ist. Fehlgeschlagen ist die Nacherfüllung dann, wenn der Mangel nicht beseitigt werden konnte. Durch die Nachbesserung durch A würde die Funktionalität des Daches jedoch erreicht werden. Lediglich optische Mängel würden verbleiben, der Kern des Sachmangels nach § 633 Abs. 2 Nr. 2 BGB würde hingegen beseitigt werden. Es verbliebe lediglich ein sehr geringer Mangel, der nach § 323 V S. 2 BGB ein unerheblicher Mangel ist, der nicht zum Rücktritt berechtigt. Folglich hat die J kein Recht zum Rücktritt vom Vertrag.

Indes findet § 323 V S. 2 BGB für das Recht auf Minderung nach § 638 I BGB keine Anwendung. In der vorliegenden Konstellation eines nur unerheblichen Mangels kann der Besteller daher ausnahmsweise mindern, obwohl kein Recht zum Rücktritt besteht.

Folglich hat J nach erfolgter Nachbesserung ein Recht zur Minderung des Kaufpreises wegen des verbleibenden optischen Mangels nach den §§ 634 Nr. 3, 633, 631, 638 BGB.

▸ **Hinweise** Das Sachmangelgewährleistungsrecht beim Kaufvertrag und Werkvertrag weist viele Parallelen auf. Ein wesentlicher Unterschied ist jedoch, dass im Werkvertrag der Unternehmer die Art der Nacherfüllung wählen kann. Dies muss der Bearbeiter vorliegend erkennen. Die zweite Schwierigkeit des Falles liegt darin, die Voraussetzungen des Rücktritts und der Minderung sauber durchzuprüfen. Obwohl diese grundsätzlich gleiche Voraussetzungen haben, gilt dies bei nur unerheblichen Mängeln ausnahmsweise nicht. Da der hier gegenständliche Mangel offensichtlich von ganz untergeordneter Bedeutung ist, war nicht zu problematisieren, wo im Detail die Grenze für eine Unerheblichkeit des Mangels liegt.

▸ **Wesentliche Paragrafen** §§ 631, 633, 634, 635, 636, 638, 640, 641 BGB

3.12 Fall 29: Werkvertrag, Architektenvertrag – „Der unaufmerksame Architekt"

3.12.1 Fallfrage

Berthold möchte ein Haus bauen und beauftragt dazu den Bauunternehmer Uwe. Damit die Arbeiten ordentlich geplant und überwacht werden, zieht Berthold außerdem den Architekten Arnold hinzu. Für die Planung und Überwachung soll Arnold eine Zahlung i. H. v. 15.000 € erhalten. Nach dem Entwurf eines fehlerfreien Bauplans beginnt Uwe mit der Errichtung des Eigenheims. Er verwendet hierzu jedoch ungeeignete Baumaterialien, die dazu führen, dass sich bei starken Regenfällen großflächig Schimmel bilden kann. Arnold fällt das Verwenden der falschen Materialien nicht auf, weil er die ihm von Uwe regelmäßig eingereichten Berichte nicht aufmerksam liest. Auch bei der späteren Abnahme des Hauses schöpfen weder Berthold noch Arnold jeglichen Verdacht.

Im Herbst des Jahres kommt es indes zu starken Regenfällen. Kurz darauf entsteht starker Schimmelbefall. Berthold fordert Uwe deshalb unter Setzung einer angemessenen Frist auf, den Mangel zu beseitigen. Uwe geht hierauf nicht ein. Nach dem Ablauf der Frist wendet sich Berthold an den Bauunternehmer Emil und beauftragt diesen mit der Überarbeitung. Berthold zahlt Emil dafür eine Summe von 30.000 €. Da Uwe sich bis dahin immer noch nicht gemeldet hat, möchte Berthold sodann von Arnold die 30.000 € ersetzt bekommen.

Hat Berthold einen Anspruch auf Schadensersatz i. H. v. 30.000 € gegen Arnold?

3.12.2 Lösung

Berthold (B) könnte einen Anspruch auf Schadensersatz i. H. v. 30.000 € gegen Arnold (A) gem. §§ 280 I, 634 Nr. 4, 650q Abs. 1, 650p Abs. 1 BGB haben.

Dazu müsste zunächst ein wirksamer Architektenvertrag gem. § 650p Abs. 1 BGB zwischen A und B bestehen. A wurde von B beauftragt, die Planung und Überwachung der Bauarbeiten durchzuführen. Im Gegenzug dafür sollte er eine Zahlung i. H. v. 15.000 € von B erhalten. Damit haben A und B einen Architektenvertrag i. S. d. § 650p Abs. 1 BGB geschlossen.

Außerdem müsste A eine Pflicht aus diesem Vertrag verletzt haben. Wie soeben festgestellt, war eine der Pflichten des A die Überwachung der von Uwe (U) durchgeführten Bauarbeiten. A sollte sicherstellen, dass U die Arbeiten ordnungsgemäß durchführt. A hat infolge unaufmerksamen Lesens der Bauberichte übersehen, dass U ungeeignete Materialien verwendet hat. Aufgrund dessen bildete sich später großflächig Schimmel am Gebäude. A hat folglich gegen seine Überwachungspflicht aus dem Architektenvertrag verstoßen.

Die Pflichtverletzung müsste A auch zu vertreten haben. Nach § 276 Abs. 1 1 S. 1 BGB hat der Schuldner Vorsatz und Fahrlässigkeit zu vertreten. In Betracht kommt vorliegend ein fahrlässiger Pflichtverstoß. Nach § 276 Abs. 2 BGB handelt fahrlässig, wer die im Verkehr erforderliche Sorgfalt außer Acht lässt. A hat die Bauberichte lediglich unaufmerksam gelesen und damit die Sorgfalt, die von einem Architekten zu erwarten ist, nicht erfüllt. A hat demnach den Pflichtverstoß zu vertreten.

Außerdem müsste B einen Schaden erlitten haben, der auf dem Pflichtverstoß des A fußt. Schaden ist jede unfreiwillige Vermögenseinbuße. Hätte der A die Berichte mit der erforderlichen Sorgfalt gelesen, wäre ihm aufgefallen, dass U ungeeignete Materialien für den Bau des Gebäudes verwendet. Im Zuge dessen hätte er die Arbeiten des U stoppen und korrigieren müssen. So wäre kein Material verwendet worden, welches zu einer Schimmelentstehung führt und dessen Ausbesserung der B durch eine Beauftragung des Emil (E) hätte durchführen lassen müssen. Die daraus entstandenen Kosten i. H. v. 30.000 € sind damit ein Schaden des B, welcher kausal durch die Pflichtverletzung des A verursacht wurde.

Der A könnte jedoch ein Leistungsverweigerungsrecht aus § 650t BGB haben. Wird danach der A wegen eines Überwachungsfehlers in Anspruch genommen, der zu einem Mangel an dem Bauwerk geführt hat, kann er die Leistung verweigern, wenn auch der ausführende Bauunternehmer U für den Mangel haftet und der B dem bauausführenden U noch nicht erfolglos eine angemessene Frist zur Nacherfüllung gesetzt hat.

Dazu müsste zunächst ein Überwachungsfehler seitens des Architekten vorliegen, welcher zu einem Mangel am Bauwerk führte. In Ermangelung einer Beschaffenheitsvereinbarung kann sich ein Mangel aus § 633 Abs. 2 S. 2 BGB ergeben. Ein solcher ist zu bejahen, wenn sich das Werk für die gewöhnliche Verwendung nicht eignet und eine Beschaffenheit nicht aufweist, die bei Werken der gleichen Art üblich ist und die der Besteller im konkreten Fall erwarten kann. Die Verwendung von Baumaterialien am Gebäude, welche bei Regen zu Schimmelbildung führen und damit die Bewohnbarkeit des Gebäudes einschränken, stellt in einen solchen Sachmangel dar. Dieser ist wie bereits ausgeführt auch auf den Überwachungsfehler des A zurückzuführen.

3.12 Fall 29: Werkvertrag, Architektenvertrag – „Der unaufmerksame Architekt"

Ferner müsste U dem B gegenüber für den Mangel am Bauwerk gleichermaßen haften. Gemeint ist damit, dass der Besteller gegenüber dem Unternehmer einen Mängelgewährleistungsanspruch aus § 634 BGB haben muss. Ein Anspruch des B gegen U ergibt sich aus §§ 634 Nr. 1, 635 BGB aufgrund der Verwendung ungeeigneter Baumaterialien, die zu Schimmelbildung und damit einem Mangel am Gebäude führten. U haftet mithin ebenso gegenüber B.

Zuletzt müsste B dem U auch keine angemessene Frist zur Nachbesserung gesetzt haben, die erfolglos verstrichen ist. Dies ist nach Sachverhaltsangaben jedoch geschehen.

Folglich hat A kein Leistungsverweigerungsrecht aus § 650t BGB.

B kann damit Schadensersatz gem. §§ 280 I, 634 Nr. 4, 650q Abs. 1, 650p Abs. 1 BGB i. H. v. 30.000 € von A verlangen.

▸ **Hinweise** Die Schwierigkeit des Falles lag vor allem darin, die einschlägigen Normen zu finden und richtig anzuwenden.

▸ **Wesentliche Paragrafen** §§ 633, 634, 650p, 650q, 650t BGB

3.13 Fall 30: Darlehensvertrag – „Das liebe Geld"

3.13.1 Fallfrage

Tara möchte ein neues Café eröffnen. Dazu geht sie im Jahre 2019 zunächst zu ihrer Hausbank und bittet um einen Kredit i. H. v. 50.000 €. Die Hausbank sieht, dass Tara bisher keine nennenswerten Einkünfte hat und auch über kein Vermögen verfügt, da sie gerade erst ihr Studium absolviert hat. Weil das Geschäftskonzept aber überzeugend ist, bietet ihr die Hausbank gleichwohl einen Kredit an. Weil die Bank jedoch die Bonität der Tara erst einmal als schlecht einstuft und sich sicher ist, dass Tara kaum eine Alternative haben dürfte, wird ein effektiver Jahreszins von 30 % gefordert. Der marktübliche effektive Jahreszins läge bei höchstens 9 %. Tara sieht tatsächlich keine andere Möglichkeit, als auf das Angebot einzugehen, und erklärt die Annahme.

Im Januar 2020 laufen die Geschäfte von Tara schon im dritten Monat in Folge so schlecht, dass sie die Kreditraten nicht mehr zahlen kann. Die Hausbank kündigt daraufhin den Vertrag mit Tara und verlangt die sofortige Rückzahlung des Kredits i. H. v. 50.000 € zuzüglich der angefallenen Zinsen.

Zu Recht?

3.13 Fall 30: Darlehensvertrag – „Das liebe Geld"

3.13.2 Lösung

I. § 488 Abs. 1 BGB

Die Hausbank (B) könnte gegenüber Tara (T) einen Anspruch auf Rückzahlung des Kredits zuzüglich der vereinbarten Zinsen nach § 488 Abs. 1 BGB haben.

Dazu müsste zwischen T und B zunächst ein wirksamer Darlehensvertrag nach § 488 Abs. 1 BGB bestehen. Ein solcher entsteht durch die Abgabe zweier aufeinander abgestimmter Willenserklärungen bezüglich der Überlassung eines Geldbetrages auf Zeit. T und B einigten sich darüber, dass die B der T 50.000 € überlässt und T diese nach dem Ablauf einer bestimmten Zeit an B zuzüglich Zinsen ratenweise zurückzuzahlen hat. Ein wirksamer Darlehensvertrag gemäß § 488 Abs. 1 BGB wurde somit zwischen T und B geschlossen.

Der Darlehensvertrag könnte jedoch nach § 138 Abs. 2 BGB von Anfang an nichtig sein. Dies wäre der Fall, wenn der Darlehensvertrag wucherisch war.

Wucher erfordert nach § 138 II BGB das Vorliegen objektiver und subjektiver Tatbestandsmerkmale. Der objektive Tatbestand ist erfüllt, wenn die Leistungen des Rechtsgeschäfts in einem auffälligen Missverhältnis zueinander stehen. Im gegenständlichen Darlehensvertrag könnte die Höhe der Zinsen derartig überhöht sein. Ein auffälliges Missverhältnis ist regelmäßig zu bejahen, wenn der Marktpreis der Leistung um mehr als 100 % überschritten wird. Vorliegend ist ein effektiver Jahreszins i. H. v. 9 % üblich. Indem die B von der T einen effektiven Jahreszins von 30 % verlangt, verlangt sie über 200 % mehr als den üblichen Marktpreis für die Überlassung des Geldes. Ein auffälliges Missverhältnis zwischen Leistung und Gegenleistung ist somit zu bejahen. Der objektive Tatbestand des Wuchers ist demnach erfüllt.

Der subjektive Tatbestand des Wuchers nach § 138 Abs. 2 BGB ist erfüllt, wenn der Wucherer eine Zwangslage des Vertragspartners ausbeutet.

Eine Zwangslage liegt vor, wenn dem Opfer des Wucherangebots die Annahme dieses Angebots als das kleinere Übel oder die einzige Möglichkeit erscheint. Wenn T das Angebot der B nicht angenommen hätte, hätte weder die B noch eine andere Bank ihr einen Kredit gewährt. Auch sonstige Finanzierungsmöglichkeiten waren nicht vorhanden. Eine Zwangslage seitens der T liegt somit vor.

Diese müsste B zudem ausgebeutet haben. Dies erfordert vorsätzliches, also wissentliches und willentliches Handeln. Die B wusste, dass T vermögenslos und ohne nennenswerte Einkünfte war. Auch wusste die B um die Tatsache, dass keine anderen Finanzierungsmöglichkeiten bestanden haben. Ihr war die Zwangslage der T somit bewusst. Auch bot sie der T einen Kredit zu einem effektiven Jahreszins von 30 % an, obgleich der Zins marktüblich nur bei 9 % lag, um einen wirtschaftlichen Vorteil aus der Zwangslage der T zu erlangen. Die B handelte somit vorsätzlich ausbeuterisch, indem sie der T das gegenständliche Angebot machte.

Somit ist der Tatbestand des Wuchers nach § 138 Abs. 2 BGB erfüllt. Der Darlehensvertrag ist folglich nichtig.

B hat keinen Anspruch gegenüber T auf Rückzahlung des Darlehens zuzüglich der Zinsen nach § 488 Abs. 1 BGB.

II. § 812 Abs. 1 S. 1 Alt. 1 BGB

B könnte jedoch einen Anspruch gegenüber T auf Rückzahlung des Darlehensbetrages i. H. v. 50.000 € aus § 812 Abs. 1 S. 1 Alt. 1 BGB haben.

Dazu müsste T zunächst etwas erlangt haben. „Etwas" ist jeder vermögenswerte Vorteil. T hat Besitz und Eigentum an 50.000 € erlangt.

Die 50.000 € müsste T zudem durch Leistung der B erlangt haben. Leistung ist die bewusste und zweckgerichtete Mehrung fremden Vermögens. Die B stellte der T die 50.000 € zur Verfügung, um ihrer angenommenen Verpflichtung aus dem Darlehensvertrag nachzukommen. Sie handelte somit zum Zwecke der Erfüllung des vermeintlichen Vertrages. Eine Leistung der B liegt folglich vor.

Diese Leistung müsste schließlich ohne Rechtsgrund erfolgt sein. Wie bereits ausgeführt, war der Darlehensvertrag zwischen T und B nichtig nach § 138 Abs. 2 BGB. Ein Rechtsgrund für die Leistung der B ist somit nicht ersichtlich.

B hat somit einen Anspruch auf Herausgabe der 50.000 € gegenüber T aus § 812 Abs. 1 S. 1 Alt. 1 BGB.

Da das Geld in natura durch T nicht mehr herauszugeben ist, weil die einzelnen Scheine sich in ihrem Vermögen vermengt haben, ist der Herausgabeanspruch auf Wertersatz nach § 818 Abs. 2 BGB gerichtet.

▸ **Hinweise** Der Bearbeiter muss bei Fragen des Darlehensrechts stets Sach- und Gelddarlehen unterscheiden. Während das Gelddarlehen in den §§ 488 ff. BGB geregelt ist, ist das Sachdarlehen in den §§ 607 ff. BGB normiert. Bei der Lösung des vorliegenden Falles wäre es fehlerhaft, Fragen der Kündbarkeit eines Gelddarlehens zu prüfen. Diese wären erst zu erörtern, wenn überhaupt ein wirksames Darlehen zustande gekommen wäre. Dass die üblichen Marktzinsen im Rahmen des Bereicherungsrechts herausverlangt werden könnten, wäre mit einer guten Argumentation des Bearbeiters eine vertretbare Alternativlösung.

▸ **Wesentliche Paragrafen** §§ 488, 812, 818 BGB

3.14 Fall 31: Dienstvertrag – „Die Musikerin"

3.14.1 Fallfrage

Isabella spielt schon viele Jahre in Bars mit gehobener Gesellschaft Klavier. In letzter Zeit wird sie beinahe nur noch von dem begeisterten Musikkenner Carlo gebucht. Carlo und Isabella einigen sich fortan darauf, dass Isabella pro Jahr an 200 Tagen in Carlos Bar spielen soll. Die genauen Termine legen die beiden immer von Woche zu Woche neu fest.

Als aktuellen Termin für die nächste Vorstellung von Isabella vereinbaren die beiden nun den 20.08.2020. Als Isabella in der Bar von Carlo entsprechend antritt, um ihr Konzert zu geben, muss sie feststellen, dass der Flügel in der Bar von einem Gast erheblich beschädigt wurde, sodass er nicht mehr bespielbar ist.

Isabella möchte für den Tag dennoch ihre Gage erhalten. Carlo meint, dass zwischen ihm und Isabella kein Arbeitsverhältnis bestehe und dass er sie nur zu bezahlen habe, wenn sie eine Leistung für ihn auch tatsächlich erbringe. Isabella ist es völlig egal, ob ein Arbeitsvertrag oder ein sonstiger Vertrag bestehen würde. Nach ihrer Auffassung ist Carlo jedenfalls zur Zahlung der vereinbarten Abendgage verpflichtet.

Wie ist die Rechtslage?

3.14.2 Lösung

Isabella (I) könnte gegenüber Carlo (C) einen Anspruch auf Zahlung ihrer Gage aus § 611 BGB in seiner Ausprägung als Arbeitsvertrag haben.

Dazu müsste zwischen I und C ein wirksamer Arbeitsvertrag geschlossen worden sein. Ein Arbeitsvertrag ist eine Sonderform des Dienstvertrages nach § 611 BGB, durch welchen der Arbeitnehmer den Weisungen des Arbeitgebers unterworfen ist (§ 106 GewO).

Fraglich ist, ob I und C eine dahingehende Vereinbarung geschlossen haben. I ist nach der gegenständlichen Vereinbarung dazu verpflichtet, 200-mal im Jahr für C in dessen Bar am Piano zu spielen. Sie schuldet dem C daher eine bestimmte Tätigkeit als Leistung, sodass das Vertragsverhältnis zwischen I und C als Dienstvertrag im Sinne des § 611 BGB zu qualifizieren ist.

Fraglich ist jedoch, ob I den Weisungen des C unterworfen ist, sie also abhängig beschäftigt wird. Dies wäre der Fall, wenn I nicht selbstständig wäre. Selbstständig ist nach § 84 Abs. 1 S. 2 HGB analog, wer Inhalt, Ort und Zeit seiner Tätigkeit im Wesentlichen frei bestimmen kann.

Formell bietet die I ihre Leistung frei am Markt für Klavierdienstleistungen an, was für ihre Selbstständigkeit spricht. Für die Abhängigkeit der I spricht jedoch, dass sie beinahe nur noch für den C in dessen Bar ihrer Tätigkeit nachkommt. Dabei ist sie auch in den Betriebsablauf des C eingegliedert und erbringt ihre Leistung nur in dessen Bar. Darüber hinaus bestimmen C und I wöchentlich die Einsatzzeiten der I gemeinsam, sodass I diese nicht frei festlegen kann. Zudem soll sie an 200 Tagen des Jahres für den C spielen, was dafür spricht, dass sie dem C beinahe ihre ganze Arbeitskraft zur Verfügung stellt. Sie ist somit persönlich vom C abhängig und ihm in der konkreten Ausgestaltung der Tätigkeit unterworfen. I ist demzufolge nicht selbstständig im Sinne des § 84 Abs. 1 S. 2 HGB, sondern Arbeitnehmerin.

Zwischen I und C liegt demnach ein Arbeitsvertrag vor.

Somit ist ein Anspruch der I auf Zahlung der vereinbarten Vergütung nach § 611 BGB in Verbindung mit ihrem Arbeitsvertrag gegenüber C entstanden.

Dieser könnte jedoch nach § 326 Abs. 1 BGB untergegangen sein, da die I ihrerseits ihre Arbeitsleistung nicht erbracht hat. Dieser Regelung geht jedoch die dienstvertragsrechtliche Vorschrift des § 615 Abs. 1 BGB vor. Danach ist der Arbeitgeber zur Zahlung der Vergütung bei Nichtleistung des Arbeitnehmers auch dann verpflichtet, wenn der Arbeitgeber sich im Annahmeverzug befindet oder das Betriebsrisiko für den Arbeitsausfall zu tragen hat.

Vorliegend wollte I ihre Arbeitsleistung erbringen, konnte dies aber nicht. Der Flügel, auf dem I zu spielen hatte, war nicht funktionsfähig, als sie sich zur Arbeit meldete. Dies könnte in das Betriebsrisiko des C fallen. Der Arbeitgeber hat die Organisations- und Leitungsgewalt über den Betrieb. Er hat dafür Sorge zu tragen, dass sämtliche Gegenstände, die für die Arbeit seiner Arbeitnehmer erforderlich sind, funktionsfähig sind. Dass das Piano nunmehr nicht betriebsbereit ist, ist folglich als Betriebsrisiko dem Arbeitgeber zuzurechnen.

I hat gegenüber C somit einen Anspruch auf Vergütung nach §§ 611, 615 BGB.

3.14 Fall 31: Dienstvertrag – „Die Musikerin"

▸ **Hinweise** Die Abgrenzung von Arbeitnehmern und Selbstständigen ist je nach den Umständen des Einzelfalls vorzunehmen. § 84 S. 2 HGB legt insoweit nur die Grundsätze fest, die im Wege der Prüfung des Einzelfalls anzuwenden sind. Der Bearbeiter muss für eine ordentliche Fallprüfung nicht alle Feinheiten der Definition des Betriebsrisikos kennen. Aus der gesetzlichen Wertung des § 615 BGB kann auch ohne arbeitsrechtliche Spezialkenntnisse abgeleitet werden, wie der Gesetzgeber die Verteilung der Risiken eines Arbeitsausfalls vorgenommen hat.

▸ **Wesentliche Paragrafen** §§ 326, 611, 615 BGB; § 106 GewO; § 84 HGB

3.15 Fall 32: Maklervertrag – „Der Makler"

3.15.1 Fallfrage

Viktor will seine Eigentumswohnung, die er als Kapitalanlage nutzte, verkaufen und macht sich deshalb auf die Suche nach einem Makler. Schnell findet er über das Internet den Martin. Nach einigen Gesprächen einigen sich die beiden am 01.02.2020 darauf, dass Martin einen Alleinauftrag für die Vermittlung der Wohnung erhalten soll. Der Vertrag soll befristet sein bis zum 01.09. desselben Jahres und Martin soll bei erfolgreicher Vermittlung eine Vergütung i. H. v. 3.000 € erhalten. Beide unterschreiben daraufhin einen Vertrag, der sämtliche Vereinbarungen enthält. Viktor händigt Martin sodann die Schlüssel zur Wohnung aus und teilt ihm mit, dass er gerne und jederzeit bei Viktor im Büro vorbeischauen könne, sobald er einen Käufer gefunden habe.

Nachdem sich Martin mehrere Monate nicht bei Viktor gemeldet hat, wird dieser nervös, da er doch schnellstmöglich die Wohnung verkaufen möchte. Am 15.05. kündigt Viktor dem Martin schließlich schriftlich den Alleinauftrag. Er begründet die Kündigung damit, dass ihm das alles zu langsam ginge und er sich gerne nach einem anderen Makler umschauen möchte. Martin ignoriert die Kündigung. Er nimmt an, diese sei aufgrund der vereinbarten Laufzeit ohnehin unwirksam. Kurze Zeit später meldet sich Kathrin, die durch ein Inserat von Martin auf die Wohnung von Viktor aufmerksam geworden ist. Schnell kommt es zwischen Martin und Kathrin zur Besprechung der Vertragskonditionen. Als sodann alles geklärt zu sein scheint, verabredeten sich Martin und Kathrin im Büro von Viktor. Dieser ist sichtlich erstaunt, als beide plötzlich vor ihm stehen. Er ist noch immer überzeugt davon, dass er dem Martin den Auftrag doch gekündigt habe. Gleichwohl wird in dem darauffolgenden Gespräch die Kündigung weder von Martin noch von Viktor erwähnt, da sich beide freuen, eine potenzielle Käuferin gefunden zu haben. Wenig später kommt es dann tatsächlich zu einem wirksamen Kaufvertrag zwischen Viktor und Kathrin. Als Martin sodann die Zahlung der 3000 € von Viktor verlangt, wendet dieser ein, dass er zwar dankbar für die Vermittlung sei, er habe aber wirksam und gut begründet den Vertrag gekündigt und sehe deshalb nicht ein, dem Martin Geld zahlen zu müssen.

Hat Martin Anspruch auf Zahlung der 3000 € gegen Viktor? (Lediglich der Zahlungsanspruch aus Vertrag ist zu prüfen.)

3.15.2 Lösung

Martin (M) könnte einen Anspruch auf Zahlung der 3000 € gem. § 652 Abs. 1 BGB gegen den Viktor (V) haben. Dies setzt zunächst voraus, dass sich die beiden auf einen Maklervertrag geeinigt haben. M hat von V den Auftrag erhalten, für dessen Eigentumswohnung einen geeigneten Käufer zu finden, und sollte dafür die Zahlung einer Vergütung i. H. v. 3000 € erhalten. Dies entspricht der gesetzlichen Vorstellung eines Maklervertrages gem. § 652 Abs. 1 S. 1 Alt. 2 BGB. M und V haben sich mithin auf einen Maklervertrag geeinigt.

Der Maklervertrag müsste gem. § 656a BGB der gesetzlich vorgeschriebenen Textform entsprechen. Die Voraussetzungen zur Wahrung der Textform sind dem § 126b BGB zu entnehmen. M und V haben gemeinsam ein Dokument unterschrieben, das sämtliche zuvor besprochenen Vereinbarungen festhielt. Sie haben damit sogar der strengeren Schriftform (§ 126 BGB) entsprochen. Die gesetzlichen Formerfordernisse sind demnach gewahrt.

Der V könnte den Vertrag jedoch wirksam gekündigt haben. Eine Kündigung ist eine einseitige empfangsbedürftige Willenserklärung. Sie bedarf zu ihrer Wirksamkeit zunächst des Zugangs. Diesbezüglich bestehen jedoch keine Bedenken.

Darüber hinaus stellt sich die Frage, ob V überhaupt ein Recht zur Kündigung hatte. Grundsätzlich kann ein Maklervertrag jederzeit und fristlos vom Auftraggeber gekündigt werden. Anders verhält es sich jedoch, wenn der Vertrag von vornherein auf eine bestimmte Laufzeit befristet war. In diesem Fall soll der Makler auf die Gültigkeit des Vertrages über die vereinbarte Dauer vertrauen dürfen. In dem Fall ist eine Kündigung deshalb nur gem. § 626 BGB (analog) fristlos aus wichtigem Grund möglich.

Zu prüfen ist deshalb, ob M und V eine wirksame Befristung vereinbart haben. Das ist zwar der Fall. Möglicherweise könnte die Befristung aber zu einem sog. *„Knebelungsvertrag"* führen und damit nach § 138 Abs. 1 BGB sittenwidrig und nichtig sein. Von einem derartigen Vertrag ist auszugehen, wenn eine Vereinbarung dazu führt, dass die persönliche und wirtschaftliche Bewegungsfreiheit einer Vertragspartei durch Ausnutzung wirtschaftlicher Übermacht eingeschränkt wird. Zwar wurde vereinbart, dass der M einen Alleinauftrag erhalten soll, sodass V auf keinen anderen Makler zurückgreifen kann. Die Befristung umfasst jedoch lediglich eine Zeitspanne von sieben Monaten. Aufgrund der nicht unangemessen langen Befristung ist diese nicht gem. § 138 Abs. 1 BGB sittenwidrig und unwirksam.

Für eine wirksame Kündigung müsste folglich ein wichtiger Grund vorliegen. Ein wichtiger Grund gem. § 626 Abs. 1 BGB ist zu bejahen, wenn der anderen Vertragspartei eine schwere Pflichtverletzung vorzuwerfen ist, die die Weiterführung des Vertrages unzumutbar macht. V stützt seine Kündigung auf das behauptete Nicht-Tätigwerden bzw. das zu langsame Tätigwerden des M.

Das behauptete Nicht-Tätigwerden des M müsste also eine Pflichtverletzung darstellen. In Ermangelung einer konkreten vertraglichen Vereinbarung zu den konkret zu entfaltenden Tätigkeiten kann sich der entsprechende Pflichtenumfang allenfalls aus dem Gesetz ergeben. Dem Wortlaut des § 652 Abs. 1 BGB ist jedoch keine Verpflichtung des Maklers zu einer bestimmten Art von Tätigwerden zu entnehmen. Vielmehr legt dieser nahe, dass lediglich eine

Pflicht des Auftraggebers zur Zahlung des vereinbarten Maklerlohns nach der Herbeiführung des vereinbarten Erfolgs besteht. Wie der Makler tätig wird, liegt in seiner Sphäre.

Die wirksam vereinbarte Befristung des Maklerauftrags führt dazu, dass der M den gesamten Zeitraum nutzen kann, um einen potenziellen Käufer vorzustellen. Das behauptete Nicht-Tätigwerden des M stellt mithin schon keine Pflichtverletzung dar. Die Frage nach der erforderlichen Schwere erübrigt sich damit. Da kein Grund zur Kündigung vorlag, ist diese unwirksam.

Zuletzt müsste der Maklerlohnanspruch des M auch fällig sein. Die Fälligkeit bei Maklerverträgen richtet sich nach dem Eintritt der erfolgreichen Vermittlung, also zum Zeitpunkt des Vertragsschlusses zwischen Auftraggeber und dem Dritten. V und K haben sich wirksam auf einen Kaufvertrag bezüglich der Wohnung des V geeinigt. Der Lohnanspruch des M ist somit auch fällig.

M hat einen fälligen Anspruch auf Zahlung der 3000 € gegen V.

▸ **Hinweise** Die Lösung des Falls erfordert Spitzfindigkeit beim Lesen des Gesetzestextes. Es musste erkannt werden, dass es sich beim Maklervertrag nicht um einen gegenseitigen, sondern um einen einseitigen, den Auftraggeber verpflichtenden Vertrag handelt. Wer sich streng am Wortlaut der einschlägigen Norm orientiert, kann sich dies auch ohne jegliches Vorwissen erschließen. Ebenfalls sollten der Sinn und Zweck einer vertraglich vereinbarten Befristung und daraus erwachsenden Rechte und Pflichten erfasst worden sein.

▸ **Wesentliche Paragrafen** §§ 652, 626, 138 BGB

3.16 Fall 33: Sittenwidrigkeit, Bürgschaft – „Die Geschäftsidee"

3.16.1 Fallfrage

Bruno und Milly sind verheiratet. Bruno ist der Spielsucht verfallen. Eines Tages kommt ihm die brillante Idee, aus seiner Sucht ein Geschäft zu machen und ein Casino zu eröffnen. Er hofft darauf, dass Gleichgesinnte sodann ihr Geld bei ihm verlieren würden und er seine Spiele so finanzieren könnte.

Dazu möchte Bruno einen Kredit i. H. v. 100.000 € Euro bei der C-Bank aufnehmen. Die C-Bank möchte Bruno jedoch keinen Kredit ohne Sicherheiten überlassen. Daher wird Bruno darum gebeten, eine Person vorzuschlagen, die für ihn eine Bürgschaftserklärung unterschreibt. Bruno bittet daher seine Frau, weil er sich sicher ist, dass sie ihm zuliebe die Bürgschaft übernehmen wird. Milly ist schon viele Jahre arbeitslos und verfügt über kein nennenswertes Vermögen. Die Bank kennt zwar die Eigentumsverhältnisse von Milly, geht aber davon aus, dass Milly einmal ein kleines Erbe antreten wird. Die Bank gewährt dem Bruno daher einen Ratenkredit über 100.000 € und preist ihr Risiko bei den Zinskonditionen entsprechend ein. Der Bürgschaftsvertrag mit Milly wird formgerecht abgeschlossen.

Schon nach wenigen Monaten stellt sich heraus, dass Brunos Geschäftsidee doch nicht so glänzend war. Die 100.000 Euro aus dem Darlehensbetrag sind schnell verbraucht, Bruno ist nicht mehr leistungsfähig. Die Ratenzahlungen bleiben aus, die Bank kündigt das Darlehen und verlangt erfolglos die Rückzahlung des Darlehensbetrages von Bruno.

Sodann tritt die Bank an Milly heran. Diese soll die 100.000 € Darlehensbetrag nunmehr zurückzahlen.

Zu Recht?

3.16.2 Lösung

Die C-Bank (C) könnte gegenüber Milly (M) einen Anspruch auf Zahlung der 100.000 € aus § 765 BGB haben.

Dies setzt zunächst voraus, dass zwischen M und C ein wirksamer Bürgschaftsvertrag besteht. M und C haben sich darüber geeinigt, dass M für die Darlehensschuld des Bruno (B) i. H. v. 100.000 € Euro einsteht, sofern dieser nicht zahlungsfähig ist. Die Schriftform nach § 766 BGB wurde ebenfalls gewahrt. Der Bürgschaftsvertrag zwischen M und C ist somit wirksam zustande gekommen.

Dieser Bürgschaftsvertrag könnte jedoch nach § 138 Abs. 1 BGB nichtig sein. Dies wäre der Fall, wenn die Bürgschaft der M sittenwidrig war. Eine Bürgschaft ist sittenwidrig, wenn der Bürge finanziell krass überfordert ist und zusätzliche, dem Gläubiger zurechenbare Umstände hinzutreten, die die freie Willensentschließung des Bürgen beeinflussen. Ein solches krasses Missverhältnis könnte sich hier zwischen dem Haftungsumfang und der wirtschaftlichen Leistungsfähigkeit der M ergeben. M ist arbeitslos und verfügt über kein Vermögen. Sie wäre demnach nicht einmal in der Lage, die Zinsen des Kredites i. H. v. 100.000 € Euro zu bezahlen. Daran ändert auch eine vage Aussicht auf eine Erbschaft nichts, da eine solche Aussicht selbst keinen Vermögenswert hat. Eine krasse finanzielle Überforderung des Bürgen liegt folglich vor.

Darüber hinaus müsste die freie Willensbildung der B in einer C zurechenbaren Weise beeinträchtigt worden sein. Die M meldete sich als Bürgin nur, weil ihr Ehemann einen Kredit benötigte. Einzig aufgrund dieser emotionalen Verbundenheit hat sie sich als Bürgin zur Verfügung gestellt. C wusste, dass M die Ehefrau des B war, und kannte deren finanzielle Verhältnisse. In der hier vorliegenden Konstellation einer Ehegattenbürgschaft eines finanziell krass überforderten Bürgen liegt demnach Sittenwidrigkeit des Bürgschaftsvertrages nach § 138 I BGB vor.

Die C hat daher keinen Anspruch auf Zahlung der Darlehensforderung i. H. v. 100.000 € gegenüber M aus § 765 Abs. 1 BGB.

▸ **Hinweise** Dieser Fall erfordert nur die Kenntnis des Tatbestandes der Sittenwidrigkeit bei Angehörigenbürgschaften. Eine Sittenwidrigkeit der Bürgschaft unter Angehörigen ist regelmäßig anzunehmen, wenn der Bürge aufgrund krasser finanzieller Überforderung nicht einmal die Zinsen des Kredites bezahlen kann. Eine familiäre Verbundenheit ist nicht nur im Verhältnis zum Ehepartner anzunehmen, sondern auch bei anderen Verwandten sowie bei nichtehelichen Lebenspartnern. Als Klausurfrage ist der Fall ganz erheblich mit anderen Problemen des Bürgschafts- und Darlehensrechts erweiterbar, weshalb das Problem der Sittenwidrigkeit von Angehörigenbürgschaften sicher beherrscht werden sollte.

▸ **Wesentliche Paragrafen** §§ 138, 765, 766 BGB

Gesetzliche Schuldverhältnisse

4

4.1 Fall 34: Berechtigte Geschäftsführung ohne Auftrag – „Der freundliche Nachbar"

4.1.1 Fallfrage

Als Nathan abends von der Arbeit nach Hause kommt, sieht er, dass Wasser aus der Haustür seines Nachbarn Xavier läuft. Xavier ist bekanntermaßen Arbeitnehmer im Nachtdienst und wird erst am nächsten Morgen wieder nach Hause kommen. Nathan fürchtet einen schlimmen Schaden im Haus. Er tritt daher die Haustür des Xavier ein und erkennt das Malheur sofort: Aus der Geschirrspülmaschine tritt fortlaufend Wasser aus. Grund dafür ist ein geplatztes Rohr. Nathan selbst ist Klempner und weiß, was zu tun ist. Schnell macht er sich an dem Rohr zu schaffen, um einen größeren Schaden abzuwenden.

Von Xavier verlangt er danach seinen üblichen Stundenlohn. Dieser ist zwar dankbar für die Hilfe, verweigert aber jede Zahlung. Schließlich sei Nachbarschaftshilfe eine Selbstverständlichkeit, die nicht bezahlt werden müsste. Nathan besteht auf die Erfüllung seiner Forderung.

Zu Recht?

4.1.2 Lösung

I. § 631 Abs. 1 BGB

Für einen Anspruch aus § 631 I BGB müsste ein wirksamer Werkvertrag zwischen Nathan (N) und Xavier (X) geschlossen worden sein. Vorliegend fehlt es jedoch an einem Vertrag, da die Beteiligten keinerlei Abreden getroffen hatten. N hat folglich keinen Anspruch gegenüber X auf Zahlung des Werklohns aus § 631 I BGB.

II. §§ 677 Abs.1, 683 Abs. 1, 670 Abs. 1 BGB

N könnte jedoch gegenüber X einen Anspruch auf Aufwendungsersatz in Höhe seiner üblichen Vergütung aus berechtigter Geschäftsführung ohne Auftrag nach den §§ 677 Abs. 1, 683 Abs. 1, 670 Abs. 1 BGB haben.

Dazu müsste N zunächst ein Geschäft besorgt haben. Eine Geschäftsbesorgung ist jedes tatsächliche oder rechtliche Handeln. N ist durch seine Reparaturarbeiten tatsächlich tätig geworden. Er hat somit ein Geschäft besorgt.

Dieses Geschäft müsste für ihn fremd gewesen sein. Fremd ist ein Geschäft, wenn es zum Pflichten- und Interessenkreis eines anderen gehört. Der N war weder dazu verpflichtet, noch lag es in seinem Interesse, den X vor einem erheblichen Wasserschaden zu bewahren. Er wurde folglich im Interessen- und Pflichtenkreis des X tätig. Das Geschäft war somit für ihn fremd. Ferner müsste der N mit Fremdgeschäftsführungswillen gehandelt haben. Vorliegend wusste N, dass er für den X und in dessen Interesse handelt. Somit lag auch Fremdgeschäftsführungswille vor.

Letztlich müsste die Geschäftsbesorgung auch im Interesse und im tatsächlichen oder mutmaßlichen Willen des Geschäftsherrn X erfolgt sein. Die Reparatur lag im Interesse des X, da ohne das Einschreiten des N ein erheblicher Wasserschaden eingetreten wäre. Einen Willen bezüglich des Einschreitens hat X allerdings tatsächlich nie geäußert. Fraglich ist aber, ob die Geschäftsbesorgung dem mutmaßlichen Willen des X entsprach. Der mutmaßliche Wille ist zu ermitteln, indem darauf abgestellt wird, was der X in der konkreten Situation gewollt hätte. Hätte man den X fragen können, ob ein Klempner das kaputte Rohr repariert, hätte X dies gewünscht, da er andernfalls einen großen Schaden erlitten hätte. Demnach entsprach die Geschäftsbesorgung dem mutmaßlichen Willen des X.

Eine berechtigte Geschäftsbesorgung liegt somit vor. X ist dem N daher dem Grunde nach zum Ersatz seiner Aufwendungen verpflichtet.

Fraglich ist jedoch, in welchem Umfang dem N ein Aufwendungsersatzanspruch zuzusprechen ist. N könnte seinen Stundenlohn nur verlangen, wenn bei der Geschäftsführung ohne Auftrag auch Arbeitsentgelte honoriert werden. Dafür spricht der gesetzliche Zweck, der auf die effektive Abwehr von Gefahren für den Dritten, der gerade keinen Auftrag erteilen kann, gerichtet ist. Es würde unter diesem Aspekt unbillig erscheinen, einem eingriffsbereiten und eingriffsfähigen Dritten zu verweigern, seinen Lohn für seine fachspezifische Arbeit in Rechnung zu stellen. Wäre dies nicht der Fall, stünde der geschützte Dritte besser, als wenn er tatsächlich einen entsprechenden Auftrag erteilt hätte. In dem Falle, dass ein qualifizierter

Fachmann seiner Arbeit nachkommt, muss daher gewährleistet sein, dass dieser auch dementsprechend seinen Aufwand in Höhe seiner üblichen Vergütung ersetzt bekommt.

N hat somit einen Anspruch auf Zahlung seines üblichen Stundenlohns nach den §§ 677 Abs. 1, 683 Abs. 1, 670 Abs. 1 BGB.

▸ **Hinweise** Die berechtigte Geschäftsführung ohne Auftrag bereitet hier tatbestandlich keine Schwierigkeiten. Zum Umfang des Aufwendungsersatzes sind jedoch entsprechende Ausführungen erforderlich. Mit guten Argumenten könnte der Bearbeiter auch vertreten, dass die übliche Vergütung des N nicht geschuldet wird. Entscheidend für eine ordnungsgemäße Lösung des Falles ist das Erkennen und Diskutieren des entsprechenden Problems.

▸ **Wesentliche Paragrafen** §§ 631, 677, 683, 670 BGB

4.2 Fall 35: Geschäftsführung ohne Auftrag, aufgedrängte Bereicherung – „Gut gedüngt"

4.2.1 Fallfrage

Bauer Dieter düngt seine Felder. Als er dabei die heruntergekommenen Felder seines Nachbarn Jonas sieht, wird ihm ganz anders. Diese Felder könnten auch mal wieder einen hervorragenden Dung vertragen.

Bauer Dieter meint es gut mit Jonas und düngt daher auch dessen Felder mit. Dies war jedoch nicht vollständig uneigennützig gedacht, denn nachträglich verlangt Dieter von Jonas, dass dieser ihm jedenfalls den aufgewandten Dünger bezahlt.

Jonas hingegen ist entsetzt. Er wollte seine Felder umnutzen und daher gar nicht mehr landwirtschaftlich bewirtschaften. Er will den Dünger auf keinen Fall bezahlen.

Wie ist die Rechtslage?

4.2.2 Lösung

I. §§ 677, 683 S. 1, 670 BGB

Dieter (D) könnte einen Anspruch gegenüber Jonas (J) auf Ersatz seiner Aufwendungen aus berechtigter Geschäftsführung ohne Auftrag (GoA) nach den §§ 677, 683 S. 1, 670 BGB haben.

Dazu müsste D ein Geschäft des J besorgt haben. Eine Geschäftsbesorgung ist jedes rechtliche oder tatsächliche Handeln. D hat die Felder des J gedüngt und wurde somit tatsächlich tätig, sodass er ein Geschäft besorgt hat. Dieses Geschäft müsste für D fremd gewesen sein. Fremd ist ein Geschäft, wenn es zum Pflichten- und Interessenkreis eines anderen gehört. Das Düngen eines Feldes ist demjenigen zuzurechnen, dem die Nutzung des Feldes zusteht. Das Feld steht vorliegend im Eigentum des J, sodass dieser für die Bewirtschaftung zuständig ist. Das Geschäft ist dem D somit tatsächlich, also objektiv fremd.

Ferner müsste D mit Fremdgeschäftsführungswillen gehandelt haben. Bei einem objektiv fremden Geschäft wird dieser vermutet. D wollte gerade für J tätig werden. Ein Fremdgeschäftsführungswille liegt folglich vor.

Letztlich müsste die Geschäftsbesorgung auch im Interesse des J und in dessen tatsächlich geäußertem oder mutmaßlichem Willen liegen. Im Interesse einer Person ist eine Geschäftsbesorgung dann, wenn sie für diese förderlich ist. Das Düngen des Feldes liegt zwar generell im Interesse eines Landwirtes. Problematisch ist vorliegend jedoch der tatsächliche Wille des J. Zunächst hat J keinen Willen geäußert, sodass dessen mutmaßlicher Wille zu ermitteln ist. J wollte das Feld nicht mehr landwirtschaftlich nutzen. Wäre J gefragt worden, so hätte er das Düngen des Feldes nicht gewünscht. Der mutmaßliche Wille des J steht der Geschäftsbesorgung folglich entgegen.

Es liegt mithin keine berechtigte Geschäftsführung ohne Auftrag vor. D hat keinen Anspruch gegenüber J aus §§ 677, 683 S. 1, 670 BGB.

II. §§ 677, 684 S. 1, 818 II BGB

D könnte gegenüber J jedoch einen Anspruch aus unberechtigter Geschäftsführung ohne Auftrag nach den §§ 677, 684 S. 1, 818 Abs. 2 BGB auf Ersatz seiner Aufwendungen haben.

Wie bereits ausgeführt, liegt eine fremde Geschäftsbesorgung seitens des D vor, wobei D auch mit Fremdgeschäftsführungswillen handelte und nicht durch Auftrag seitens des J dazu berechtigt war.

Ferner dürfte D auch nicht dazu berechtigt gewesen sein, das Geschäft zu übernehmen. Eine unberechtigte Geschäftsführung ohne Auftrag liegt vor, wenn keine Berechtigung nach den §§ 683 S. 1, 683 S. 2 i. V. m. § 679 BGB besteht. Vorliegend liegt, wie bereits ausgeführt, keine berechtigte GoA vor, da der Wille des J der Geschäftsbesorgung entgegenstand.

Somit kann D Ersatz seiner Aufwendungen nur über das Bereicherungsrecht nach der Verweisung des § 684 S. 1 BGB erlangen. Da es sich um eine Rechtsfolgenverweisung handelt, sind die einzelnen Voraussetzungen des Bereicherungsrechts nicht mehr zu prüfen.

Es müsste somit lediglich eine Bereicherung des J vorliegen. Bereicherung ist jeder Vermögenszuwachs. Die Felder des J sind nunmehr mit Dünger bestückt, sodass diese bald wieder gut bewirtschaftet werden können. Die gedüngten Felder sind mithin werthaltiger als die ungedüngten. Danach läge folglich eine Bereicherung vor.

Dieses Ergebnis ist jedoch in Frage zu stellen, weil der J tatsächlich keinerlei Interesse an der Bereicherung hat. Er will das Grundstück überhaupt nicht mehr landwirtschaftlich nutzen. Kann oder will der Anspruchsgegner aus dem erlangten Vermögenszuwachs keinen persönlichen Vorteil ziehen, so kann die Pflicht zur Vergütung der aufgedrängten Bereicherung im Einzelfall unbillig sein. Es handelt sich in solchen Fällen um eine sog. aufgedrängte Bereicherung. J wollte niemals, dass die Felder noch weiter bewirtschaftet werden. Für ihn ist die Düngung der Felder völlig sinnlos, da er eine Umnutzung der Felder vornehmen wird. Somit zieht J aus der Handlung des D keinen persönlichen Vorteil. Ein Fall der aufgedrängten Bereicherung liegt mithin vor. Es wäre folglich unbillig, wenn J dem D etwas ersetzen müsste, woraus er keinen Vorteil erlangt.

Somit hat D keinen Anspruch gegenüber J aus §§ 677, 684 S. 1, 818 Abs. 2 BGB.

▶ **Hinweise** Dieser Fall verlangt eine umfassende Prüfung der Geschäftsführung ohne Auftrag. Der Bearbeiter muss zeigen, dass er die Unterschiede einer berechtigten und unberechtigten GoA kennt. Die Problematik einer aufgedrängten Bereicherung muss zudem von dem Bearbeiter erkannt und einer wertenden Lösung zugeführt werden. Darzulegen ist auch, dass es sich bei § 684 S. 1 BGB um eine Rechtsfolgenverweisung handelt und somit nicht die einzelnen Voraussetzungen des Bereicherungsrechts zu prüfen sind. Prüft der Bearbeiter bereicherungsrechtliche Tatbestände, wäre dies folglich fehlerhaft.

▶ **Wesentliche Paragrafen** §§ 670, 677, 683, 684, 818 BGB

4.3 Fall 36: Bereicherungsrecht, solvendi causa – „Unerkannt geisteskrank"

4.3.1 Fallfrage

Johann und Klara haben einen Kaufvertrag über ein Auto geschlossen. Dieses wurde Klara auch bereits durch Johann übereignet. Kurze Zeit später stellt sich heraus, dass Johann unerkannt geisteskrank war. Johann wendet sich über seinen gesetzlichen Vertreter an Klara und begehrt die Rückübereignung des Autos.

Zu Recht?

4.3.2 Lösung

Johann (J) könnte gegenüber Klara (K) einen Anspruch auf Rückübereignung des Autos nach § 812 Abs. 1 S. 1 Alt. 1 BGB haben.

Dazu müsste K etwas erlangt haben. „Etwas" ist jeder vermögenswerte Vorteil. K hat das Eigentum und den Besitz an dem Auto, also etwas erlangt.

K müsste das Eigentum und den Besitz an dem Auto durch Leistung erlangt haben. Leistung ist die bewusste und zweckgerichtete Mehrung fremden Vermögens. J hat ihr das Auto zur Erfüllung seiner Verbindlichkeit aus dem vermeintlichen Kaufvertrag übereignet („*solvendi causa*"). Er hat somit bewusst und zweckgerichtet das Vermögen der K vermehrt. Eine Leistung liegt mithin vor.

Fraglich ist aber, ob es für diese Leistung des J einen Rechtsgrund gibt. In Betracht kommt der zwischen K und J geschlossene Kaufvertrag. An dessen Wirksamkeit bestehen jedoch Zweifel.

K und J hatten sich zwar über die wesentlichen Vertragsbestandteile geeinigt, allerdings war J unerkannt geisteskrank und somit gemäß § 105 Abs. 1 BGB geschäftsunfähig. Eine Willenserklärung, die J in diesem Zustand abgegeben hat, ist demnach nichtig.

Der vermeintliche Kaufvertrag zwischen J und K ist folglich bereits gar nicht wirksam entstanden, sodass dieser als Rechtsgrund ausscheidet. Ein anderer Rechtsgrund ist nicht ersichtlich. Die Leistung des J erfolgte somit rechtsgrundlos.

Demzufolge hat J gegenüber K einen Anspruch auf Rückübereignung des Autos aus den §§ 812 Abs. 1 S. 1 Alt. 1, 818 Abs. 1 BGB Zug um Zug gegen Rückzahlung des Kaufpreises.

▸ **Hinweise** Der Fall ist ein Standardfall in der Ausbildung von Juristen, weil er in einfacher Form die Grundzüge des Bereicherungsrechts aufzeigt. Der Bearbeiter wird geradezu auf die Unwirksamkeit des Kaufvertrages gestoßen, sodass die Lösung des Falles materiell ausgesprochen einfach ist.

▸ **Wesentliche Paragrafen** §§ 812, 818 BGB

4.4 Fall 37: Bereicherungsrecht und Anfechtung – „Teure Tasche"

4.4.1 Fallfrage

Anita kauft von Rosi eine rote Lackhandtasche zu einem Preis von 50 €. Nachdem Rosi der Anita die Tasche übereignet hat, stellt sie fest, dass sie sich über den Marktwert der Tasche geirrt hat. In einer Modezeitung liest Rosi, dass die von ihr verkaufte Handtasche von einem namhaften Modeschöpfer kreiert wurde und bestimmt 500 € wert ist. Wenn sie das bei Kaufvertragsschluss gewusst hätte, wäre sie niemals auf den Kaufpreis von 50 € eingestiegen.

Rosi erklärt Anita, dass sie den Kaufvertrag widerruft und verlangt Herausgabe der Tasche.

Zu Recht?

4.4.2 Lösung

Rosi (R) könnte gegenüber Anita (A) einen Anspruch auf Herausgabe der Tasche nach den §§ 812 Abs. 1 S. 1 Alt. 1, 818 BGB haben.

Dazu müsste A zunächst etwas erlangt haben. „Etwas" ist jeder vermögenswerte Vorteil. A hat Eigentum und Besitz an der Handtasche und somit etwas erlangt.

Dieses Etwas müsste A durch Leistung der R erlangt haben. Leistung ist die bewusste und zweckgerichtete Mehrung fremden Vermögens. R hat A die Handtasche zur Erfüllung ihrer Pflicht aus dem vermeintlichen Kaufvertrag übereignet. Eine Leistung liegt demzufolge vor.

Diese müsste schließlich auch ohne rechtlichen Grund erfolgt sein. Ein rechtlicher Grund läge vor, wenn zwischen A und R ein wirksamer Kaufvertrag zustande gekommen ist.

A und R haben zwei inhaltlich übereinstimmende Willenserklärungen – Angebot und Annahme – abgegeben, die darauf gerichtet waren, einen Kaufvertrag zum Preis von 50 € im Sinne des § 433 BGB zu schließen. Ein Kaufvertrag ist folglich zustande gekommen.

Dieser könnte jedoch nach § 142 I BGB von Anfang an unwirksam sein, wenn R den Kaufvertrag wirksam angefochten hat. Dafür hätte R nach § 143 BGB die Anfechtung erklärt haben müssen. Vorliegend hat R gesagt, dass sie den Vertrag widerrufe. Sie hat folglich klar zum Ausdruck gebracht, dass sie den Vertrag nicht aufrechterhalten will. Zwar wurde das Wort „Anfechtung" nicht gebraucht, jedoch ist die Erklärung der R inhaltlich auf die Beseitigung des Vertrages gerichtet und deshalb als Anfechtungserklärung zu werten.

R müsste ferner einen Anfechtungsgrund haben. Als Anfechtungsgrund kommt ein Erklärungsirrtum nach § 119 Abs. 1 Alt. 2 BGB in Betracht. Ein solcher Irrtum liegt vor, wenn sich der Erklärende über den Inhalt der von ihm abgegebenen Willenserklärung irrt. Vorliegend wollte R jedoch genau die Willenserklärung abgeben, die auch abgegeben wurde. Die R hat den Kaufpreis von 50 € erklärt und wollte auch genau diesen Kaufpreis erzielen. Sie hat sich nur über den Wert der Handtasche geirrt. Eine Anfechtung wegen Erklärungsirrtum nach § 119 Abs. 1 Alt. 2 BGB kommt daher nicht in Betracht.

R könnte aber nach § 119 I Alt. 1 BGB zur Anfechtung berechtigt sein, wenn sie einem Inhaltsirrtum unterlag. Ein Inhaltsirrtum ist gegeben, wenn der Erklärende eine Erklärung des abgegebenen Inhalts niemals so erklären wollte. R wusste jedoch, was sie erklärte. Sie irrte sich nicht über den Inhalt ihrer Erklärung. Ein Inhaltsirrtum liegt nicht vor.

Es könnte jedoch der Anfechtungsgrund des § 119 Abs. 2 BGB in Betracht kommen. Danach wäre R zur Anfechtung berechtigt, wenn sie sich über eine Eigenschaft der Kaufsache geirrt hätte. Eigenschaften sind alle wertbildenden Faktoren, nicht jedoch der Marktwert selbst. Ein Eigenschaftsirrtum nach § 119 Abs. 2 BGB scheidet daher ebenfalls aus. Der Irrtum über den Wert einer Sache selbst stellt vielmehr einen unbeachtlichen Motivirrtum dar.

Andere Anfechtungsgründe sind nicht ersichtlich. Der Kaufvertrag wurde von R daher nicht wirksam angefochten.

Der Kaufvertrag zwischen A und R ist wirksam. Ein Rechtsgrund für die Leistung von R besteht.

R hat folglich keinen Anspruch auf Herausgabe der Tasche aus den §§ 812 Abs. 1 S. 1 Alt. 1, 818 BGB gegenüber A.

4.4 Fall 37: Bereicherungsrecht und Anfechtung – „Teure Tasche"

▸ **Hinweise** Zunächst muss der Bearbeiter erkennen, dass nur ein Bereicherungsanspruch als Anspruchsgrundlage in Betracht kommt. Dafür müsste wiederum die Leistung rechtsgrundlos erfolgt und folglich der Kaufvertrag nichtig sein. Als Nichtigkeitsgrund kommt einzig eine wirksame Anfechtung in Betracht, ein Widerruf ist abwegig. Daher wäre es falsch, gesetzliche Widerrufsgründe zu erörtern, weil diese offensichtlich nicht einschlägig sind.

▸ **Wesentliche Paragrafen** §§ 119, 142, 433, 812, 818 BGB

4.5 Fall 38: Bereicherungsrecht, Entreicherung – „Bonuszahlung"

4.5.1 Fallfrage

Anja ist bei der Firma C-GmbH angestellt. Als Anja eines Tages ihren Kontostand abfragt, fallen ihr beinahe die Augen aus dem Kopf: „Ihr Kontostand beträgt 20.000 €". So steht es schwarz auf weiß auf ihrem Kontoauszug. Die C-GmbH hat ihr versehentlich anstatt des monatlichen Gehalts von 2.000 € den Betrag von 20.000 € überwiesen.

Anja denkt sich, dass ihr Chef ihr endlich eine Bonuszahlung für die aus ihrer Sicht grandiosen Arbeitserfolge ihrerseits überwiesen hat. Sie reicht direkt ihren lange aufgeschobenen Urlaub ein, geht zum Flughafen und bucht eine Weltreise. Schon am nächsten Tag sitzt Anja im Flieger. Als Anja erholt aus dem Urlaub zurückkommt, folgt der nächste Schock. Die C-GmbH bittet sie um Rücküberweisung des aus ihrer Sicht i. H. v. 18.000 € zu viel überwiesenen Betrages i. H. v. 18.000 €. Der Betrag sei fehlerhaft gezahlt worden.

Anja weiß nicht weiter. Das Geld ist weg. Ohne die Fehlbuchung hätte sie die Reise niemals angetreten. Sie erklärt der C-GmbH, dass sie das Geld nicht mehr hat, da sie dachte, dass es sich um eine Bonuszahlung handelte. Die C-GmbH besteht dennoch auf Herausgabe der zu viel gezahlten 18.000 €.

Muss Anja die 18.000 € zurückzahlen?

4.5.2 Lösung

Die C-GmbH (C) könnte gegenüber Anja (A) einen Anspruch auf Herausgabe von 18.000 € aus § 812 Abs. 1 S. 1 Alt. 1 BGB haben.

Dazu müsste A etwas erlangt haben. „Etwas" ist jeder vermögenswerte Vorteil. A hat durch die Überweisung einen Auszahlungsanspruch i. H. v. 18.000 € gegenüber ihrer Bank, mithin also etwas erlangt.

Diesen Anspruch müsste A durch Leistung erlangt haben. Leistung ist die bewusste und zweckgerichtete Mehrung fremden Vermögens. Ob eine Leistung vorliegt, ist aus der Sicht des Empfängers zu beurteilen. Aus Sicht der A galt die hohe Überweisung ihrer herausragenden Arbeit. Sie dachte, dass sie eine Bonuszahlung von ihrem Chef erhalten habe. Aus ihrer Sicht lag demnach eine bewusste und zweckgerichtete Mehrung ihres Vermögens vor. Dass es sich aus Sicht der C um eine Fehlbuchung handelte, ist irrelevant. Eine Leistung liegt folglich vor.

Diese Leistung müsste zudem ohne rechtlichen Grund erfolgt sein. Die Zahlung der 20.000 € war eine Fehlbuchung. Lediglich 2.000 € stellten den Lohn für die erbrachte Arbeit der A dar. Für die übrigen 18.000 € ist tatsächlich kein rechtlicher Grund ersichtlich. Insbesondere waren die 18.000 € auch keine Bonuszahlung des Arbeitgebers. Es handelte sich um ein Versehen. Die Leistung der 18.000 € erfolgte ohne rechtlichen Grund.

Somit ist A dazu verpflichtet, die 18.000 € an C herauszugeben nach § 812 Abs. 1 S. 1 Alt. 1 BGB. Die Herausgabe des überwiesenen Geldes ist in natura nicht möglich. Daher hat A nach § 818 Abs. 2 BGB Wertersatz in entsprechender Höhe zu leisten.

Die A könnte jedoch die Einrede der Entreicherung nach § 818 Abs. 3 BGB erhoben haben. Eine Entreicherung liegt vor, wenn der Wert des rechtsgrundlos Erlangten in keiner Form mehr in dem Vermögen des Bereicherungsschuldners vorhanden ist. In keiner Form bedeutet, dass auch keinerlei Gegenwert, Surrogat o. Ä. mehr existiert. Eine Entreicherung ist demnach nur anzunehmen, wenn der Bereicherungsschuldner die Bereicherung für Dinge ausgegeben hat, die er normalerweise in keinem Fall getätigt hätte. Ersparte Aufwendungen hingegen stellen keine Entreicherung dar.

A hat sich von den 18.000 € eine Weltreise finanziert, das Geld ist folglich in keiner Form mehr in ihrem Vermögen vorhanden. Eine solche Weltreise hätte A zudem niemals durchgeführt, wenn sie nicht die 18.000 € überwiesen bekommen hätte. Die A hat sich demnach keine Aufwendungen erspart, sondern mit der Weltreise eine sog. Luxusausgabe getätigt. A ist folglich i. H. v. 18.000 € gemäß § 818 III BGB entreichert. Auch kannte A gemäß § 819 BGB nicht den fehlenden Rechtsgrund der Zahlung, da sie von einer Bonuszahlung ausging.

Sie hat die Einrede der Entreicherung auch geltend gemacht, indem sie der C mitteilte, dass sie die 18.000 € nicht mehr hat.

C hat mithin keinen Anspruch auf Herausgabe der 18.000 € gegenüber A aus den §§ 812 Abs. 1 S. 1 Alt. 1, 818 Abs. 3 BGB.

▶ **Hinweise** Aufgabe des Bereicherungsrechts ist es, vorhandene Vermögensvorteile abzuschöpfen. Dies erfolgt nach verschiedenen Herausgabeansprüchen, die sich gegebenenfalls auch auf Surrogate oder Wertersatz für das Erlangte erstrecken. Sofern der Schuldner aber darauf vertraut, dass es für die Leistung einen Rechtsgrund gibt, ist dieser regelmäßig schutzwürdig, wenn er nicht etwa bösgläubig ist. Der Bearbeiter muss dieser Systematik folgend die Problematik der Entreicherung erkennen und sauber subsumieren.

▶ **Wesentliche Paragrafen** §§ 812, 818, 819 BGB

4.6 Fall 39: Abgrenzung der Kondiktionen, Entreicherung – „Flugreisefall"

4.6.1 Fallfrage

Der 16 Jahre alte Junior hat mit Zustimmung seiner Eltern einen Flug von Frankfurt nach München zu einem Preis von 50 € gebucht. Nachdem er den Security Check im Flughafen von Frankfurt passiert hat, ist sein Fernweh so groß, dass er lieber nach New York City reisen möchte. Er schleicht sich am Einstiegsschalter unbemerkt an den Kontrollposten vorbei, betritt das Flugzeug nach New York und setzt sich auf einen freien Platz. Erst als Junior in New York City landet und dort seinen Reisepass vorweisen muss, stellt sich heraus, dass er gar kein gültiges Flugticket hat. Kann die Fluggesellschaft von Junior die Zahlung des Ticketpreises i. H. v. 1.500 € verlangen?

4.6.2 Lösung

I. Anspruch aus Werkvertrag

Die Fluggesellschaft L könnte gegen Junior (J) einen Anspruch auf Zahlung des Ticketpreises i. H. v. 1.500 € aus den §§ 631, 632 Abs. 2 BGB haben.

Dazu müsste zwischen J und der L ein Werkvertrag nach § 631 BGB zustande gekommen sein. Fraglich ist, welchen Rechtscharakter ein solcher Vertrag über eine Flugbeförderung hat. In Betracht käme auch ein Dienstvertrag nach § 611 BGB. Ein Werkvertrag setzt einen konkreten Erfolg nach § 631 II BGB voraus, während es bei einem Dienstvertrag vorrangig um die Erbringung von Diensten geht. Auch auf einem Flug werden Dienstleistungen, etwa durch die Flugbegleiterinnen erbracht. Allerdings steht bei einer Reise das Ankommen am Zielort als Vertragsgegenstand deutlich im Vordergrund. Die Leistungen der Flugbegleiter sind hingegen nur nachrangig. Daher wäre ein Flugbeförderungsvertrag zwischen L und J als Werkvertrag im Sinne des § 631 BGB zu qualifizieren.

Fraglich ist jedoch, ob ein wirksamer Werkvertrag für einen Flug nach New York abgeschlossen wurde. Ein Werkvertrag kommt durch die Abgabe zweier aufeinander abgestimmter Willenserklärungen gerichtet auf einen bestimmten Erfolg gegen Zahlung einer Vergütung zustande. Ausdrücklich haben weder J noch die L eine Erklärung abgegeben, die darauf gerichtet war, den J nach New York City zu befördern. Es kommt indes ein konkludenter Vertragsschluss in Betracht. Die L hat das Flugzeug für die Reise nach New York City bereitgestellt. Durch das Eintreten des J in das Flugzeug könnte somit konkludent ein Vertrag zustande gekommen sein. Allerdings widerspricht dies dem vorgesehenen Ablauf für den Abschluss von Flugbeförderungsverträgen. Üblicherweise wird ein solcher Werkvertrag durch den Erwerb eines gültigen Tickets abgeschlossen. Es würde dem gängigen System und insbesondere den Sicherheitsvorschriften an Flughäfen zuwiderlaufen, wenn ein solcher Vertrag auch durch das einfache Einsteigen in ein Flugzeug abgeschlossen werden könnte. Daher ist auch ein konkludenter Vertragsschluss zwischen J und L nicht gegeben.

Ein Werkvertrag im Sinne des § 631 BGB ist demzufolge nicht zustande gekommen. Ein Anspruch der L aus den §§ 631, 632 Abs. 2 BGB gegenüber J besteht somit nicht.

II. Anspruch aus Geschäftsführung ohne Auftrag

L könnte gegen J einen Anspruch auf Herausgabe von 1.500 € aus GoA nach den §§ 670, 683 S. 1, 677 BGB haben.

Dazu müsste die L zunächst ein fremdes Geschäft besorgt haben. Eine Geschäftsbesorgung ist jedes rechtliche oder tatsächliche Handeln. L hat den J von Frankfurt nach New York City befördert. Dies stellt ein tatsächliches Handeln dar und mithin eine Geschäftsbesorgung. Fraglich ist jedoch, ob diese Geschäftsbesorgung auch fremd war. Fremd ist eine Geschäftsbesorgung dann, wenn sie im Rechts- und Pflichtenkreis eines anderen liegt. Generell fliegt die L die Strecke von Frankfurt nach New York City, um ihrer Pflicht aus den Werkverträgen mit den einzelnen Passagieren nachzukommen. Sie verfolgt somit eigene Interessen. Allerdings liegt es auch im Interesse des J, seinen Aufenthaltsort zu wechseln. Somit liegt ein auchfremdes Geschäft vor.

Darüber hinaus müsste die L aber auch Fremdgeschäftsführungswillen haben. Fremdgeschäftsführungswille ist der Wunsch, für einen anderen tätig zu werden. Hier wusste die L gar nicht, dass J an Bord ihres Flugzeuges ist. Sie hatte folglich bezüglich des J keinen Willen, ihn nach New York zu befördern. Ein Fremdgeschäftsführungswille scheidet demnach aus.

Somit hat die L gegen J keinen Anspruch aus den §§ 670, 683 S. 1, 677 BGB.

III. Anspruch aus Leistungskondiktion

L könnte gegen J einen Anspruch auf Zahlung der 1.500 € aus § 812 Abs. 1 S. 1 Alt. 1 BGB haben.

Dazu müsste J zunächst etwas erlangt haben. „Etwas" ist jeder vermögenswerte Vorteil. J könnte sich vorliegend Aufwendungen erspart haben. Dem ist entgegenzuhalten, dass der J gar nicht nach New York City geflogen wäre, wenn er sich den Flug nicht hätte erschleichen können. Dennoch hat J die Leistung des Fluges selbst erlangt, da die damit verbundene Veränderung des Aufenthaltsortes einen Wert darstellt. Somit hat J die Beförderung und mithin etwas erlangt.

Diese Beförderung müsste J durch Leistung der L erlangt haben. Leistung ist die bewusste und zweckgerichtete Mehrung fremden Vermögens. Hierbei genügt das rein tatsächliche Bewusstsein, das Vermögen des Empfängers zu vermehren. Problematisch erscheint hier, ob die L das Vermögen des J bewusst vermehrt hat. Hätte J sich als blinder Passagier in dem Flugzeug der L versteckt, so wäre unproblematisch keine bewusste Leistung erfolgt, da die L keinerlei Kenntnis gehabt hätte. Hier ist L jedoch erkennbar in das Flugzeug gestiegen und hat dort Platz genommen. Somit wurde er zumindest von den Flugbegleitern wahrgenommen. Indes soll eine Leistung der L nur an solche Passagiere erfolgen, mit denen ein wirksamer Vertrag geschlossen wurde. Vorliegend bestand keinerlei Leistungsbewusstsein für eine ziel- und zweckgerichtete Beförderung des J. Eine bewusste Leistung kann daher nicht angenommen werden. J hat die Beförderung somit nicht durch Leistung erlangt.

Ein Anspruch der L gegenüber J aus § 812 Abs. 1 S. 1 Alt. 1 BGB scheidet somit aus.

IV. Anspruch aus Nichtleistungskondiktion

Allerdings könnte L gegenüber J einen Anspruch auf Herausgabe der 1.500 € aus § 812 Abs. 1 S. 1 Alt. 2 BGB haben.

Wie bereits ausgeführt, hat J die Beförderung nach New York City erlangt. Diese Beförderung müsste J in sonstiger Weise erlangt haben. In sonstiger Weise wird etwas erlangt, wenn es nicht durch Leistung erlangt wird. Dies ist der Fall. J hat die Beförderung durch Eingriff in das Recht der L erlangt, Beförderungsverträge zu bestimmten Bedingungen mit einem von ihr auszuwählenden Personenkreis zu schließen, indem er sich die Beförderungsleistung erschlichen hat.

Ferner müsste dieser Eingriff auf Kosten der L erfolgt sein. Auf Kosten bedeutet, dass auf der Seite des J eine Vermögensvermehrung und auf der Seite der L eine entsprechende Vermögensminderung stehen muss. Indem J sich auf den Platz in dem Flugzeug setzte, nahm er der L die Gelegenheit, eigenständig zu entscheiden, wer auf diesem Platz sitzen und die Beförderung erlangen darf. Der Eingriff erfolgte somit auf Kosten der L.

Der Eingriff des J erfolgte schließlich auch ohne Rechtsgrund, da – wie bereits aufgezeigt – kein wirksames Vertragsverhältnis zwischen J und L zustande gekommen ist.

Somit hat J das Erlangte an die L nach den Regelungen des § 818 BGB herauszugeben. Da die Herausgabe des Erlangten in Natura nicht möglich ist, ist nach § 818 Abs. 2 BGB Wertersatz zu leisten. Hierbei ist auf den entsprechenden Marktwert des Erlangten abzustellen. J müsste somit den Preis an die L herausgeben, der üblicherweise für eine Reise von Frankfurt nach New York City zu entrichten ist. Dies wären 1.500 €.

Fraglich ist jedoch, ob J sich auf eine Entreicherung nach § 818 Abs. 3 BGB berufen könnte. Entreichert wäre J dann, wenn er keine Aufwendungen erspart hat und keinen Vermögenszuwachs zu verzeichnen hat. Dies ist insbesondere bei Luxusaufwendungen anzunehmen. Luxusaufwendungen sind solche Aufwendungen, die nur aufgrund der entsprechenden Gelegenheit getätigt wurden und ohne diese keinesfalls vorgenommen wären. Dies ist hier der Fall. Hätte J sich nicht in das Flugzeug der L einschleusen können, wäre er wie geplant nach München geflogen. Er hätte die Reise nach New York unter keinem denkbaren Gesichtspunkt angetreten.

Die Reise nach New York City stellt demnach eine Luxusaufwendung dar. J könnte sich somit auf Entreicherung nach § 818 Abs. 3 BGB berufen.

Die Einrede der Entreicherung stünde jedoch dem J nicht zu, wenn er bösgläubig im Sinne der §§ 819 Abs. 1, 818 Abs. 4 BGB war. Bösgläubig handelt, wer Kenntnis davon hat, dass ihm das Erlangte nicht zusteht. Da J ganz genau wusste, dass ihm die Beförderungsleistung nicht zusteht, war er bösgläubig.

Fraglich ist aber, wie sich die Minderjährigkeit des J vorliegend auswirkt. Dies hängt davon ab, ob die zur Bösgläubigkeit führende Kenntnis bei den Eltern des minderjährigen J als dessen gesetzlichen Vertretern nach § 1626 BGB oder nur bei J selbst vorliegen muss. Die Antwort auf diese Frage muss durch entsprechende Auslegung des Gesetzes erreicht werden. Eine Lösung könnte sein, dass in analoger Anwendung des § 828 Abs. 3 BGB auf die Einsichtsfähigkeit des Minderjährigen abzustellen ist. Je nach konkretem Alter des Minderjährigen und der Umstände des Einzelfalls würde dann auf die Bösgläubigkeit des Minderjährigen oder seiner gesetzlichen Vertreter abgestellt. Diese Lösung würde aber zu erheblicher Rechtsunsicherheit führen und ist daher abzulehnen.

Eine weitere Möglichkeit würde darin bestehen, zwischen Leistungs- und Nichtleistungskondiktionen zu unterscheiden und den Anknüpfungspunkt für die Bösgläubigkeit entsprechend zu differenzieren. Die Leistungskondiktion weist grundsätzlich eine Nähe zum Vertragsrecht auf, da sie gescheiterte Vertragsbeziehungen abwickelt. In Fällen einer Leistungskondiktion könnte daher auf die Kenntnis des gesetzlichen Vertreters abgestellt werden, weil dies dem gesetzlichen Modell der §§ 106 ff. BGB entspricht. Im Falle einer Nichtleistungskondiktion hingegen liegt eher eine Nähe zum Deliktsrecht vor, da in fremde Rechtspositionen eingegriffen wurde. In Fällen der Nichtleistungskondiktion könnte deshalb auf die Einsichtsfähigkeit des Minderjährigen abgestellt werden. Danach wäre die Bösgläubigkeit je nach Einsichtsfähigkeit auf den Minderjährigen oder dessen gesetzlichen Vertreter zu beziehen. Diese

4.6 Fall 39: Abgrenzung der Kondiktionen, Entreicherung – „Flugreisefall"

Lösung schafft jedoch gleichermaßen Rechtsunsicherheit wie das erste Lösungsmodell. Neben der Unsicherheit der Einsichtsfähigkeit des Minderjährigen und den Umständen des Einzelfalls kommt sogar noch eine weitere Differenzierung nach Art der Kondiktion hinzu. Auch diese Lösung ist daher abzulehnen.

Nach dem Zweck des Gesetzes ist stets auf die Kenntnis des gesetzlichen Vertreters abzustellen. Dies folgt aus der gesetzlichen Wertung der §§ 106 ff. BGB, die den Rechtsgedanken des Minderjährigenschutzes verkörpern. Dieser Rechtsgedanke durchzieht das bürgerliche Recht, weshalb ihm umfassend Geltung zu verleihen ist. Hinzu kommt, dass bei einem Abstellen auf die Kenntnis des gesetzlichen Vertreters auch größtmögliche Rechtssicherheit herbeigeführt wird.

Vorliegend kommt es beim Tatbestandsmerkmal der Bösgläubigkeit folglich auf die Kenntnis der Eltern des J an. Die Eltern des J wussten nicht, dass dieser sich in ein Flugzeug nach New York City schleicht. Die Einrede der Entreicherung steht dem J mithin zu.

Somit hat die L auch keinen Anspruch auf Zahlung der 1.500 € gegen J aus §§ 812 Abs. 1 S. 1 Alt. 2, 818 Abs. 2 BGB.

▸ **Hinweise** Diesem Fallbeispiel liegt wiederum ein Klassiker der Juristenausbildung zugrunde, der fußend auf tatsächlichen Urteilen in zahlreichen Variationen gestellt werden kann. Die Prüfung der einzelnen Anspruchsgrundlagen ist zunächst durchschnittlich schwierig. Die Abgrenzung der einzelnen Kondiktionstatbestände kann dabei durchaus unterschiedlich beurteilt werden. Schwierig ist die Prüfung der Einrede der Entreicherung. Bei der Frage einer möglichen Bösgläubigkeit ist der Bearbeiter jedoch gefordert, eine eigene Lösung zu erarbeiten. Mit guten Argumenten sind in diesem Fall auch andere Ergebnisse vertretbar. Viel wichtiger als das konkrete Ergebnis ist daher die plausible Begründung der gefundenen Lösung. In diesem Fall kommt es also ganz besonders auf juristische Argumentationsfähigkeit an.

▸ **Wesentliche Paragrafen** §§ 106 ff., 611, 631, 632, 670, 677, 683, 812, 818, 819, 828, 1626 BGB

4.7 Fall 40: Schadensersatzanspruch wegen Schutzgesetzverletzung – „Heiratsmarkt"

4.7.1 Fallfrage

Lilia und Christopher sind Sandkastenfreunde und waren bis zum Abitur an derselben Schule. Als sie sich nach mehr als zehn Jahren nach Schulabschluss über den Weg laufen, freuen sie sich sehr, einander wiedergefunden zu haben. Lilia ist hin und weg von Christopher. Sie hegt große Hoffnungen, endlich einen heiratsfähigen Mann gefunden zu haben.

Die beiden verabreden sich schnell für ein Treffen. Lilia schlägt Christopher vor, ihn gut zu bekochen. Christopher, der sich ein gutes Abendessen niemals entgehen lässt, sagt natürlich zu.

Bei dem Abendessen kommt es jedoch schnell zum Streit. Lilia hat das Esszimmer romantisch hergerichtet und ihre neueste Kuschelrock-CD eingelegt. Christopher erschrickt sofort und gibt Lilia zu verstehen, dass ein Missverständnis vorliegen dürfte. Er habe eine Frau und zwei Kinder. Lilia ist völlig erbost und lässt Christopher ihre Wut spüren. Sie kippt diesem zunächst ihr Glas Rotwein über dessen weißes Hemd. Als Christopher sie anschreit, dass sie eine verrückte Furie sei und völlig überreagiere, rastet Lilia aus. Sie schnappt sich ihre Gabel und sticht diese Christopher ins Bein.

Christopher erleidet eine tiefe Wunde im Oberschenkel, die genäht werden muss. Sein Hemd kann in der Reinigung nicht mehr gerettet werden, sodass Christopher sich ein neues Hemd zu einem Kaufpreis von 50 € kaufen muss. Er sucht daher einen Anwalt auf und verlangt von Lilia Schmerzensgeld sowie Schadensersatz für das zerstörte Hemd.

Zu Recht?

4.7.2 Lösung

I. §§ 823 Abs. 1, 249 Abs. 1 253 BGB

Christopher (C) könnte gegenüber Lilia (L) einen Anspruch auf Schadensersatz für das zerstörte Hemd sowie Schmerzensgeld nach den §§ 823 Abs. 1, 249 Abs. 1, 253 BGB haben.

Dazu müsste zunächst eine Rechtsgutverletzung vorliegen. In Betracht kommt zunächst eine Eigentumsverletzung. Eine Eigentumsverletzung liegt vor, wenn der Eigentümer in einem seiner Rechte aus § 902 BGB verletzt wird. Das Hemd stand im Eigentum des Christopher. Dadurch, dass das Hemd nunmehr mit einem dauerhaften Rotweinfleck versehen ist, eignet sich das Hemd nicht mehr zur Nutzung. C wurde somit an seinem Rechtsgut des Eigentums verletzt. Zudem könnte auch eine Körperverletzung erfolgt sein. Eine Körperverletzung liegt vor, wenn die körperliche Integrität beeinträchtigt wird. C hat einen Stich in seinen Oberschenkel erlitten. Die daraus resultierende Wunde musste genäht werden. Eine Verletzung seiner körperlichen Integrität liegt demnach vor. C wurde demzufolge auch am Körper verletzt.

Diese Rechtsgutverletzungen müssten auf Verletzungshandlungen der L zurückzuführen sein. Eine Verletzungshandlung stellt jedes Tun oder Unterlassen dar. L hat dem C ein Glas Rotwein über das Hemd geschüttet. Dies stellt ein positives Tun und mithin eine Verletzungshandlung dar. L hat dem C ferner mit einer Gabel in den Oberschenkel gestochen. Dies stellt ein positives Tun und mithin gleichfalls eine Verletzungshandlung dar.

Diese Verletzungshandlungen der L waren kausal für die Eigentumsverletzung und Körperverletzung des C. Hätte L die Handlungen nicht durchgeführt, wären Eigentum und Körper nicht verletzt worden.

Die Handlungen der L waren auch rechtswidrig, da die Rechtswidrigkeit durch die Verwirklichung des Tatbestandes indiziert wird und für eine Rechtfertigung keine Anhaltpunkte ersichtlich sind.

L handelte ferner mit Vorsatz nach § 276 I BGB, sodass sie die Verletzung des Körpers des C zu vertreten hat.

C müsste schließlich ein Schaden entstanden sein. Ein Schaden ist jede unfreiwillige Vermögenseinbuße. Vorliegend hat C den Wert des Hemdes von 50 € eingebüßt, sodass in dieser Höhe ein Schaden im Sinne des § 249 Abs. 1 BGB gegeben ist.

Fraglich ist jedoch, ob ein Schmerzensgeld als Schaden ersatzfähig ist, weil eine Vermögenseinbuße insoweit nicht vorliegt. Gemäß § 253 Abs. 1, Abs. 2 BGB ist bei Verletzungen des Körpers eine angemessene Entschädigung in Geld (Schmerzensgeld) zu bezahlen. Hier liegt wie ausgeführt eine solche Körperverletzung vor.

Folglich besteht ein Anspruch des C auf Zahlung der 50 € für das Hemd sowie eines angemessenen Schmerzensgelds gegenüber L aus §§ 832 Abs. 1, 249 I, 253 BGB.

II. §§ 823 Abs. 2 BGB

Ferner könnte C auch einen Anspruch auf Schadensersatz i. H. v. 50 € sowie ein angemessenes Schmerzensgeld aus den §§ 823 Abs. 2, 249 I, 253 BGB gegenüber L haben.

Dazu müsste L ein Schutzgesetz im Sinne des § 823 Abs. 2 BGB verletzt haben. In Betracht kommt die Sachbeschädigung im Sinne des § 303 StGB. § 303 StGB dient auch dem Schutz des Einzelnen und nicht nur dem der Allgemeinheit, sodass diese Vorschrift Schutzgesetzcharakter hat.

Fraglich ist, ob L den Tatbestand von § 303 StGB erfüllt hat. Da das Hemd des C nicht mehr zu gebrauchen ist, ist eine Zerstörung dieser Sache zu bejahen. Wie bereits festgestellt, handelte L vorsätzlich, rechtswidrig und schuldhaft. L hat daher eine Sachbeschädigung nach § 303 StGB begangen.

Wegen der Verletzung dieses Schutzgesetzes hat C gegen L auch einen Schadensersatzanspruch aus §§ 823 Abs. 2 BGB, 303 StGB i. H. v. 50 €.

IV. §§ 823 Abs. 2 BGB, 223 StGB

Letztlich könnte C auch einen Anspruch auf Schmerzensgeld aus § 823 Abs. 2 BGB in Verbindung mit § 223 Abs. 1 StGB gegenüber L haben.

Dazu müsste L ein Schutzgesetz im Sinne des § 823 Abs. 2 BGB verletzt haben. In Betracht kommt die Körperverletzung im Sinne des § 223 Abs. 1StGB. § 223 Abs. 1 StGB dient auch dem Schutz des Einzelnen und nicht nur der der Allgemeinheit, sodass diese Vorschrift Schutzgesetzcharakter hat.

Fraglich ist, ob L den Tatbestand von § 223 Abs. 1 StGB erfüllt hat. L müsste C körperlich misshandelt oder an der Gesundheit geschädigt haben. Eine körperliche Misshandlung ist jede üble unangemessene Behandlung, durch die das körperliche Wohlbefinden nicht unerheblich beeinträchtigt wird. Mit einem Stich mittels einer Gabel in den Oberschenkel sind erhebliche Schmerzen verbunden. Eine unangemessene Behandlung und mithin eine körperliche Misshandlung liegen vor. Der Stich mit der Gabel könnte darüber hinaus auch eine Gesundheitsverletzung darstellen. Eine Gesundheitsverletzung ist das Hervorrufen oder Steigern eines, wenn auch nur vorübergehenden, pathologischen Zustands. Der Stich in den Oberschenkel stellt eine vorübergehende nachteilige Abweichung vom körperlichen Normalzustand dar. Somit ist auch eine Gesundheitsverletzung zu bejahen.

L stach den C mit Vorsatz ins Bein. Es sind weder Entschuldigungsgründe noch Rechtfertigungsgründe der L ersichtlich. Der Tatbestand der Körperverletzung im Sinne des § 223 Abs. 1 StGB ist demzufolge verwirklicht worden.

Somit hat C auch einen Anspruch auf Schmerzensgeld in angemessener Höhe aufgrund der Schutzgesetzverletzung im Sinne des §§ 823 Abs. 2 BGB, 223 Abs. 1 StGB gegenüber L.

▶ **Hinweise** Bei deliktischen Ansprüchen kommt in vielen Fällen sowohl ein Anspruch aus § 823 I BGB als auch aus § 823 II BGB in Betracht. Diese sind dann jeweils für sich genommen zu prüfen. Der Bearbeiter muss dabei wissen, dass es für einen Anspruch aus § 823 Abs. 2 BGB stets einer Schutzgesetzverletzung bedarf. Hierfür muss wiederum bekannt sein, welche Normen Schutzgesetzcharakter haben. Bei Strafrechtstatbeständen ist dies unproblematisch. Im vorliegenden Fall könnte der Bearbeiter die Ansprüche auf Schadensersatz und Schmerzensgeld auch getrennt voneinander prüfen. Liegt der Fall jedoch tatbestandlich so einfach wie hier, bietet sich eine gemeinsame Prüfung an.

▶ **Wesentliche Paragrafen** §§ 249, 253, 823 BGB; 223, 303 StGB

Sachenrecht 5

5.1 Fall 41: Verarbeitung – „Luxuswurst"

5.1.1 Fallfrage

Dieb Dominik stiehlt dem Bauern Bernd drei Schweine und verkauft sie für 1.000 € an den gutgläubigen Schlachter Sascha. Dieser schlachtet die Tiere und verarbeitet sie zu Luxus-Würstchen. Bernd verlangt von Sascha Wertersatz i. H. v. 1.000 €.
  Zu Recht?

5.1.2 Lösung

I. §§ 989, 990 BGB

Bernd (B) könnte gegenüber Sascha (S) einen Anspruch auf Schadensersatz i. H. v. 1.000 € aus den §§ 989, 990 BGB haben.

Dazu müsste zwischen B und S zunächst zum Zeitpunkt der schädigenden Handlung ein Eigentümer-Besitzer-Verhältnis nach den §§ 985 f. BGB bestanden haben.

B müsste dafür Eigentümer und S unrechtmäßiger Besitzer gewesen sein. Ursprünglich war B Eigentümer der Schweine. Dies könnte sich in dem Moment geändert haben, in dem die Schweine dem S übergeben wurden. Dies wäre der Fall, wenn damit ein wirksamer Eigentumsübergang gemäß § 929 S. 1 BGB von Dominik (D) an S stattgefunden hat. Neben der Übergabe ist gemäß § 929 S. 1 BGB eine Einigung erforderlich.

S und D waren sich einig, dass das Eigentum übergehen soll, da die Schweine in Erfüllung des Kaufvertrages übergeben wurden.

Fraglich ist jedoch, ob D als Dieb der Schweine überhaupt wirksam die Einigung erklären konnte. Ein Erwerb von einem Nichtberechtigten ist nach § 932 S. 1 BGB möglich, sofern der Erwerber gutgläubig ist. Der gute Glaube wird nach § 932 S. 1 BGB vermutet. Vorliegend war der S auch gutgläubig. Allerdings ist ein Eigentumserwerb an gestohlenen Sachen nach § 935 Abs. 1 S. 1 BGB ausgeschlossen. D hat die Schweine dem B gestohlen. Da ein Eigentumsübergang folglich jedenfalls nicht nach den §§ 929 S. 1, 932 BGB stattgefunden hat, ist B zumindest bis zur Verarbeitung der Schweine weiterhin Eigentümer der Schweine gewesen.

S ist bis zu diesem Zeitpunkt zudem Besitzer gemäß § 854 Abs. 1 BGB, da er die tatsächliche Sachherrschaft über die Schweine hat. Es ist schließlich auch kein Recht des S zum Besitz ersichtlich.

Demzufolge besteht zwischen S und B ein Eigentümer-Besitzer-Verhältnis jedenfalls bis zum Zeitpunkt der Verarbeitung. Weitere Voraussetzung der §§ 989, 990 ist, dass die Rechtshängigkeit nach § 989 BGB eingetreten ist oder S nach § 990 bösgläubig ist. Beide Konstellationen sind im vorliegenden Fall jedoch nicht ersichtlich, zumal der S ausdrücklich gutgläubig war.

Daher scheidet ein Schadensersatzanspruch des B aus §§ 989, 990 BGB gegenüber S i. H. v. 1.000 € aus.

II. § 823 Abs. 1 BGB

Mangels Verschulden des S scheidet ein Schadensersatzanspruch von B nach § 823 Abs. 1 BGB offensichtlich aus.

III. §§ 951, 812 I 1, Alt. 2 BGB

Ein Schadensersatzanspruch des B gegenüber S i. H. v. 1.000 € könnte jedoch nach den §§ 951, 812 Abs. 1, Alt. 2 BGB bestehen.

Dazu müsste § 951 Abs. 1 BGB zunächst überhaupt anwendbar sein. Generell sind die Regelungen über das Eigentümer-Besitzer-Verhältnis gemäß § 993 Abs. 1, 2. Halbsatz BGB abschließend. Würde man die Regelungen des Eigentümer-Besitzer-Verhältnisses auch in der

5.1 Fall 41: Verarbeitung – „Luxuswurst"

vorliegenden Fallkonstellation als abschließend betrachten, so würde der unrechtmäßige Besitzer gegenüber einem rechtmäßigen Besitzer privilegiert. Ein solcher Wertungswiderspruch ist nicht hinnehmbar, weswegen die Abschlussfunktion des Eigentümer-Besitzer-Verhältnisses ausnahmsweise durchbrochen werden muss.

Die Voraussetzungen des § 951 BGB müssten daher vorliegen, um einen bereicherungsrechtlichen Anspruch des B zu begründen.

B müsste dafür zunächst einen Rechtsverlust im Sinne der §§ 946 ff. BGB erlitten haben. In Betracht kommt ein Rechtsverlust nach § 950 aufgrund von Verarbeitung. Verarbeitung ist die Herstellung einer neuen beweglichen Sache durch einen anderen Stoff. S hat Luxus-Würstchen aus den Schweinen des B gemacht. Durch diesen Vorgang wurden folglich neue, wirtschaftlich sogar werthaltigere Sachen hergestellt. Nach der gesetzlichen Anordnung des § 950 Abs. 1 S. 1 BGB erwirbt daher der S Eigentum an den Würstchen. B hat daher einen Rechtsverlust im Sinne des § 950 Abs. 1 S. 1 BGB an seinen Schweinen erlitten.

Gemäß § 951 Abs. 1 hat der ehemalige Eigentümer B einen Anspruch auf Ausgleich für den Eigentumsverlust über die Vorschriften der Herausgabe einer ungerechtfertigten Bereicherung nach den §§ 812 ff. BGB.

Die Verweisung in § 951 Abs. 1 auf die § 812 ff. BGB ist als eine Rechtsgrundverweisung zu verstehen, da nur etwas herauszugeben ist, was auch tatsächlich vermögensaufwertend erlangt wurde.

Die Voraussetzungen eines bereicherungsrechtlichen Tatbestandes der §§ 812 ff. BGB müssen daher vorliegen. Mangels Leistungsbeziehung im Verhältnis von S und B kommt nur eine Nichtleistungskondiktion nach § 812 Abs. 1, Alt. 2 BGB in Betracht.

S müsste dafür zunächst etwas erlangt haben. „Etwas" ist jeder vermögenswerte Vorteil. S hat Eigentum und Besitz an den Luxus-Würstchen erlangt und mithin etwas. Darüber hinaus müsste S dieses Etwas in sonstiger Weise erlangt haben. In sonstiger Weise bedeutet dabei, dass der Vorteil nicht durch Leistung erlangt wurde. Der Eigentumserwerb erfolgte vorliegend kraft Gesetzes aufgrund der Verarbeitung, also in sonstiger Weise durch den Eingriff in das Eigentum des B. Die Verarbeitung der Schweine stand dem ursprünglichen Eigentümer B zu. Dadurch, dass S diese verarbeitet hat und dadurch Eigentümer der Luxus-Würstchen wurde, hat S in die Eigentumsposition des B eingegriffen. Die Bereicherung des S erfolgte daher durch Eingriff und somit in sonstiger Weise.

Der Eingriff fand schließlich auch auf Kosten des B statt, da die Bereicherung des S auf die Entreicherung des B zurückzuführen ist. Letztlich ermangelt es auch eines rechtlichen Grundes, da die Verarbeitung der Schweine dem ursprünglichen Eigentümer B gebührte.

Demzufolge hat B einen Anspruch auf Ausgleich. Der Umfang dieses Anspruches richtet sich nach § 818 Abs. 1 BGB. Maßgeblich ist der Wert des Vermögenszuwachses des Bereicherten. Das Vermögen des S ist durch den Eingriff in die Rechtsposition in Höhe des Wertes der Schweine, also 1.000 €, gewachsen.

Fraglich erscheint jedoch, ob S nach § 818 Abs. 3 BGB die Einrede der Entreicherung erheben kann. Ein Wegfall seiner Bereicherung kommt in Betracht, da S an D einen Kaufpreis i. H. v. 1.000 € bezahlt hat. Wirtschaftlich betrachtet könnte das Vermögen des S durch die Verarbeitung der Schweine daher gar nicht angewachsen sein, weil zuvor ein Kaufpreis von

1.000 € gezahlt wurde. Allerdings hätte (wären die Schweine nicht verarbeitet wurden) der B gegenüber S einen Anspruch auf Herausgabe der Schweine nach § 985 BGB gehabt. Dort wäre es jedoch unberücksichtigt geblieben, dass S an D einen Kaufpreis gezahlt hat, da dies dem durch den Diebstahl geschädigten B nicht entgegengehalten werden kann. Es würde folglich auch in der vorliegenden Konstellation zu einem Wertungswiderspruch führen, wenn nur aufgrund einer Verarbeitung durch den S ein Anspruch des B auf Ausgleich entfallen würde. Daher ist die Bereicherung nicht nach § 818 Abs. 3 BGB entfallen. Da die Herausgabe der Schweine in natura nicht mehr möglich ist, ist nach § 818 II BGB Wertersatz zu leisten.

B hat demnach gegenüber S einen Herausgabeanspruch auf 1 000 € nach den §§ 951 Abs. 1 S. 1, 812 Abs. 1 S. 1, Alt. 2, 818 Abs. 1, 2 BGB.

▸ **Hinweise** Dieser Fall ist ein weiterer Klassiker der Juristenausbildung. Weder das Eigentümer-Besitzer-Verhältnis noch das reine Bereicherungsrecht sind hinreichend, um den Fall umfassend zu lösen. Entscheidend ist die Rechtsgrundverweisung des § 951 BGB, die als solche erkannt und geprüft werden muss. Der Bearbeiter muss gleichwohl für eine vollständige Falllösung zunächst die Anspruchsgrundlagen erkennen und durchprüfen, da diese keinesfalls fernliegend sind. Einzig deliktische Ansprüche sind evident nicht einschlägig.

▸ **Wesentliche Paragrafen** §§ 812, 818, 823, 929, 932, 935, 950, 951, 989, 990 BGB

5.2 Fall 42: Herausgabe des Erlangten – „Bikerfreunde"

5.2.1 Fallfrage

Ulli ist ein großer Radfahrer. Schon lange wünscht er sich, einen Trip auf der Route 66 durch Amerika zu machen. Jetzt bietet sich endlich die Gelegenheit. Der in den USA wohnende Billy bietet an, dem Ulli sein E-Bike für zwei Wochen zu leihen. Schließlich sind die beiden schon lange gute Freunde.

Ulli nimmt dieses Angebot überglücklich an und begibt sich auf die Reise. Kurz vor Ende der zwei Wochen Urlaub ist Ulli völlig mitgerissen vom „american way of life". Er denkt gar nicht mehr daran, nach Deutschland zurückzukehren.

Ulli will viel lieber in Amerika als Lebenskünstler durchstarten. Dafür benötigt er nur noch ein wenig Startkapital. Er verkauft daher das E-Bike von Billy an William für 3.000 €. Ulli weiß, dass das Elektrorad nur noch 1.000 € wert ist, kann aber durch sein Verhandlungsgeschick den höheren Preis erzielen. Sein Plan ist es, seinem Freund Billy den Marktwert des Rades i. H. v. 1.000 € auszuzahlen und mit dem Gewinn i. H. v. 2.000 € in Amerika sein neues Leben zu beginnen.

Als Billy vom dem Rechtsgeschäft hört, ist er überhaupt nicht einverstanden. Er liebt sein E-Bike sehr, schließlich ist auch er ein echter „Biker". Niemals hätte er das Fahrrad verkauft. Er verlangt daher von William die Herausgabe des Rades. Sollte dies nicht möglich sein, will er von Ulli zumindest den Kaufpreis von 3.000 € haben.

Wie ist die Rechtslage?

5.2.2 Lösung

I. § 985 BGB

Billy (B) könnte gegenüber William (W) einen Anspruch auf Herausgabe des E-Bikes nach § 985 BGB haben. Dazu müsste zwischen B und W eine Vindikationslage bestehen. B müsste folglich Eigentümer und W unrechtmäßiger Besitzer sein.

W ist Besitzer des Rades gemäß § 854 BGB, da er über die tatsächliche Sachherrschaft verfügt.

Fraglich ist jedoch, ob B Eigentümer des E-Bikes ist. Ursprünglich war B Eigentümer. Auch durch den Leihvertrag mit Ulli (U) hat sich an der Eigentümerstellung des B nichts geändert. W könnte jedoch von U Eigentum an dem Bike gemäß § 929 S. 1 BGB durch Einigung und Übergabe erlangt haben. U und W waren sich einig, dass das Eigentum an dem Rad an W übergehen soll. Auch hat U dem W das E-Bike übergeben. Allerdings war U als Nichteigentümer nicht dazu berechtigt, über das Eigentum des B zu verfügen, sodass die Einigung unwirksam ist. Ein Eigentumserwerb nach § 929 S. 1 BGB scheidet folglich aus.

Jedoch könnte W nach den §§ 929 S. 1, 932 I BGB durch gutgläubigen Erwerb Eigentum erworben haben. Dafür müsste W bezüglich der Eigentümerstellung des Nichtberechtigten U gutgläubig gemäß § 932 II BGB gewesen sein. Vorliegend waren für W keinerlei Anhaltspunkte ersichtlich, die gegen eine Eigentümerstellung des U sprechen. Es sind auch keine Umstände erkennbar, die an der Gutgläubigkeit des W zweifeln lassen. W war demzufolge gutgläubig.

Das Rad ist schließlich nicht gem. § 935 BGB abhandengekommen, da B dem U das Bike freiwillig überlassen hat.

W hat demzufolge gemäß §§ 929 S. 1, 932 Abs. 1 BGB Eigentum an dem E-Bike erlangt. Mangels Vindikationslage hat B keinen Anspruch gegenüber W auf Herausgabe des E-Bikes aus § 985 BGB.

II. § 1007 BGB

Ein Anspruch des B aus § 1007 Abs. 1 BGB auf Herausgabe des E-Bikes scheidet gleichfalls mangels Bösgläubigkeit aus. Auch aus § 1007 Abs. 2 BGB kann B keinen Anspruch herleiten, weil das Rad nicht abhandengekommen ist.

III. §§ 280 Abs. 1, Abs. 3, 283, 249 Abs. 1 BGB

B könnte gegen U jedoch einen Anspruch auf Schadensersatz nach den §§ 280 Abs. 1, Abs. 3, 283, 249 Abs. 1 BGB haben. Dazu müsste zwischen B und U zunächst ein wirksames Schuldverhältnis bestehen. U und B haben einen wirksamen Leihvertrag im Sinne des § 598 BGB geschlossen.

Darüber hinaus müsste U eine Pflicht aus diesem Leihvertrag verletzt haben. Nach § 604 BGB ist der Entleiher verpflichtet, den geliehenen Gegenstand nach Vertragsbeendigung an den Verleiher zurückzugeben. U hat das Rad jedoch an W verkauft und rechtswirksam übereignet. Die Rückgabe ist ihm folglich unmöglich geworden. Er hat somit eine Pflicht aus dem Leihvertrag verletzt.

Diese Pflichtverletzung müsste U zu vertreten haben. Gemäß § 280 Abs. 1 S. 1 BGB wird das Verschulden vermutet. U kann keinen Entlastungsbeweis erbringen, da er vorsätzlich nach § 276 I BGB gehandelt hat.

B müsste schließlich ein Schaden entstanden sein. Ein Schaden i. S. d. § 249 Abs. 1 BGB ist jede unfreiwillige Vermögenseinbuße. Dadurch, dass U das E-Bike des B an W verkauft und wirksam übereignet hat, hat B eine unfreiwillige Vermögenseinbuße erlitten. B ist somit ein Schaden in Höhe des Wertes des Rades, also von 1.000 € entstanden. Dass der erzielte Kaufpreis höher war, ist für die Schadensberechnung nach den §§ 249 ff. BGB unerheblich.

B hat somit einen Schadensersatzanspruch gegenüber U aus §§ 280 Abs. 1, Abs. 3, 283, 249 Abs. 1 BGB i. H. v. 1.000 €.

IV. §§ 687 Abs. 2 S. 1, 681 S. 2, 667, 249 Abs. 1 BGB

B könnte einen Anspruch auf Herausgabe des Erlangten gegen U aus unechter GoA nach den §§ 687 Abs. 2 S. 1, 681 S. 2, 667, 249 Abs. 1 BGB haben.

Dazu müsste U zunächst eine Geschäftsbesorgung vorgenommen haben. Eine Geschäftsbesorgung ist jedes Handeln tatsächlicher oder rechtlicher Art. Durch das Handeln des U ist ein Kaufvertrag über das Eigentum des B mit dem W geschlossen worden. Eine Geschäftsbesorgung liegt mithin vor.

Dieses Geschäft müsste für U zudem fremd gewesen sein. Fremd ist ein Geschäft, sofern es zum Pflichten- und Interessenkreis eines anderen gehört. Es oblag dem B als Eigentümer, über das Eigentum an dem E-Bike zu verfügen. Das Geschäft, welches U besorgt hat, war für diesen demnach fremd.

Schließlich hätte er das Geschäft auch als sein eigenes betreiben müssen. Dies wäre der Fall, wenn er ein fremdes Geschäft als sein eigenes behandelt hat, obwohl er wusste, dass er hierzu nicht berechtigt war. Er hätte keinen Fremdgeschäftsführungswillen haben dürfen. U wusste ganz genau, dass er als Entleiher das Rad nicht weiterverkaufen durfte. Er handelte somit gerade nicht mit Fremdgeschäftsführungswillen, sondern hat das Geschäft als sein eigenes besorgt. U war darüber hinaus nicht zu der Geschäftsbesorgung berechtigt.

Demzufolge hat B gegenüber U einen Anspruch auf Herausgabe des Erlangten aus unechter GoA nach den §§ 687 Abs. 2 S. 1, 681 S. 2, 667 BGB. Er kann mithin die Herausgabe der 3.000 € verlangen.

V. § 816 Abs. 1 S. 1 BGB

Ein Anspruch des B auf Herausgabe der 3.000 € könnte gegen U aus § 816 Abs. 1 S. 1 BGB bestehen.

Dazu müsste U zunächst Nichtberechtigter im Sinne des § 816 Abs. 1 S. 1 BGB gewesen sein. Nicht berechtigt ist, wer weder Eigentümer noch durch den Eigentümer ermächtigt ist, über eine Sache zu verfügen. U selbst war niemals Eigentümer des E-Bikes. Darüber hinaus war er auch nicht zur Veräußerung des Rades von dem seinerzeitigen Eigentümer B ermächtigt. U war somit Nichtberechtigter gemäß § 816 Abs. 1 S. 1 BGB.

Des Weiteren müsste U eine Verfügung vorgenommen haben. Eine Verfügung ist die unmittelbare Änderung eines bestehenden Rechts, z. B. durch inhaltliche Änderung, Übertragung, Aufhebung oder Belastung. Vorliegend hat U das Bike an W nach den §§ 929 S. 1, 932 Abs. 1 S. 1 BGB übereignet. Ein bestehendes Recht wurde dadurch unmittelbar an W übertragen. Eine Verfügung liegt demzufolge vor.

Diese Verfügung des U müsste schließlich auch dem Berechtigten B gegenüber wirksam sein. U hat vorliegend als Nichtberechtigter dem W das Eigentum des B übertragen. Da W bezüglich der Eigentümerstellung des U gutgläubig war, ist diese Verfügung auch dem B gegenüber wirksam nach den §§ 929 S. 1, 932 Abs. 1 S. 1 BGB.

Somit besteht ein Anspruch des B auf Herausgabe des Erlangten gegenüber U aus § 816 Abs. 1 S. 1 BGB.

Fraglich ist jedoch, in welcher Höhe U zur Herausgabe verpflichtet ist. In Betracht kommt einerseits, dass U auch den erwirtschafteten Erlös herauszugeben hat, da dieser ja gerade durch die Verfügung erzielt wurde. Anderseits ist zu erwägen, dass nur der tatsächliche Wert der Sache zu ersetzen ist. Der Gewinn haftet gerade nicht der Sache selbst an, sondern beruht auf der Tüchtigkeit und Geschicklichkeit des Nichtberechtigten. Allerdings steht das Recht, eine Sache gewinnbringend zu veräußern, allein dem Berechtigten zu. Ihm gebührt deshalb auch ein durch den Nichtberechtigten erzielter Gewinn. Es würde zudem zu erheblichen Wertungswidersprüchen mit den bereits genannten Ergebnissen führen, wenn der Gewinn beim Nichtberechtigten verbleiben könnte.

Daher bezieht sich das Erlangte im Sinne des § 816 Abs. 1 S. 1 BGB auf den gesamten erzielten Erlös. B hat daher einen Anspruch auf Herausgabe der 3.000 € gegenüber U aus § 816 Abs. 1 S. 1 BGB.

▸ **Hinweise** Dieser Fall erfordert eine umfassende Prüfung sowohl der Eigentumsverhältnisse als auch der in Betracht kommenden Herausgabe- und Ersatzansprüche. Dabei muss der Bearbeiter erkennen, dass vertragliche Schadensersatzansprüche zwar bestehen, aber nicht zum gewünschten Ziel führen. Erst über die unechte GoA und das Bereicherungsrecht wird ein Anspruch auf das gesamte Erlangte begründet. Auch muss der Bearbeiter darlegen, dass das Erlangte nach § 816 BGB bereicherungsrechtlich anders zu begründen ist als nach § 667 BGB, weil bei einer Geschäftsführung nach der gesetzlichen Formulierung ausdrücklich alles Erlangte umfasst wird. Im Bereicherungsrecht bedarf dies einer entsprechenden Argumentation.

▸ **Wesentliche Paragrafen** §§ 249, 280, 281, 283, 598, 667, 687, 816, 832, 929, 935, 985, 1007 BGB

5.3 Fall 43: Eigentümer-Besitzer-Verhältnis – „Geklautes Fahrrad"

5.3.1 Fallfrage

Dieb Dieter hat der Anna ihr Fahrrad geklaut. Dieses verkauft Dieter an Claas. Claas glaubt, dass Dieter der Eigentümer des Fahrrads ist. Etliche Monate später fährt Claas mit dem Fahrrad durch die Berliner Innenstadt. Da sieht Anna das Fahrrad und erkennt es als das ihre wieder. Sie spricht Claas prompt an und fordert ihr Fahrrad heraus.

Mit Erfolg?

5.3.2 Lösung

Anna (A) könnte gegenüber Claas (C) einen Anspruch auf Herausgabe des Fahrrades nach § 985 BGB haben. Dazu müsste A Eigentümerin und C rechtsgrundloser Besitzer des Fahrrades sein.

Ursprünglich war A Eigentümerin des Fahrrades. A könnte jedoch ihr Eigentum an dem Rad verloren haben, wenn C Eigentümer an dem Rad geworden sein sollte. C könnte Eigentum an dem Rad nach § 929 S. 1 BGB durch Einigung und Übergabe erlangt haben. Dazu müssten Dieb Dieter (D) und C sich zunächst geeinigt haben. D und C waren sich einig, dass das Eigentum an dem Fahrrad an C übergehen soll. Eine Einigung liegt vor. D hat dem C das Rad auch übergeben. Fraglich ist aber, ob D zur Eigentumsübertragung berechtigt gewesen ist. Berechtigt zur Eigentumsübertragung ist der Eigentümer oder ein vom Eigentümer Ermächtigter. D ist weder Eigentümer gewesen, noch hat ihn die A zur Eigentumsübertragung ermächtigt. D war somit nicht zur Eigentumsübertragung berechtigt. Ein Eigentumserwerb des C nach § 929 S. 1 BGB scheidet demnach aus.

Allerdings könnte C das Eigentum an dem Rad auch vom Nichtberechtigten D erlangt haben nach den §§ 929 S. 1, 932 BGB. Ein dafür erforderliches Rechtsgeschäft liegt in Form des zwischen den beiden abgeschlossenen Kaufvertrages vor.

Darüber hinaus müsste C jedoch auch gutgläubig gewesen sein hinsichtlich der Berechtigung des D. C ging davon aus, dass der D der Eigentümer ist. Es liegen keine Umstände vor, die für Bösgläubigkeit des C sprechen. C war demgemäß gutgläubig.

Ein gutgläubiger Erwerb ist jedoch gemäß § 935 Abs. 1 BGB ausgeschlossen, wenn die Sache dem Eigentümer gestohlen, verloren gegangen oder anderweitig abhandengekommen ist. D hat der A ihr Fahrrad gestohlen. Somit ist § 935 Abs. 1 BGB einschlägig. Ein gutgläubiger Erwerb des Rades war nicht möglich.

A ist demnach weiterhin Eigentümerin des Fahrrades.

C hat derzeitig die Verfügungsgewalt über das Rad und ist demnach Besitzer nach § 854 BGB.

Fraglich ist, ob C ein Recht zum Besitz hat. Dies könnte sich aus dem Kaufvertrag mit D ergeben. Dies ist jedoch nicht der Fall, da aus dem Schuldverhältnis mit D keine Wirkung gegen A abgeleitet werden kann. Der Kaufvertrag entfaltet nur Wirkung zwischen den Vertragspartnern. Daher gewährt der hier gegenständliche Kaufvertrag zwischen C und D dem C kein Recht zum Besitz des Rades gegenüber A. C ist demnach rechtsgrundloser Besitzer.

A hat somit gegen C einen Anspruch auf Herausgabe des Fahrrades nach § 985 BGB.

▸ **Hinweise** Der Fall ist als Einführung in das Eigentümer-Besitzer-Verhältnis konzipiert und beinhaltet keinerlei rechtliche Schwierigkeiten. Bei der Prüfung ist es wichtig, die chronologische Abfolge der Handlungen einzuhalten. Ursprünglich war A Eigentümerin. Von diesem Ausgangspunkt her ist zu prüfen, ob sich daran etwas geändert hat.

▸ **Wesentliche Paragrafen** §§ 929, 932, 935, 985 BGB

5.4 Fall 44: Eigentümer-Besitzer-Verhältnis, Schadensersatz – „Partynacht"

5.4.1 Fallfrage

Marina und Arne sind schon viele Jahre befreundet. Marina weiß, dass Arne gerne mal einen über den Durst trinkt. Als sie früh morgens zur Arbeit geht, kommt ihr der Arne entgegengetorkelt. Arne kann kaum noch stehen und spricht nur ausgesprochen unverständlich. Marina erkennt den Zustand ihres Freundes und nutzt die günstige Gelegenheit. Sie kauft Arne dessen Handy zu einem Spottpreis ab. Marina bezahlt auch gleich und freut sich über ihr neues Telefon – niemals hätte Arne ihr das Handy nüchtern verkauft und übergeben.

Bei der Arbeit angekommen, macht sich Marina erst einmal einen Kaffee. Sogleich will sie ihrer Kollegin von dem tollen Coup erzählen. Da Marina aber kurz nicht aufpasst, kommt es zu einem Missgeschick: Sie stolpert über den Henkel ihrer offensichtlich vor ihr liegenden Tasche und schüttet den Kaffee über das neue Handy.

Als Arne am späten Nachmittag aufwacht, wundert er sich, weil sein Handy nicht da ist. Er hat aber noch bruchstückhafte Erinnerungen und ein Bild vor Augen, in welchem er Marina das Handy verkauft. Sogleich ruft Arne bei Marina an und erklärt, dass er sein Handy herausverlangt. Marina sagt, dass dies nicht mehr möglich ist, da das Handy irreparabel beschädigt wurde.

Hat Arne nunmehr einen Anspruch auf Schadensersatz gegenüber Marina?

5.4.2 Lösung

I. Vertragliche Ansprüche

Vertragliche Ansprüche des Arne (A) gegenüber Marina (M) scheiden aus, da aufgrund der offensichtlich vorliegenden Geschäftsunfähigkeit des A nach § 105 Abs. 2 BGB kein wirksamer Vertrag zustande gekommen ist.

II. § 989, 990 BGB

A könnte jedoch einen Anspruch auf Schadensersatz gegenüber M nach den §§ 989, 990 BGB haben.

Dazu müsste zwischen A und M zunächst eine Vindikationslage nach § 985 BGB vorliegen. A müsste demnach Eigentümer und M rechtsgrundloser Besitzer des Handys sein.

Ursprünglich war A Eigentümer des Handys nach § 903 BGB. Er könnte jedoch das Eigentum nach § 929 S. 1 BGB an M verloren haben. Dafür müssten sich M und A geeinigt haben, dass das Eigentum an M übergehen soll. Die von A abgegebene Willenserklärung hinsichtlich des Eigentumsüberganges an M war jedoch nach § 105 Abs. 2 BGB nichtig, da er diese im vorübergehenden Zustand der Störung der Geistestätigkeit abgegeben hat. Somit hat M kein Eigentum nach § 929 S. 1 BGB erworben. A ist weiterhin Eigentümer des Handys.

Darüber hinaus müsste M Besitzerin des Handys sein. Besitzer ist nach § 854 BGB, wer die tatsächliche Gewalt über die Sache hat. M kann das Handy nach ihrem Belieben verwenden. Dass es sich nicht mehr für die übliche Verwendung eignet, ändert nichts daran, dass sie über die tatsächliche Gewalt verfügt. M ist somit Besitzerin des Handys.

Ein Recht der M zum Besitz nach § 986 BGB scheidet auch aus, da der Vertrag zwischen M und A – wie bereits ausgeführt – nichtig ist.

Eine Vindikationslage liegt demzufolge vor.

Für einen Anspruch des A auf Schadensersatz müsste M ferner bösgläubig gewesen sein. Bösgläubigkeit liegt vor, wenn der Erwerber hinsichtlich der Verfügungsbefugnis des Eigentümers nicht gutgläubig war. Für eine Bösgläubigkeit hätte die M folglich wissen müssen, dass der Veräußerer nicht zur Veräußerung berechtigt war. M wusste, dass A oftmals zu viel Alkohol trinkt und bemerkte auch, dass A zum Zeitpunkt des Geschäftes völlig betrunken war. Der M war folglich vollständig bewusst, dass der A sich in einem Zustand der vorübergehenden Geistesstörung befand. Dieser Zustand zieht eine Nichtberechtigung zur Veräußerung nach sich. M war demzufolge bösgläubig hinsichtlich der Verfügungsbefugnis des A.

Darüber hinaus müsste eine Eigentumsverletzung eingetreten sein. Eine solche ist anzunehmen bei der Verschlechterung oder einem Untergang der Sache sowie bei der Unmöglichkeit der Herausgabe. Das Handy eignet sich nicht mehr zu dem gewöhnlichen Gebrauch, es ist vollständig kaputt. Eine Herausgabe des kaputten Gerätes bleibt dennoch zwar weiterhin möglich, es liegt aber eine Verschlechterung des Handys vor.

Letztlich müsste M die Verschlechterung verschuldet haben. Verschulden liegt gemäß § 276 BGB bei Vorsatz und grober Fahrlässigkeit vor. Vorsätzlich handelt, wer mit Wissen und Wollen den tatbestandlichen Erfolg herbeiführt. M wollte das Handy jedoch nicht zerstören. Fahrlässig handelt dagegen, wer die im Verkehr erforderliche Sorgfalt außer Acht lässt. M hatte übersehen, dass die offensichtlich erkennbare Tasche auf dem Boden liegt, und stolperte infolgedessen. Dabei schüttete sie Kaffee über das Handy. Dadurch, dass M die offensichtlich auf dem Boden liegende Tasche übersehen hat, hat sie die erforderliche Sorgfalt in der konkreten Situation missachtet. Gerade in Momenten, in denen man sich mit einer Tasse Kaffee in der Hand bewegt, ist besonders auf Hindernisse zu achten. Dies ist hier jedoch nicht erfolgt. Die M hätte andernfalls die Tasche sofort als Hindernis erkennen können. Mithin hat sie die im Verkehr erforderliche Sorgfalt außer Acht gelassen. M hat die Verschlechterung des Handys somit zu vertreten.

Dem A ist schließlich auch ein Schaden entstanden, da sein Handy nunmehr unbrauchbar ist.

A hat demnach nach den §§ 989, 990 BGB einen Anspruch auf Schadensersatz gegenüber M.

▶ **Hinweise** Eine ausführliche Prüfung vertraglicher Schadensersatzansprüche ist eher fernliegend, da offensichtlich vorübergehende Geschäftsunfähigkeit vorlag. Der Bearbeiter kann folglich gleich mit den sachenrechtlichen Ansprüchen einsteigen. Auch hier gilt, dass die Chronologie der Ereignisse maßgeblich für die Prüfungsschritte ist.

▶ **Wesentliche Paragrafen** §§ 276, 903, **989, 990** BGB

5.5 Fall 45: Gutgläubiger Eigentumserwerb, vorhergehender Diebstahl – „Autoradio"

5.5.1 Fallfrage

Lisa kauft von Dieb Diedi ein Auto. Dieses wurde Claus gestohlen, wovon Lisa keine Kenntnis hat. Dieb Diedi hat den Fahrzeugbrief (Zulassungsbescheinigung II) perfekt gefälscht, sodass Lisa hinsichtlich der Eigentümerstellung von Diedi keinerlei Zweifel aufkommen. Lisa lässt die Bremsen des Wagens erneuern, da diese bereits sehr stark abgenutzt sind. Sie kaufte sich außerdem eine nagelneue Radioanlage, die sie fest in das Auto einbauen lässt.

Nach ein paar Monaten sieht Claus seinen Wagen auf der Straße fahren. Er erkennt diesen an einer kleinen Schramme am Heck sofort wieder. Er spricht Lisa an und fordert die Herausgabe des Wagens. Lisa sieht die missliche Lage ein, verlangt jedoch im Gegenzug Verwendungsersatz von Claus für die Erneuerung der Bremsen sowie für das Radio.

Kann Lisa ihre Begehren durchsetzen?

5.5.2 Lösung

I. § 994 BGB

Lisa (L) könnte gegenüber Claus (C) einen Anspruch auf Verwendungsersatz nach § 994 Abs. 1 BGB haben.

Dazu müsste zwischen L und C eine Vindikationslage nach § 985 BGB bestehen. C müsste folglich Eigentümer des Autos und L rechtsgrundlose Besitzerin sein. Ursprünglich war C Eigentümer des Autos. Hieran änderte sich auch nichts durch das Geschäft zwischen Dieb Diedi (D) und L, da § 935 BGB der Veräußerung gestohlener Sachen entgegensteht. Somit ist C auch weiterhin Eigentümer des Autos.

L verfügt über die tatsächliche Sachherrschaft und ist somit Besitzerin des Autos gemäß § 854 BGB. Aus dem Geschäft mit D ergibt sich für L kein Recht zum Besitz, da aufgrund der Relativität eines Schuldverhältnisses dieses nur unter den einzelnen Parteien Wirkung entfaltet. Somit hat L kein Recht zum Besitz nach § 986 BGB.

Eine Vindikationslage zwischen L und C liegt demnach vor.

Für einen Anspruch von L auf Ersatz ihrer Verwendungen müssten die Reparatur der Bremsen und der Einbau eines Radios jedoch notwendige Verwendungen im Sinne des § 994 Abs. 1 BGB darstellen. Verwendungen sind Aufwendungen, die einer Sache zugutekommen. Aufwendungen sind alle freiwilligen Vermögensopfer. Notwendig ist eine Verwendung, wenn sie zur Erhaltung der Sache objektiv erforderlich ist. Das beinhaltet insbesondere die Aufwendungen, die der Eigentümer ebenfalls hätte tätigen müssen. Die Erneuerung der Bremsen war folglich erforderlich, da sie der Aufrechterhaltung der Gebrauchstauglichkeit des Wagens dienten. Auch C hätte diese Reparatur durchführen müssen, um den Wagen ordnungsgemäß zu erhalten. Die Erneuerung der Bremsen war demnach eine notwendige Verwendung.

Der Einbau eines Radios hingegen war nicht notwendig, um das Auto in seiner Gebrauchsfähigkeit zu erhalten. Es handelt sich insofern zwar um eine Verwendung, als der Einbau der Sache zugutekommt, indem ihr Wert gesteigert wird. Es mangelt jedoch wie ausgeführt an der Notwendigkeit.

Somit hat L gegenüber C nur einen Anspruch auf Verwendungsersatz bezüglich der Erneuerung der Bremsen nach § 994 Abs. 1 BGB.

II. § 996 BGB

Hinsichtlich des Radios könnte L gegenüber C jedoch einen Anspruch auf Ersatz ihrer nicht notwendigen Verwendungen nach § 996 BGB haben. Danach sind andere als notwendige Verwendungen im Vindikationsverhältnis für den redlichen Besitzer ersatzfähig, wenn die Wertsteigerung durch die Aufwendung fortbesteht.

Wie bereits festgestellt, liegt zwischen L und C eine Vindikationslage vor. Ferner liegt in dem Einbau des Radios die Vornahme einer nicht notwendigen Verwendung durch den Besitzer L.

Darüber hinaus müsste L zum Zeitpunkt der Verwendung nach § 990 BGB redliche Besitzerin des Autos sein. Redlicher Besitzer ist, wer gutgläubig und unverklagt ist. Als L das Radio in den Wagen einbaute, ging sie davon aus, dass sie Eigentümerin des Autos ist. Ihr ist auch keine grobe Fahrlässigkeit vorzuwerfen in Hinblick auf ihre Gutgläubigkeit, da ihr der D perfekt gefälschte Papiere vorlegte, sodass von Seiten der L keinerlei Zweifel aufkommen mussten. L war somit zum Zeitpunkt des Einbaus des Radios gutgläubig. Ferner war sie zu diesem Zeitpunkt auch nicht von C zur Herausgabe verklagt. L war somit redliche Besitzerin.

Letztlich müsste der Einbau des Radios den Wert des Autos steigern. Der Einbau einer neuen Radioanlage in ein Auto ist als wertsteigernd anzusehen, da bei einem Weiterverkauf des Autos ein eingebautes Radio durchaus zugunsten des Autos anzuführen ist. Somit stellt der Einbau des Radios eine nützliche Verwendung dar.

Somit hat L gegenüber A auch einen Anspruch auf Ersatz der Kosten für das Radio nach § 996 BGB.

▸ **Hinweise** Der Bearbeiter musste in diesem Fall die Abgrenzung zwischen notwendiger und nützlicher Verwendung vornehmen. Weder die Vindikationslage noch die Frage eines möglichen Eigentumsübergangs sind näher zu problematisieren, weil insoweit keine Schwierigkeiten vorliegen und der Fallschwerpunkt erkennbar auf der Aufwendungsersatzproblematik liegt.

▸ **Wesentliche Paragrafen** §§ 935, 994 BGB

5.6 Fall 46: Sperrfunktion des Eigentümer-Besitzer-Verhältnisses – „Doppelte Lore"

5.6.1 Fallfrage

Eva und Lore schließen einen Mietvertrag über eine tolle Wohnung in Bremen direkt an der Weser ab. Was Eva nicht weiß: Lore leidet an Schizophrenie. Sie hat eine gestörte Persönlichkeit und ist deshalb nicht in der Lage, ihren Willen frei zu bestimmen. Deshalb wurde für sie auch längst eine umfassende Betreuung angeordnet. Eva bemerkt von diesen Störungen jedoch nichts.

Als Eva zum Einzug „ein paar Freunde" einlädt, kommt es zu einer Party mit 50 Gästen, die völlig aus dem Ruder läuft. Durch ein Gerangel in der Wohnung fällt Evas Zigarette unbemerkt zu Boden, wodurch in der Wohnung ein Brand entsteht. Die Feuerwehr kann diesen zwar schnell löschen – dennoch sind an den Wänden und den Böden starke Brandspuren zu sehen.

Eva fragt sich, ob sie Lore nun Schadensersatz zu zahlen hat.

5.6.2 Lösung

I. §§ 280 Abs. 1, 241 Abs. 2, 535 BGB

Lore (L) könnte gegenüber Eva (E) einen Anspruch auf Schadensersatz nach den §§ 280 Abs. 1, 241 Abs. 2, 535 BGB haben.

Dazu müsste zwischen L und E ein Schuldverhältnis im Sinne des § 280 Abs. 1 BGB bestehen. L und E könnten einen wirksamen Mietvertrag nach § 535 BGB geschlossen haben. L und E haben sich zwar über die wesentlichen Vertragsbestandteile geeinigt. Diese Einigung könnte jedoch nichtig sein nach § 105 Abs. 1 BGB. Dazu müsste L geschäftsunfähig sein. L leidet an Schizophrenie. Sie ist nicht in der Lage, ihren Willen frei zu bilden. Folglich leidet sie an einer Störung ihrer geistigen Tätigkeit und ist mithin geschäftsunfähig. Dass ein Betreuer bestellt wurde, hat auf die Frage der Geschäftsfähigkeit der L keinen Einfluss, sondern zieht nur gesetzliche Vertretungsmöglichkeiten durch den Betreuer nach sich.

L selbst ist geschäftsunfähig im Sinne des § 105 Abs. 1 BGB. Die Willenserklärung von L ist folglich nichtig. Es ist kein wirksamer Mietvertrag nach § 535 BGB zwischen L und E zustande gekommen.

Ein Schadensersatzanspruch von L gegenüber E aus §§ 280 Abs. 1, 241 Abs. 2, 535 BGB scheidet somit aus.

II. §§ 989, 990 BGB

L könnte gegenüber E jedoch einen Anspruch auf Schadensersatz aus den §§ 989, 990 BGB haben.

Dazu müsste zwischen L und E zunächst eine Vindikationslage nach § 985 BGB bestehen. Eine solche bestünde, wenn L Eigentümerin der Wohnung wäre und E unrechtmäßige Besitzerin.

L ist Eigentümerin der Wohnung nach § 903 BGB. E verfügt über die tatsächliche Sachherrschaft der Wohnung nach § 854 BGB, da sie diese zurzeit bewohnt. E ist demnach Besitzerin der Wohnung. Auch besteht kein Besitzrecht der E gemäß § 986 BGB, da der vermeintlich geschlossene Mietvertrag zwischen L und E aufgrund der Geschäftsunfähigkeit der L nichtig ist. Somit liegt eine Vindikationslage zwischen L und E vor.

Für einen Schadensersatzanspruch der L müsste E zum Zeitpunkt des schädigenden Ereignisses bösgläubig oder bereits verklagt sein. Verklagt wurde E zu keinem Zeitpunkt. Sie könnte jedoch bösgläubig gewesen sein. Bösgläubig ist, wer zum Zeitpunkt des Schadenseintritts die tatsächlichen Umstände kennt, die ihm kein Besitzrecht einräumen. E hatte jedoch keine Kenntnis von der Geschäftsunfähigkeit der L. Sie ging davon aus, dass ein wirksamer Mietvertrag zwischen L und E geschlossen wurde. Sie war somit gutgläubig.

Ein Schadensersatzanspruch der L aus §§ 989, 990 BGB scheidet demnach aus.

III. § 823 Abs. 1 BGB

Ein Anspruch aus § 823 Abs. 1 BGB scheidet zwar nach § 993 Abs. 1, 2. Halbsatz BGB aus, da das Vorliegen eines Eigentümer-Besitzer-Verhältnisses nach den § 985 ff. BGB das Deliktsrecht sperrt, um den redlichen und gutgläubigen Besitzer zu schützen.

5.6 Fall 46: Sperrfunktion des Eigentümer-Besitzer-Verhältnisses

Allerdings führt dies in Fällen wie dem vorliegenden zu einem unbilligen Ergebnis, weshalb insoweit eine Korrektur erfolgen muss. Bei strikter Befolgung des Gesetzeswortlauts wäre der rechtmäßige Besitzer, welcher sowohl vertraglich als auch deliktisch haftet, schlechter gestellt als der unrechtmäßige Besitzer, der der Haftung völlig entgehen würde. Dieses Ergebnis ist nicht zu tragen. Eine Durchbrechung der Abschlussfunktion des Eigentümer-Besitzer-Verhältnisses ist erforderlich, um ein gerechtes Ergebnis für die Parteien zu erzielen. Aufgrund dieser Durchbrechung des § 993 I BGB kommt eine Haftung der E aus Delikt nach § 823 Abs. 1 BGB weiterhin in Betracht.

Die E würde der L danach auf Schadensersatz haften, sofern der Tatbestand des § 823 Abs. 1 BGB erfüllt ist.

Zunächst bedarf es dafür einer Rechtsgutverletzung. Die Wohnung, also das Eigentum der L, wurde erheblich beschädigt. Eine Eigentumsverletzung liegt somit vor. Darüber hinaus bedarf es einer Handlung der E, die kausal für die Eigentumsverletzung war. Eine Handlung ist jedes aktive Tun oder Unterlassen. Vorliegend ist der E ihre Zigarette heruntergefallen, sodass ein aktives Tun der E vorliegt. Dieses Tun müsste auch kausal für die Eigentumsverletzung der L gewesen sein. Kausal ist ein Ereignis, wenn es nicht hinweggedacht werden kann, ohne dass der Erfolg in seiner konkreten Gestalt entfiele. Hätte E nicht die Zigarette geraucht, hätte diese nicht herunterfallen können und es wäre nicht zu dem Brand gekommen, bei dem das Eigentum von L beschädigt wurde. Die Handlung der E war demnach kausal für die Eigentumsverletzung.

Durch das Verwirklichen des Tatbestandes ist die Rechtswidrigkeit indiziert.

E müsste die Eigentumsverletzung auch verschuldet haben. Dafür ist nach § 276 Abs. 1 BGB Vorsatz oder Fahrlässigkeit erforderlich. Vorsatz ist das Wissen und Wollen des tatbestandlichen Erfolges. E wollte jedoch nicht, dass die Wohnung in Brand gerät. Vorsatz liegt daher nicht vor. Allerdings könnte sie fahrlässig gehandelt haben. Fahrlässig handelt, wer die im Verkehr erforderliche Sorgfalt außer Acht lässt. E hat in einer überfüllten Wohnung geraucht und nicht dafür gesorgt, dass von der Zigarette keine Gefahren ausgehen. Ein Durchschnittsmensch rechnet damit, dass das Rauchen in einem beengten Raum gefährlich ist und zu Brandschäden führen kann, sei es an Menschen oder am Eigentum anderer. Indem E dennoch auf diesem beengten Raum ihre Zigarette ansteckte und nicht sorgsam auf diese achtete, handelte sie fahrlässig. E hat die Eigentumsverletzung folglich zu vertreten.

Es müsste letztlich auch ein Schaden durch die Rechtsgutverletzung entstanden sein. Ein Schaden ist jede unfreiwillige Vermögenseinbuße. Der L sind Beschädigungen an den Wänden und den Böden der Wohnung entstanden. Dies stellt eine unfreiwillige Vermögenseinbuße dar. Der L ist mithin durch die herunterfallende Zigarette ein Schaden entstanden.

Somit hat L einen Anspruch auf Schadensersatz nach § 823 Abs. 1 BGB gegenüber E.

▸ **Hinweise** Der Fall kann nur mit einem guten Ergebnis gelöst werden, wenn der Bearbeiter die Sperrfunktion des Eigentümer-Besitzer-Verhältnisses erkennt. Da die strikte Befolgung des Gesetzeswortlauts zu unbilligen Ergebnissen führen würde, erkennt die absolut herrschende Meinung die Durchbrechung des Abschlussprinzips des Eigentümer-Besitzer-Verhältnisses in einigen Fällen (wie z. B. diesem) an. Um zu dieser Fragestellung vorzudringen, ist zuvor jedoch ein vertraglicher Schadensersatzanspruch genauso durchzuprüfen wie ein Anspruch aus dem Eigentümer-Besitzer-Verhältnis. Dies dürfte dem Bearbeiter jedoch keine Schwierigkeiten bereiten.

▶ **Wesentliche Paragrafen** §§ 280, 241, 535, 823, 989, 990, 991, 993 BGB

5.7 Fall 47: Eigentumserwerb im Immobiliarsachenrecht, lediglich rechtlicher Vorteil – „Reicher Onkel"

5.7.1 Fallfrage

Marco möchte seiner Nichte Jennifer zum 17. Geburtstag ein Geschenk machen. Er will ihr eines seiner vielen Anwesen schenken. Die beiden gehen daraufhin zum Notar, lassen die Schenkung beurkunden und erklären die Auflassung des Anwesens an Jennifer. Die Eintragung in das Grundbuch wurde beantragt.

Jennifers Eltern sind jedoch mit diesem Vorgang nicht einverstanden, da sie den Onkel Marco nicht ausstehen können und ihm „nichts schulden wollen".

Ist Jennifer dennoch Eigentümerin des Anwesens geworden?

Abwandlung:

Wie würde die Rechtslage aussehen, wenn Jennifer bereits volljährig und die Eintragung im Grundbuch bereits vollzogen wäre?

5.7.2 Lösung

I. Eigentumserwerb der 17-jährigen Jennifer

Jennifer (J) könnte nach den §§ 873 Abs. 1, 925 Abs. 1 BGB das Eigentum an dem Anwesen von Marco (M) erlangt haben.

Dazu müssten J und M sich zunächst geeinigt haben, dass das Eigentum von M an J übergehen soll. Dazu bedarf es zwei aufeinander abgestimmter Willenserklärungen, die nach § 925 Abs. 1 S. 1 BGB bei gleichzeitiger Anwesenheit beider Teile vor einem Notar erklärt werden müssen. J und M waren sich einig, dass M der J das Anwesen schenkt. Eine Einigung liegt vor.

Diese Einigung könnte allerdings nach § 108 I BGB unwirksam sein. J ist 17 Jahre alt und somit minderjährig und daher beschränkt geschäftsfähig nach § 106 I BGB. Generell bedarf der beschränkt geschäftsfähige Minderjährige nach § 107 BGB der Einwilligung oder Genehmigung seines gesetzlichen Vertreters, um ein Rechtsgeschäft einzugehen. Dies gilt nur dann nicht, wenn das Geschäft für den Minderjährigen lediglich einen rechtlichen Vorteil nach sich zieht. Lediglich rechtlich vorteilhaft ist ein Geschäft dann, wenn es keine rechtlichen Nachteile birgt. Hierbei kommt es nicht auf eine wirtschaftliche Betrachtungsweise an. Dies ist bei Schenkungen grundsätzlich der Fall, weil der Beschenkte keinerlei Gegenleistung erbringen muss. Fraglich ist aber, ob dies auch im vorliegenden Fall gelten kann. Wenn M der J ein Anwesen schenkt, so müsste J fortan mindestens Steuern sowie gegebenenfalls Versicherungsbeiträge auf das Anwesen zahlen. Auch wenn diese in einem untergeordneten Verhältnis zu dem Wert des Anwesens stehen sollten, handelt es sich hierbei um eine Verpflichtung, die einen rechtlichen Nachteil darstellt. Das Geschäft ist für J somit nicht lediglich rechtlich vorteilhaft.

Es ist daher eine Einwilligung der Eltern erforderlich. Da die Eltern sich mit dem Geschäft aber ausdrücklich nicht einverstanden erklären, ist die von J abgegebene Willenserklärung nichtig nach den §§ 106, 107 BGB. Es liegt somit keine wirksame Willenserklärung der J vor.

Eine Einigung zwischen M und J ist danach nicht gegeben.

J hat folglich kein Eigentum an dem Anwesen nach den §§ 873 Abs. 1, 925 Abs. 1 BGB erlangt.

II. Eigentumserwerb der volljährigen Jennifer

Jennifer (J) könnte das Eigentum an dem Anwesen von Marco (M) nach den §§ 873 Abs. 1, 925 Abs. 1 BGB erlangt haben.

Dazu müssten J und M sich zunächst in der erforderlichen notariellen Form darüber geeinigt haben, dass das Eigentum von M an J übergehen soll. J und M waren sich einig, dass M der J das Anwesen schenkt. Eine solche Einigung liegt vor. Diese Einigung wurde vor einem Notar erklärt, sodass die Form des § 925 Abs. 1 S. 1 BGB eingehalten wurde.

Die Einigung zwischen M und J wurde in das Grundbuch eingetragen. Keine der Willenserklärungen wurde bis zu diesem Zeitpunkt widerrufen, sodass sich die Parteien auch zum Zeitpunkt der Eintragung noch einig waren. M war als Eigentümer des Anwesens nach § 903 BGB schließlich auch dazu berechtigt, über dieses zu verfügen.

5.7 Fall 47: Eigentumserwerb im Immobiliarsachenrecht

J hat demnach von M das Eigentum an dem Anwesen nach den §§ 873 Abs. 1, 925 Abs. 1 BGB erlangt.

▸ **Hinweise** Der Eigentumserwerb im Immobiliarsachenrecht verläuft ähnlich dem Eigentumserwerb im Mobiliarsachenrecht. Dennoch wird das Immobiliarsachenrecht von vielen Bearbeitern eher gescheut. Der Bearbeiter sollte sich die Grundstruktur des Eigentumsübergangs verdeutlichen. Dafür reicht die Lektüre des Gesetzestextes bereits aus. Immobiliarsachenrechtliche Probleme stellen sich im vorliegenden Fall jedoch gar nicht, sodass sich der Bearbeiter insoweit nicht beirren lassen darf. Entscheidungserheblich ist lediglich die Frage nach einem ausschließlichen rechtlich vorteilhaften Geschäft eines beschränkt Geschäftsfähigen. Die Abwandlung kann fußend auf dem Ergebnis des Hauptfalls in wenigen Sätzen gelöst werden.

▸ **Wesentliche Paragrafen** §§ 106, 107, 873, 925 BGB

5.8 Fall 48: Pfandrechtserwerb – „Sicher ist sicher"

5.8.1 Fallfrage

Johannes möchte sich bei seinem Freund Zeno 400 € leihen, um sich die neueste Spielekonsole kaufen zu können. Zeno weiß jedoch ganz genau, dass Johannes und das liebe Geld nicht die besten Freunde sind.

Daher lässt er sich zur Sicherheit für die 400 € als Pfand Johannes alte Konsole übergeben. Bis Johannes die 400 € zurückbezahlt hat, soll Zeno die alte Konsole behalten dürfen. Die Rückzahlung der 400 € gegen Rückgabe der Altkonsole soll genau einen Monat nach Erhalt des Darlehensbetrages erfolgen.

Es kommt, wie es kommen musste: An dem vereinbarten Rückzahlungstermin ist Johannes immer noch nicht flüssig. Gleichwohl verlangt er von Zeno seine Altkonsole heraus. Schließlich sei diese noch immer sein Eigentum.

Erhebt Johannes seine Forderung zu Recht?

5.8.2 Lösung

Johannes (J) könnte gegenüber Zeno (Z) einen Anspruch auf Herausgabe der Konsole nach § 985 BGB haben.

Dazu müsste J Eigentümer der Konsole sein. Ursprünglich war J Eigentümer. Mangels Einigung über den Eigentumsübergang nach § 929 BGB hat J auch nicht das Eigentum an der Konsole an Z verloren. J ist demzufolge auch weiterhin Eigentümer der Konsole.

Z müsste zudem unrechtmäßiger Besitzer nach den §§ 986, 854 BGB sein. Z hat die tatsächliche Sachherrschaft über die Konsole und ist somit Besitzer.

Fraglich ist aber, ob Z ein Recht zum Besitz hat. Ein solches Recht zum Besitz nach § 986 BGB hätte Z dann, wenn er ein Pfandrecht nach den §§ 1204, 1205 BGB an der Konsole erworben hat. Voraussetzungen dafür sind die Einigung zwischen Pfandgläubiger und Verpfänder, die Übergabe des Pfandes und die Berechtigung des Verpfänders. Darüber hinaus müsste auch eine zu sichernde Forderung des Pfandgläubigers existieren.

Z und J haben vereinbart, dass Z zur Sicherung seiner Darlehensforderung i. H. v. 400 € ein Pfandrecht an der alten Konsole von J erhalten soll. Eine Einigung liegt somit vor. Die Konsole wurde Z auch nach § 1205 Abs. 1 BGB von J tatsächlich übergeben. J war als Eigentümer der Konsole zudem berechtigt, über die Konsole zu verfügen. Schließlich ist auch eine zu besichernde Forderung des Z gegeben, da Z einen Anspruch gegenüber J auf Rückzahlung des Darlehensbetrages von 400 € hat.

Z hat somit wirksam ein Pfandrecht an der Konsole nach §§ 1204, 1205 BGB erworben. Er hat folglich ein Recht zum Besitz der Konsole.

J hat demnach keinen Anspruch gegenüber Z auf Herausgabe der Konsole nach § 985 BGB.

▸ **Hinweise** Dies ist ein sehr einfach gelagerter Fall, der Ihnen die Grundstruktur des Pfandrechtserwerbs näher bringen sollte. Das Pfandrecht ist mittlerweile von der Sicherungsübereignung beinahe völlig überholt worden. Daher ist eine intensive Beschäftigung mit der Systematik und den Besonderheiten des Pfandrechts an beweglichen Sachen nur einem interessierten Leser zu empfehlen. Um die Grundstruktur zu verstehen, genügen das Verständnis dieses simpel gestrickten Falls und ein Blick in das Gesetz.

▸ **Wesentliche Paragrafen** §§ 854, 985, 986, 1204, 1205, BGB

5.9 Fall 49: Bestimmtheitsgebot, Besitz – „Antiquitätenhandel"

5.9.1 Fallfrage

Arnold hat eine geniale Geschäftsidee: Er möchte ein kleines, aber feines Geschäft eröffnen, in welchem er mit Antiquitäten handeln will. Um für den Geschäftsstart die schönsten Antiquitäten für sein Geschäft zu erwerben, benötigt Arnold jedoch erst einmal einen Kredit. Er setzt sich dafür mit der B-Bank in Verbindung. Dort wird vereinbart, dass alle Gegenstände, die sich derzeit und zukünftig in der Lagerhalle von Arnold befinden, zu Sicherungszwecken in das Eigentum der Bank übergehen. Im Gegenzug dazu erhält Arnold einen Ratenkredit i. H. v. 100.000 €. Arnold wird von der Bank dazu berechtigt, die Waren an Dritte weiterzuverkaufen, um seinen Geschäftsbetrieb stetig weiterzuentwickeln. Arnold stimmt dieser Vereinbarung zu, da er den Kredit dringend benötigt, um seine Geschäftsidee zu verwirklichen.

Arnold kauft sodann einige Antiquitäten mit einem Wert von rund 200.000 € und stellt diese in seiner Lagerhalle unter. Der Weiterverkauf der Waren scheitert allerdings, da der Antiquitätenmarkt sich als schwieriger erweist, als Arnold zunächst gedacht hatte. Arnold kann daher schon bald die Raten nicht mehr an die B-Bank zurückzahlen. Die B-Bank stellt daraufhin das Darlehen durch ordnungsgemäße Kündigung fällig.

Da Arnold nicht zahlen kann, verlangt die B-Bank die Übergabe der Waren, um durch deren Verwertung die Schuld des Arnold zu befriedigen.

Zu Recht?

5.9.2 Lösung

Die B-Bank (B) könnte gegenüber Arnold (A) einen Anspruch auf Herausgabe der Waren nach § 985 BGB haben.

Dazu müsste die B nach § 903 BGB Eigentümerin der Antiquitäten sein. Ursprünglich war A Eigentümer der Waren. Die B könnte jedoch Eigentum an den Antiquitäten erlangt haben nach § 929 S. 1 BGB. Allerdings wurden der B die Antiquitäten nie übergeben. Ein Eigentumserwerb nach § 929 S. 1 BGB scheidet demzufolge aus.

Die B könnte jedoch Eigentum an den Antiquitäten nach den §§ 929 S. 1, 930 BGB erworben haben. Dazu müssten die B und A sich wirksam darüber geeinigt haben, dass das Eigentum an den Antiquitäten an die B übergehen soll. Die beiden Parteien haben vereinbart, dass alle derzeit und zukünftig in der Lagerhalle befindlichen Gegenstände zur Sicherung des Kredites des A an die B übereignet werden sollen. Einzelne Gegenstände wurden jedoch nicht konkret benannt. Fraglich ist, ob dies ausreicht, um eine wirksame Einigung herbeizuführen. Dafür ist es erforderlich, dass der Einigungsgegenstand hinreichend bestimmt ist. Hinreichend bestimmt ist die Einigung nur dann, wenn sich für jedermann erkennen lässt, welche Gegenstände genau von der Vereinbarung der Parteien betroffen sind. Die Parteien haben sich vorliegend darüber geeinigt, dass das Eigentum an allen Gegenständen in dem konkret bezeichneten Warenlager zur Sicherung an die B übergehen soll. Dies gilt unabhängig vom jeweiligen Zeitpunkt. Für jeden Dritten ist somit erkennbar, dass jeder Gegenstand des Warenlagers von der gegenständlichen Abmachung erfasst werden soll. Die Einigung zwischen der B und A ist demnach hinreichend bestimmt.

Diese Einigung könnte jedoch nach § 138 Abs. 1 BGB sittenwidrig sein. Die Einigung wäre dann sittenwidrig, wenn ein Fall der anfänglichen Übersicherung gegeben wäre. Bei einer Sicherungsübereignung ist die Sittenwidrigkeit dann zu bejahen, wenn zwischen der gesicherten Forderung und dem Wert des Sicherungsgutes ein auffälliges Missverhältnis besteht und der Sicherungsnehmer dies auch erkennt.

Ein auffälliges Missverhältnis ist regelmäßig dann anzunehmen, wenn der Wert des Sicherungsgutes die besicherte Forderung mit mehr als 30 % übersteigt. Vorliegend wurde ein Kredit i. H. v. 100.000 € mit einer Sicherheit i. H. v. 200.000 € belegt. Der Wert des Sicherungsgutes übersteigt somit den Wert der gesicherten Forderung um 100 %. Ein auffälliges Missverhältnis liegt somit vor.

Fraglich ist jedoch die subjektive Komponente der Kenntnis der B. Danach müsste der B bereits zum Zeitpunkt der Einigung bewusst gewesen sein, dass der Wert des Sicherungsgutes in dem vorgenannten auffälligen Missverhältnis zur besicherten Forderung steht. Gerade zu Beginn einer Geschäftstätigkeit ist jedoch nicht davon auszugehen, dass sich innerhalb kürzester Zeit der Lagerbestand wertmäßig verdoppelt. Die B konnte gar nicht wissen, dass der Lagerbestand in diesem Ausmaß werthaltiger ist als die besicherte Forderung. Der B war folglich nicht bekannt, dass sich ein auffälliges Missverhältnis zwischen Forderung und Sicherheit einstellen würde.

Eine Sittenwidrigkeit wegen anfänglicher Übersicherung liegt demnach nicht vor. Eine wirksame Einigung zwischen A und der B ist gegeben.

Zusätzlich zur Einigung müsste nach den §§ 929 S. 1, 930 BGB zwischen den Parteien für eine wirksame Übereignung ein Besitzmittlungsverhältnis nach § 868 BGB begründet worden sein. Ein solches Besitzmittlungsverhältnis kommt durch eine Einigung darüber zu Stande, dass der Besitzer die Sachen für den Erwerber besitzt. Die B und A haben sich darauf geeinigt, dass die Waren im Lager des A verbleiben dürfen und A die Waren folglich für die B besitzen soll. Sie haben somit ein Besitzmittlungsverhältnis nach § 868 BGB begründet.

Mithin ist die B nach den §§ 929 S. 1, 930 BGB Eigentümerin der Antiquitäten geworden.

C ist nach § 854 BGB unmittelbarer Besitzer der Antiquitäten. Fraglich ist jedoch, ob er nach § 986 BGB ein Recht zum Besitz hat. Ein solches Recht zum Besitz folgt bei Sicherungsübereignungen daraus, dass der Sicherungsnehmer im Rahmen der Gesamtvereinbarung erklärt, seine Rechte aus dem Eigentum so lange nicht in Anspruch zu nehmen, wie der Sicherungsgeber seine Verpflichtungen ordnungsgemäß erfüllt. Dies ist hier jedoch gerade nicht der Fall. Da der A die Raten nicht bezahlen konnte, wurde ihm das Darlehen ordnungsgemäß gekündigt, sodass sein Recht zum Besitz aus der Sicherungsabrede weggefallen ist.

Die B hat daher einen Anspruch auf Herausgabe der Antiquitäten nach § 985 BGB zum Zwecke der Verwertung gegenüber A.

▸ **Hinweise** Im vorliegenden Fall muss der Bearbeiter das sachenrechtliche Bestimmtheitsgebot problematisieren. Zudem ist darzulegen, dass die Übereignung durch Vereinbarung eines Besitzkonstituts wirksam vorgenommen wurde. Hierbei muss der Bearbeiter zeigen, dass er die unterschiedlichen Besitzarten genauso zu unterscheiden weiß wie die Varianten der Eigentumsübertragung nach den §§ 929 ff. BGB.

▸ **Wesentliche Paragrafen** § 985, 929, 930, 138 BGB

5.10 Fall 50: Hypothek – „Keine Raten mehr von Stephan!"

5.10.1 Fallfrage

Stephan benötigt dringend einen Kredit. Daher bittet er die C-Bank um die Gewährung eines Darlehens. Diese erklärt sich auch bereit, fordert jedoch eine Sicherheit. Stephan soll eine Hypothek an seinem Haus eintragen lassen. Stephan willigt ein. Die Bestellung der Hypothek wird in das Grundbuch als Buchhypothek ordnungsgemäß eingetragen.

Nach wenigen Monaten kann Stephan die Raten des Kredites nicht mehr bezahlen. Das Darlehen wird daher ordnungsgemäß durch Kündigung fällig gestellt. Die C-Bank begehrt anschließend die Zwangsvollstreckung in das Haus von Stephan.

Zu Recht?

5.10.2 Lösung

Die C-Bank (C) könnte gegenüber Stephan (S) einen Anspruch auf Duldung der Zwangsvollstreckung nach § 1147 BGB haben.

Dazu müsste zugunsten der C eine Hypothek an dem Haus des S nach den §§ 873 Abs. 1, 1113 ff. BGB bestellt worden sein. Zunächst müssten C und S sich über die Bestellung der Hypothek einig gewesen sein nach § 873 Abs. 1 BGB. C und S haben vereinbart, dass der C zur Sicherung des Darlehens eine Hypothek an dem Haus von S zustehen soll. Eine Einigung liegt demnach vor. Die Hypothek wurde auch in das Grundbuch eingetragen nach den §§ 873 Abs. 1, 1115 BGB. Darüber hinaus wurde die Hypothek als Buchhypothek nach § 1116 II BGB vereinbart. Zudem war S als Eigentümer des Hauses gemäß § 903 BGB auch berechtigt, über das Haus zu verfügen.

Da die Hypothek streng akzessorisch ist, müsste ferner eine zu sichernde Forderung bestehen, damit ein Anspruch auf Duldung der Zwangsvollstreckung besteht. Der C steht vorliegend ein Anspruch auf Rückzahlung des Darlehens nach § 488 Abs. 1 S. 2 BGB zu. Dieser Anspruch ist auch fällig. Eine zu sichernde Forderung besteht folglich.

Somit wurde zugunsten der C eine wirksame Hypothek nach §§ 873 Abs. 1, 1113 ff. BGB bestellt.

Die C hat demnach einen Anspruch auf Duldung der Zwangsvollstreckung in das Haus des S nach § 1147 BGB.

▸ **Hinweise** Materiell beinhaltet der Fall keine Schwierigkeiten. Der Bearbeiter muss lediglich die Grundzüge der Hypothek kennen und die Voraussetzungen der Zwangsvollstreckung aus der Hypothek darlegen. Dabei ist es wichtig zu sehen, dass nach § 1147 BGB kein Zahlungsanspruch, sondern nur ein Anspruch auf Duldung der Zwangsvollstreckung besteht.

▸ **Wesentliche Paragrafen** §§ 873, 1113, 1115, 1116, 1147 BGB

5.11 Fall 51: Veräußerte Grundschuld – „Die Geldsorgen"

5.11.1 Fallfrage

Nina hat Geldsorgen. Um dem endlich ein Ende zu machen und sich auch mal wieder etwas leisten zu können, will sie bei der B-Bank einen Ratenkredit i. H. v. 30.000 € aufnehmen. Die B-Bank verlangt zur Sicherung des Darlehens, dass Nina der Bank eine Grundschuld an ihrem Haus bestellt. So geschieht es dann. Die B-Bank wird in das Grundbuch als Grundschuldgläubigerin ordnungsgemäß eingetragen.

Die B-Bank selbst veräußert nach einigen Monaten die bestehende Grundschuld an die S-Bank, weil sie einen Teil ihres Kreditgeschäftes umstrukturiert. Dies wird schriftlich vereinbart und ordnungsgemäß als Buchgrundschuld in das Grundbuch eingetragen. Nina erhält von diesem Vorgang jedoch keine Kenntnis.

Einige Zeit später kann Nina die Raten des Kredites nicht mehr zurückzahlen. Die S-Bank stellt den Kredit daher ordnungsgemäß fällig und fordert von Nina die Duldung der Zwangsvollstreckung in ihr Haus.

Zu Recht?

5.11.2 Lösung

Die S-Bank (S) könnte gegenüber Nina (N) einen Anspruch auf Duldung der Zwangsvollstreckung nach § 1147 BGB haben.

Dazu müsste zugunsten der S eine Grundschuld nach den §§ 873 Abs. 1, 1191, 1192 Abs. 1, 1115 ff. BGB wirksam bestellt worden sein. Die Eigentümerin des Hauses nach § 903 BGB und folglich die Verfügungsberechtigte über das Hausgrundstück ist N. Sie selbst hat für die S jedoch keine Grundschuld bestellt. Allerdings könnte N der B-Bank (B) eine solche Grundschuld bestellt haben, welche dann wiederum an die S abgetreten worden sein könnte.

Zunächst müsste N der B nach den §§ 873 Abs. 1, 1191, 1192 Abs. 1, 1115 ff. BGB eine Grundschuld bestellt haben. N und die B haben sich darüber geeinigt, dass zugunsten der B eine Grundschuld an dem Haus der N bestellt werden soll. Eine wirksame Einigung liegt somit vor. N war als Eigentümerin des Hauses auch dazu berechtigt, eine Grundschuld an dem Hausgrundstück zu bestellen. Die Grundschuld der B wurde in das Grundbuch ordnungsgemäß eingetragen, sodass die Formerfordernisse der §§ 873 I, 1191, 1192 I, 1115, 1117 II BGB eingehalten worden sind.

Eine Grundschuld zugunsten der B wurde folglich ordnungsgemäß bestellt.

Fraglich ist, ob diese Grundschuld auch wirksam nach den §§ 398, 1154 BGB an S abgetreten wurde. Dazu müsste zwischen der B und S eine wirksame Einigung über die Übertragung der Grundschuld vorliegen. Die B und S haben sich darauf verständigt, dass die Grundschuld an S übergehen soll. Wirksamkeitshindernisse bezüglich der Einigung sind nicht ersichtlich. Insbesondere war die B als Inhaberin der Grundschuld auch dazu berechtigt, diese weiterzuveräußern.

Eine wirksame Einigung zwischen der B und S liegt demnach vor. Diese Einigung wurde auch schriftlich in einem Abtretungsvertrag festgehalten, sodass das Formerfordernis der §§ 1192 Abs. 1, 1154 Abs. 1 BGB eingehalten worden ist.

Die fehlende Mitteilung an die N ist unbeachtlich, da die vorgenannten Formvorschriften keine Regelung hinsichtlich einer etwaigen Mitteilungspflicht an den Schuldner beinhalten, wenn die Grundschuld an einen Dritten übertragen wird.

Die B hat die Grundschuld somit wirksam an S übertragen. S ist Inhaberin der Grundschuld.

Eine fällige Forderung besteht auch, da die N ihre Raten nicht mehr tilgen kann.

Somit hat S als Inhaberin der Grundschuld nach § 1147 BGB gegenüber N einen Anspruch auf Duldung der Zwangsvollstreckung in das Hausgrundstück.

▶ **Hinweise** Die Regelungen über die Grundschuld und die Hypothek sind im vorliegenden Fall identisch, da keine Problemstellung hinsichtlich der Akzessorietät vorliegt, die nur die Hypothek betreffen würde. Der Fallschwerpunkt liegt im sog. Zweiterwerb einer Grundschuld (oder auch einer Hypothek). Hierzu muss der Bearbeiter erkennen, dass eine Veräußerung einer Grundschuld keine Mitteilung an den Schuldner erfordert.

▶ **Wesentliche Paragrafen** §§ 873, 1115, 1147, 1191, 1192 BGB

Handels- und Gesellschaftsrecht 6

6.1 Fall 52: Handelsgewerbe – „Kiosk am Badesee"

6.1.1 Fallfrage

Aimee betreibt am städtischen Badesee in der Sommerzeit einen kleinen Kiosk in Form eines Bauchladens. Über den Sommer erzielt sie einen Umsatz von fast 11.000 €, wodurch ein ordentlicher Gewinn erwirtschaftet werden kann. Mitarbeiter beschäftigt sie zwar nicht, aber sie selbst ist den kompletten Sommer in die Tätigkeit eingespannt.

Zu ihren Stammkunden zählen auch zahlreiche Studenten. Insbesondere die Jurastudenten erzählen ihr des Öfteren, dass sie jetzt eine Kauffrau nach dem HGB sei und deshalb besondere Pflichten hätte.

Ist diese Einschätzung zutreffend?

6.1.2 Lösung

Aimee (A) könnte Kaufmann im Sinne des § 1 I HGB sein. Danach ist Kaufmann, wer ein Handelsgewerbe betreibt.

Ein Handelsgewerbe ist nach § 1 II HGB jeder Gewerbebetrieb, der nach Art oder Umfang einen in kaufmännischer Weise eingerichteten Geschäftsbetrieb erfordert.

A müsste folglich zunächst ein Gewerbe betreiben. Ein Gewerbe ist eine offene, planmäßige, selbstständige und erlaubte, von der Absicht dauernder Gewinnerzielung getragene Tätigkeit. Das Betreiben eines Kiosks ist sowohl erlaubt als auch selbstständig und offen. Problematisch könnte jedoch sein, ob die Tätigkeit der A auch planmäßig erfolgt. Planmäßig ist eine Tätigkeit dann, wenn sie nicht nur gelegentlich aufgenommen wird, sondern auf eine gewisse Dauer angelegt ist. A betreibt den Kiosk nur in den Sommermonaten, also folglich nicht ganzjährig, sondern nur für einen kurzen Zeitraum. Allerdings betreibt sie den Kiosk jedes Jahr wieder zu dieser Zeit. Sie betreibt ihn folglich nicht nur gelegentlich, sondern in wiederkehrenden Abständen.

Somit ist auch die Planmäßigkeit zu bejahen. A beabsichtigt auch die Erzielung von Gewinnen. Sie betreibt somit ein Gewerbe.

Fraglich ist aber, ob dieses Gewerbe ein Handelsgewerbe ist. Gemäß § 1 Abs. 2 HGB ist ein Gewerbe kein Handelsgewerbe, wenn Art oder Umfang keine kaufmännische Einrichtung erfordern. Dies ist nach einer Gesamtschau auf das jeweilige Unternehmen zu beurteilen, wobei objektive Größen wie Umsatz, Mitarbeiteranzahl, Anzahl der Geschäftsvorfälle oder andere Indikatoren entsprechend zu gewichten sind.

A beschäftigt vorliegend keine Mitarbeiter für ihren Kiosk. Der Umsatz von fast 11.000 € in einem Zeitraum von einigen Monaten ist zudem so gering, dass kein großer unternehmerischer Aufwand wie eine umfangreiche Buchführung, aufwendige Ein- oder Verkaufstätigkeiten oder gar weitergehende Einrichtungen (z. B. Controlling o. Ä.) erforderlich sind. Auch steuerlich ist das Unternehmen als Kleingewerbe mit bestimmten Befreiungen zu betrachten. Weder nach Art noch nach Umfang erfordert der Betrieb des Kiosks demnach eine kaufmännische Einrichtung. Somit betreibt die A kein Handelsgewerbe.

A ist folglich kein Kaufmann nach § 1 HGB.

▸ **Hinweise** Dieser Einführungsfall verdeutlicht die Definition des Handelsgewerbes als tatbestandliche Voraussetzung des Ist-Kaufmanns. Der Bearbeiter muss für eine gute Beurteilung lediglich die Merkmale eines Gewerbes und die weitergehenden Erfordernisse eines Handelsgewerbes kennen. Durch eine wertende Betrachtung der im Sachverhalt genannten Angaben muss der Bearbeiter zwingend zu dem Ergebnis kommen, dass kein Handelsgewerbe vorliegt. Unbeachtlich ist für den vorliegenden Fall, dass es noch weitere Möglichkeiten gibt, Kaufmann im Sinne des HGB zu sein. Diese sind jedoch im vorliegenden Fall so abwegig, dass auf sie nicht weiter einzugehen ist.

▸ **Wesentliche Paragrafen** § 1 HGB

6.2 Fall 53: Publizität des Handelsregisters – „Getrennte Wege"

6.2.1 Fallfrage

Die C-OHG besteht aus den Gesellschaftern Anton, Bubi und Christopher. Jeder der Gesellschafter hat Einzelvertretungsbefugnis. Aufgrund einiger Unstimmigkeiten innerhalb der Gesellschaft entscheiden sich die Gesellschafter, dass die C-OHG und C fortan getrennte Wege gehen sollen. Christopher scheidet sodann zwar im Streit, aber ordnungsgemäß aus der Gesellschaft aus.

Christopher ist gleichwohl erbost und will sich an der Gesellschaft rächen. Er kauft daher eine Woche nach seinem Ausscheiden noch einige Großmaschinen bei dem dauerhaften Lieferanten der C-OHG Johann. Dabei tritt er im Namen der C-OHG auf. Als die Maschinen der C-OHG nebst Rechnung i. H. v. 10.000 € geliefert werden, verweigert diese die Zahlung. Zur Begründung führt die C-OHG aus, dass Christopher gar keine Geschäfte mehr für sie tätigen durfte.

Johann hingegen verweist auf das Handelsregister, in welchem Christopher weiterhin als Gesellschafter aufgeführt ist. Bubi und Anton hatten die Austragung des Christopher noch nicht im Handelsregister eingetragen, dies sollte erst in den nächsten Tagen erfolgen.

Muss die C-OHG die 10.000 € Euro bezahlen?

6.2.2 Lösung

Johann (J) könnte gegen die C-OHG einen Anspruch auf Zahlung i. H. v. 10.000 € aus § 433 Abs. 2 BGB haben. Dazu müsste zwischen der C-OHG und J ein wirksamer Kaufvertrag entstanden sein. Christopher (C) hat sich im Namen der C-OHG mit J über die wesentlichen Vertragsbestandteile geeinigt. Fraglich ist aber, ob C mit Vertretungsmacht nach § 164 I BGB gehandelt hat. Eine OHG wird nach § 125 I HGB durch die Gesellschafter vertreten. C hatte zwar ursprünglich Einzelvertretungsberechtigung, er war jedoch zum Zeitpunkt des Kaufvertragsschlusses bereits aus der Gesellschaft ausgeschieden. Generell erlischt mit dem Austritt aus der Gesellschaft die Vertretungsbefugnis.

Fraglich ist jedoch, ob sich die Vertretungsbefugnis vorliegend aus dem Umstand ergibt, dass der C zum Zeitpunkt des Kaufvertragsschlusses noch als Gesellschafter im Handelsregister eingetragen war. Dies könnte nach der negativen Publizität des Handelsregisters gemäß § 15 Abs. 1 HGB der Fall sein. Danach gelten eintragungspflichtige Tatsachen so lange als nicht vorhanden, wie sie nicht tatsächlich im Register eingetragen sind. Das Ausscheiden eines Gesellschafters einer OHG ist nach § 143 Abs. 2 HGB eine solche eintragungspflichtige Tatsache. Gegenüber Dritten wirkt das Ausscheiden eines Gesellschafters einer OHG folglich so lange nicht, wie die Eintragung nicht erfolgt ist. Etwas anderes würde nach § 15 I HGB nur gelten, wenn der J gewusst hätte, dass C aus der OHG ausgeschieden ist. Dafür sind jedoch keine Anhaltspunkte ersichtlich.

Da die verbleibenden Gesellschafter Anton (A) und Bubi (B) das Ausscheiden des C nicht in das Handelsregister eintragen ließen und J nichts vom Ausscheiden des C wusste, ist ein wirksamer Kaufvertrag nach § 433 BGB zwischen der C-OHG und J zustande gekommen.

J hat folglich gegenüber der C-OHG einen Anspruch auf Zahlung des Kaufpreises i. H. v. 10.000 € Euro nach § 433 Abs. 2 BGB.

▸ **Hinweise** Sowohl die negative als auch die positive Publizität des Handelsregisters schützen Dritte in Bezug auf die Richtigkeit des Registers. Derjenige, der in das Handelsregister schaut, darf auf dessen Inhalt vertrauen und muss keine weiteren Nachforschungen anstellen. Dieser Vertrauensschutz geht so weit, dass für den Dritten die sog. „Rosinentheorie" gilt. Danach kann ein Vertragspartner grundsätzlich zwischen den Rechtsfolgen wählen. Entweder er kann die unrichtige, nicht eingetragene Tatsache akzeptieren und somit beispielsweise die Rückabwicklung des Vertrages erstreben. Oder aber er besteht auf die eingetragene Rechtslage und die damit verbundene Pflicht zur Erfüllung der vertraglichen Verpflichtungen. Für den vorliegenden Fall sind Grundkenntnisse der Registerpublizität jedoch ausreichend.

▸ **Wesentliche Paragrafen** § 433 BGB; § 15 HGB

6.3 Fall 54: Haftung des Erben bei Firmenfortführung – „Wer anderen eine Grube gräbt …"

6.3.1 Fallfrage

Nico ist ein im Handelsregister eingetragener Einzelkaufmann. Er vertreibt im Rahmen seines Handelsgewerbes Scherzartikel unter der Firma „Fröhlich & Lustig". Hierbei hegt er eine Vorliebe für Artikel, die andere erschrecken sollen. Eines Tages will Nico seine eigene Tochter Tanja erschrecken. Er bastelt eine Vorrichtung, durch welche der Tochter Tanja beim Öffnen ihrer Haustür ein Skelett entgegenfallen soll.

Es kommt jedoch, wie es kommen musste: Nico hat etwas in der Wohnung der Tanja vergessen.

Da er bereits an Altersschwäche leidet, hat er das soeben installierte Skelett schon völlig vergessen. Als es herabstürzt, erleidet der Scherzkönig einen tödlichen Herzinfarkt. Einzige Erbin von Nico ist seine Tochter Tanja.

Diese möchte zum Andenken an ihren Vater das Unternehmen unter derselben Firma fortführen. Sie nimmt die Erbschaft daher an und beschäftigt alle Arbeitnehmer des Unternehmens weiter. Vier Monate später stellt Tanja fest, dass das Unternehmen hoch verschuldet ist. Unter anderem hat Peter gegenüber der „Fröhlich und Lustig" einen fälligen Anspruch i. H. v. 14.000 € Euro aus einer Kaufpreisforderung. Peter möchte diesen nun gegenüber Tanja geltend machen und verlangt die Zahlung der entsprechenden Rechnung von ihr.

Zu Recht?

6.3.2 Lösung

Peter (P) könnte gegenüber Tanja (T) einen Anspruch auf Zahlung der Rechnung aus § 433 Abs. 2 BGB in Verbindung mit den §§ 25 I, 27 I HGB haben.

Eine offene Forderung des P gegenüber dem Unternehmen „Fröhlich & Lustig" hat nach § 433 II BGB bestanden. Fraglich ist aber, ob diese Forderung auch noch gegenüber der T besteht.

Die T könnte für die Verbindlichkeiten der „Fröhlich & Lustig" aus den §§ 25, 27 HGB im Wege der Firmenfortführung haften. Danach haftet derjenige, der als Erbe ein Handelsgewerbe unter der bisherigen Firma fortführt, für alle im Geschäftsbetrieb entstandenen Verbindlichkeiten. Vorliegend wurde die Kaufpreisforderung des P im Rahmen des Geschäftsbetriebs begründet. Die „Fröhlich & Lustig" ist zudem ein Handelsgewerbe im Sinne des § 1 Abs. 2 HGB.

T müsste als Erbin das Handelsgewerbe nach § 27 Abs. 1 HGB fortführen. Das wäre der Fall, wenn sie den Kern des Unternehmens übernimmt, der den Schwerpunkt bildet. T hat als Alleinerbin mit den bisherigen Mitarbeitern das Geschäft so weitergeführt, wie es ihr Vater zuvor betrieben hat. Sie übernahm daher den wesentlichen Kern des Unternehmens. T führt demnach das Handelsgewerbe als Erbin fort.

Darüber hinaus müsste T auch die Firma fortführen. T hat keinerlei Änderungen an der Firma vorgenommen. Sie hat den Namen des Handelsgewerbes vollständig beibehalten. Die Firma wurde somit von T fortgeführt.

Somit haftet T für die Altverbindlichkeiten nach den §§ 25 Abs. 1, 27 Abs. 1 HGB persönlich.

P hat gegenüber T einen Anspruch auf Zahlung der offenen Forderung aus § 433 II BGB i. V. m. den §§ 25 I, 27 I HGB.

▶ **Hinweise** Die Haftung des Erben bei Firmenfortführung folgt der Haftung des Erwerbers bei Firmenfortführung. In der vorliegenden Fallkonstellation ist die Prüfung der Voraussetzungen des § 25 HGB auch ohne vertiefte Kenntnisse ohne Weiteres möglich. In anderen Fallkonstellationen sollte der Bearbeiter stets darauf achten, dass es die Möglichkeit der Eintragung von Haftungsbeschränkungen im Handelsregister gibt.

▶ **Wesentliche Paragrafen** § 433 BGB; §§ 25, 27 HGB

6.4 Fall 55: Beschränkung der Prokura – „Partytresen"

6.4.1 Fallfrage

Die A & Z Party GmbH organisiert und betreut Events für Privatpersonen und Unternehmen. Mitarbeiter Paul wird ordnungsgemäß Prokura erteilt, außerdem bekommt er eine nennenswerte Gehaltserhöhung. Die Prokura wird im Handelsregister eingetragen. Die Geschäftsführer August und Zoltan einigen sich mit Paul in einer Nebenabrede zum bestehenden Arbeitsvertrag darauf, dass Paul nur Verträge bis zu einem Wert von 20.000 € Euro abschließen darf. Bei höherwertigen Geschäften ist mindestens ein Geschäftsführer hinzuzuziehen.

Paul findet sich in seiner neuen Rolle ausgezeichnet zurecht. Als er ein aus seiner Sicht unschlagbares Angebot der Sause-Brause KG sieht, schlägt er zu. Mit der Sause-Brause KG vereinbart Paul im Namen der A & Z Party GmbH einen Kaufvertrag über einen transportablen Tresen zum Preis von 35.000 €. Zusammen mit der Lieferung des Tresens übersendet die KG die Rechnung an die GmbH. Die Rechnung gelangt auf den Tisch der Geschäftsführung. Die Geschäftsführer August und Zoltan sind entsetzt über den hohen Kaufpreis und verweigern die Zahlung, da Paul nur Verträge bis zu 20.000 € abschließen dürfe.

Zu Recht?

6.4.2 Lösung

Die Sause Brause KG könnte gegenüber der A & Z Party GmbH einen Anspruch auf Zahlung von 35.000 € aus § 433 Abs. 2 BGB haben.

Dazu müsste zwischen den Parteien ein wirksamer Kaufvertrag nach § 433 BGB vereinbart worden sein. Ein solcher könnte zwischen der KG und der GmbH durch die Erklärung des Paul (P) entstanden sein, mit welcher dieser das Angebot der KG im Namen der GmbH angenommen hat.

Der P könnte die GmbH wirksam vertreten haben. Fraglich ist aber, ob P auch die dafür nach § 164 BGB erforderliche Vertretungsmacht hatte. Dies könnte durch die Erteilung der Prokura nach § 48 HGB der Fall sein. Die Prokura ermächtigt den Prokuristen nach § 49 HGB zu allen Arten von gerichtlichen und außergerichtlichen Geschäften und Rechtshandlungen, die der Betrieb eines Handelsgewerbes mit sich bringt. Der P war folglich auch dazu berechtigt, einen Kaufvertrag abzuschließen.

Vorliegend wurde mit dem P jedoch vereinbart, dass dieser nur Verträge bis zu einem Wert von 20.000 € abschließen darf. Diese Grenze wurde durch den gegenständlichen Kaufvertrag überschritten. Nach § 50 Abs. 1 HGB ist jede Beschränkung der Prokura Dritten gegenüber unwirksam. Unabhängig von einer etwaigen Kenntnis der gegenständlichen Wertgrenze der KG hat P seine Berechtigung nur im Innenverhältnis überschritten. Im Außenverhältnis gegenüber der KG wirkt die Beschränkung auf 20.000 € dagegen nicht. Durch die Erklärung der Annahme des P auf das Angebot der KG ist folglich ein wirksamer Kaufvertrag nach § 433 BGB zustande gekommen.

Die KG hat somit einen Anspruch gegenüber der GmbH auf Zahlung von 35.000 € nach § 433 Abs. 2 BGB.

▸ **Hinweise** Dieser Fall stellt in sehr vereinfachter Form den Umfang der Prokura dar. Auch wenn der Bearbeiter § 50 HGB nicht finden sollte, wäre eine Lösung des Falles durch eine gute Argumentation möglich. Die Lösung folgt bereits aus den auch für das BGB maßgeblichen Grundsätzen zu Rechtsscheintatbeständen, wonach derjenige, der eine Beschränkung der Vertretungsmacht nicht kennt, schützenswert ist. Der Bearbeiter muss nur sauber zwischen Regelungen im Innen- und Außenverhältnis differenzieren.

▸ **Wesentliche Paragrafen** §§ 164, 433 BGB; §§ 48, 49, 50 HGB

6.5 Fall 56: Mängel im Handelsrecht, Rückobliegenheit – „Tastaturen"

6.5.1 Fallfrage

Lilo und Yulia betreiben jeweils als Großunternehmer ein eigenes Handelsgewerbe im EDV-Bereich. Während Lilo auf die Herstellung von Computertastaturen spezialisiert ist, vertreibt Yulia diverses Computerzubehör. Lilo und Yulia schließen einen Kaufvertrag über 2.000 Computertastaturen ab. Als die Tastaturen geliefert werden, stellt Yulia diese zunächst in ihr Lager. Nach drei Wochen gehen die ersten Bestellungen von Kaufinteressenten bei ihr ein. Daraufhin holt sie die Tastaturen aus dem Lager und packt sie aus den Kartons aus, die jeweils zu 20er-Einheiten zusammengefasst waren. Yulia stellt beim Auspacken der einzelnen Tastaturen aus dem Großpaket fest, dass auf keiner Tastatur die Tasten „X" und „Z" vorhanden sind. Erbost ruft sie den Lilo an und rügt diese Mängel. Yulia verlangt Nacherfüllung.
  Zu Recht?

6.5.2 Lösung

Yulia (Y) könnte gegenüber Lilo (L) einen Anspruch auf Nacherfüllung nach den §§ 433, 437 Nr. 1, 434, 446, 439 BGB haben.

Zwischen Y und L besteht ein wirksamer Kaufvertrag nach § 433 BGB.

Für einen Anspruch auf Nacherfüllung müsste zudem ein Sachmangel bei Gefahrübergang vorgelegen haben. In Betracht kommt hier das Vorliegen eines Sachmangels nach § 434 Abs. 1 BGB. Danach besteht ein Sachmangel, wenn die tatsächliche Beschaffenheit einer Sache nicht der geschuldeten Beschaffenheit entspricht. L schuldet der Y die Lieferung von 2.000 Computertastaturen. Keine der gelieferten Tastaturen verfügt über X- und Z-Tasten. Eine neue und gebrauchsfähige Tastatur muss jedoch sämtliche Buchstaben in einer bestimmten Anordnung beinhalten. Die Ist-Beschaffenheit der Tastaturen weicht somit von deren Soll-Beschaffenheit ab. Ein Sachmangel nach § 434 Abs. 1 BGB liegt demnach vor. Dieser Mangel lag auch bereits bei Gefahrübergang, also zum Zeitpunkt der Übergabe der Sachen nach § 446 BGB vor.

Demnach hätte die Y einen Anspruch auf Nacherfüllung.

Fraglich ist jedoch, ob dieser Anspruch nach § 377 HGB ausgeschlossen ist. Danach obliegt es dem Käufer bei einem beidseitigen Handelskauf, die Ware unverzüglich zu untersuchen und Mängel unverzüglich zu rügen. Sofern der Käufer dies unterlässt, gilt die Ware als genehmigt, sodass die Rechte nach § 437 BGB ausgeschlossen sind. Etwas anderes gilt nach § 377 II HGB nur für Mängel, die nicht erkennbar sind.

§ 377 HGB findet Anwendung auf beidseitige Handelsgeschäfte. Ein Handelsgeschäft ist nach § 343 HGB jedes Geschäft eines Kaufmanns, das zum Betrieb seines Handelsgewerbes gehört. Nach dem Sachverhalt betreiben Y und L ein Handelsgewerbe als Großunternehmer, sodass sie nach § 1 I HGB Kaufleute sind. Der gegenständliche Kaufvertrag gehört auch zum Betrieb der jeweiligen Handelsgewerbe von L und Y. Ein beidseitiges Handelsgeschäft liegt folglich vor. § 377 HGB findet auf das Geschäft zwischen Y und L Anwendung.

Fraglich ist daher, ob Y die Rügeobliegenheit verletzt hat. Gemäß § 377 HGB ist die Ware unverzüglich zu untersuchen und etwaige Mängel sind unverzüglich anzuzeigen. Unverzüglich bedeutet sofort und ohne schuldhaftes Zögern. Danach ist jedenfalls eine Wareneingangskontrolle nach Vollständigkeit, äußeren Beschädigungen und Stichproben zur Mangelfreiheit einzelner Sachen vorzunehmen. Y hat die Ware jedoch zunächst ungeöffnet in ihr Lager gestellt und erst nach drei Wochen festgestellt, dass die Tasten fehlen. Sie ist somit ihrer Obliegenheit zur Überprüfung der Ware nicht nachgekommen. Ein solcher offensichtlicher Mangel an den Tastaturen wäre zudem durch einfache Stichproben erkennbar gewesen, sodass auch kein versteckter Mangel vorliegt. Folglich gilt die Ware nach § 377 Abs. 2 HGB als genehmigt.

Y kann die Mängelrechte aus § 437 BGB somit nicht geltend machen, da diese für sie nach § 377 Abs. 2 HGB gesperrt sind. Y hat gegenüber L keinen Anspruch auf Nacherfüllung nach den §§ 433, 437 Nr. 1, 434, 446, 439 BGB.

> **Hinweise** Die Prüfung der Voraussetzungen der Nacherfüllung ist unproblematisch. Der Bearbeiter muss aber erkennen, dass vorliegend die Rechte aus § 437 BGB durch § 377 HGB gesperrt sind. Das Vorliegen der Kaufmannseigenschaft wie auch eines beidseitigen

Handelsgeschäfts ergibt sich wiederum aus den eindeutigen Sachverhaltsangaben. Der Bearbeiter muss sodann zeigen, dass er den Umfang der Rügeobliegenheit kennt, und entsprechend die Prüfung des weiteren Tatbestandes durchführen.

▶ **Wesentliche Paragrafen** §§ 433, 434, 437, 439, 446 BGB; §§ 1, 343, 377 HGB

6.6 Fall 57: Haftung in der GbR – „Selbstgenäht"

6.6.1 Fallfrage

Svenja und Laura haben sich zum Verkauf selbstgenähter Kleidungsstücke zusammengeschlossen. Zwar haben sie keinerlei unternehmerische Erfahrung, kein Kapital und bringen nur ihre eigene Arbeitskraft ein. Jedoch wollen Svenja und Laura von Anfang an alles richtig machen. Ihre Zusammenarbeit wird daher schriftlich geregelt. Die Gesellschaft heißt „Svenja und Laura". Die Gesellschafterinnen haben vereinbart, dass die Gesellschaft von Svenja und Laura jeweils einzeln vertreten werden darf.

Svenja kauft daraufhin fünf neue Nähmaschinen bei Markus im Namen der Gesellschaft. Am nächsten Werktag geht die Rechnung von Markus ein. Laura ist der Meinung, dass die Nähmaschinen ungeeignet seien, und verweigert daher die Zahlung.

Kann Markus die Gesellschaft in Anspruch nehmen? Könnte Markus sich auch an Svenja oder Laura direkt wenden, um eine Zahlung zu erzielen?

6.6.2 Lösung

I. § 433 Abs. 2 BGB gegenüber der Gesellschaft

Markus (M) könnte gegenüber der Gesellschaft einen Anspruch auf Zahlung des Kaufpreises für fünf Nähmaschinen aus § 433 Abs. 2 BGB haben.

Dafür müsste zwischen der Gesellschaft und M ein Kaufvertrag zustande gekommen sein. M hat ein Angebot gemacht, das Svenja (S) im Namen der Gesellschaft angenommen hat. Fraglich ist, ob sie auch die entsprechende Vertretungsmacht nach § 164 BGB hatte. Dies wäre der Fall, wenn sie gesetzlich oder vertraglich Vertretungsmacht für die Gesellschaft hätte.

Um diese Frage zu beantworten, ist zunächst zu klären, was für eine Art Gesellschaft S und Laura (L) gegründet haben. Die Gesellschaft hat keinen Rechtsformzusatz. Es wurde lediglich ein gemeinsamer Zweck vereinbart. Die Gesellschafter bringen nur ihre eigene Arbeitskraft als Beiträge ein. Daraus folgt, dass S und L eine Gesellschaft bürgerlichen Rechts nach § 705 BGB gegründet haben. Die GbR ist als Gesellschaft außenrechtsfähig, kann also selbst Trägerin von Rechten und Pflichten sein, sodass sie als Kaufvertragspartei ohne Weiteres in Betracht kommen kann.

Eine GbR wird nach den §§ 709, 714 BGB durch alle Gesellschafter gemeinschaftlich vertreten. Davon kann jedoch nach § 710 BGB vertraglich abgewichen werden. Dies ist hier der Fall, da S und L Einzelvertretungsbefugnis vereinbart haben. Folglich hat die S die GbR wirksam vertreten.

Ein Kaufvertrag ist zwischen M und der GbR zustande gekommen. M hat daher einen Anspruch auf Kaufpreiszahlung gegen die GbR aus § 433 II BGB.

II. § 433 BGB in Verbindung mit § 128 HGB analog gegenüber S oder L

M könnte zudem nach § 433 II BGB i. V. m. § 128 HGB analog einen Anspruch auf Zahlung des Kaufpreises gegen S oder L direkt haben.

Dies wäre der Fall, wenn S und L als Gesellschafterinnen unmittelbar und direkt für die Verbindlichkeiten der GbR haften würden. In den Regelungen für die GbR nach den §§ 705 ff. BGB findet sich dazu keine Aussage. Die Haftung der Gesellschafter einer GbR wird daher durch eine analoge Anwendung des § 128 HGB bestimmt, weil die OHG ihrer Struktur nach mit der GbR vergleichbar ist. Danach haften die Gesellschafter einer OHG persönlich und unmittelbar für die Verbindlichkeiten der Gesellschaft. Für die GbR bedeutet dies, dass auch deren Gesellschafter persönlich und unmittelbar für die GbR haften. Der Gläubiger einer GbR kann danach die Gesellschaft und deren Gesellschafter als Gesamtschuldner nach § 421 BGB oder jeweils einzeln auf die Gesamtschuld in Anspruch nehmen.

Da vorliegend – wie bereits ausgeführt – ein Anspruch des M gegen die GbR besteht, kann M die S oder die L auch direkt in Anspruch nehmen.

M hat daher einen Anspruch aus § 433 Abs. 2 BGB i. V. m. § 128 HGB analog gegenüber S oder L auf Zahlung des Kaufpreises.

▶ **Hinweise** Die Rechtsfähigkeit der GbR ist inzwischen anerkannt. Der Bearbeiter muss daher zunächst erkennen, dass die GbR aus eigenem Recht verpflichtet ist. Die Haftung der Gesellschafter einer GbR ist persönlich und unbeschränkt. Sollte der Bearbeiter die analoge Heranziehung des § 128 HGB nicht kennen, könnte er dieses Ergebnis aber auch mit guter Argumentation aus der GbR und deren Regelungen nach den §§ 705 ff. BGB ableiten. Dort finden sich keinerlei Haftungsbeschränkungen. Folglich muss die Haftung der Gesellschafter unbeschränkt sein. Da sich keine Subsidiarität der Haftung der Gesellschafter aus dem Gesetz ergibt, ist auch die Gesamtschuld erkennbar.

▶ **Wesentliche Paragrafen** §§ 164, 421, 433, 705, 709, 710, 714 BGB; §§ 128, 129 HGB

6.7 Fall 58: Wechsel zwischen OHG und GbR – „Luxustaxi"

6.7.1 Fallfrage

Im Jahre 2011 schlossen sich Jens und Klaus zusammen, um Taxifahrten im gehobenen Stil anzubieten. Dazu fassten sie einen Gesellschaftervertrag. Zuerst lief das Geschäft schleppend, sodass Jens und Klaus die ersten zwei Jahre keinen Gewinn erzielen konnten.

Die beiden waren auch lediglich selbst als Fahrer für die Gesellschaft tätig. Ende 2013 wurde ihre Hartnäckigkeit jedoch belohnt. Plötzlich stiegen die Buchungen der Luxustaxifahrten rasant an, sodass Jens und Klaus insgesamt weitere zehn Fahrer einstellen und den Fuhrpark entsprechend erweitern mussten. Bis zum Jahr 2018 konnten sie regelmäßig den Umsatz in ungeahnte Höhen steigern und große Gewinne einfahren. Zur Abwicklung des Geschäftsbetriebs wurde ein Sekretariat mit entsprechend geschultem Büropersonal eingerichtet, das auch die Buchhaltung vorgenommen hat.

Doch zum Anfang des Jahres 2020 mussten Jens und Klaus plötzlich feststellen, dass das Geschäft schlagartig einbricht. Seit Juni 2020 finanzieren Jens und Klaus das Unternehmen aus den Gewinnen der guten Jahre und hoffen auf eine baldige Wiederkehr der besseren Zeiten.

Am 30.11.2020 tut sich ein großes Problem auf: Der alte Betriebsmittellieferant L AG macht noch eine offene Kaufpreisforderung für gelieferte Stoffe zur Taxipflege aus Anfang 2019 geltend. Jens und Klaus verweigern die Zahlung, weil die Ware sich einige Monate nach Erhalt als offensichtlich mangelhaft herausgestellt hatte. Direkt nach Lieferung hatten Jens und Klaus die offensichtlichen Mängel nicht gesehen, weil sie noch im Erfolgsrausch waren.

Klaus und Jens wollen zwar bezahlen, verlangen aber neue Ware im Wege der Nacherfüllung. Der Lieferant L AG wendet ein, dass die Rügeobliegenheit für Kaufleute verletzt worden sei.

Zu Recht?

6.7.2 Lösung

Klaus (K) und Jens (J) könnten gegen die L AG einen Anspruch auf Nacherfüllung nach den §§ 437 Nr. 1, 434, 446, 433, 439 BGB haben.

Ein wirksamer Kaufvertrag liegt vor. Auch war die Ware bei Übergabe mangelhaft.

Fraglich ist aber, ob die Ware nach § 377 HGB als genehmigt gilt und der Nacherfüllungsanspruch damit wegfällt. Dafür ist zunächst zu klären, ob § 377 HGB überhaupt Anwendung findet.

Die Rügeobliegenheit trifft nur Kaufleute nach den §§ 1 ff. HGB, die einen beiderseitigen Handelskaufvertrag nach § 343 HGB miteinander geschlossen haben. Die L AG ist Formkaufmann nach § 6 HGB. Fraglich ist jedoch, ob J und K zum Zeitpunkt des Kaufvertragsschlusses auch Kaufleute waren. Dies könnte nach § 1 I HGB der Fall gewesen sein. Danach ist Kaufmann, wer ein Handelsgewerbe betreibt. Handelsgewerbe ist ein Gewerbe, das nach Art und Umfang einen in kaufmännischer Weise eingerichteten Geschäftsbetrieb erfordert.

Bei ihrer Gründung bis einschließlich 2013 haben J und K jedoch nur selbst für die neu gegründete Gesellschaft gearbeitet. Die Umsätze waren sehr gering, die Geschäftsvorfälle überschaubar. Die Gesellschaft war daher kein Handelsgewerbe, sondern zunächst eine Gesellschaft bürgerlichen Rechts nach § 705 BGB.

Die ursprüngliche GbR könnte jedoch in den Jahren 2014 bis 2019 eine OHG geworden sein. Entscheidend für das Vorhandensein einer OHG nach den §§ 105 ff. HGB ist wiederum, ob durch die Gesellschaft ein Handelsgewerbe betrieben wird. Sollte das der Fall sein, wandelt sich eine GbR in eine OHG um.

Fraglich ist daher, ob die Gesellschaft von J und K 2019 ein Handelsgewerbe betrieben hat.

Dies wäre der Fall, wenn das Unternehmen zu diesem Zeitpunkt nach Art und Umfang einen in kaufmännischer Weise eingerichteten Geschäftsbetrieb erforderte. J und K haben 2019 zehn Fahrer und ein Sekretariat beschäftigt und einen beachtlichen Fuhrpark vorgehalten. Sie haben erhebliche Umsätze gemacht. Folglich lag die Einrichtung eines kaufmännischen Geschäftsbetriebes vor. Somit lag im Jahr 2019 eine OHG vor. Die Gesellschaft war folglich Kaufmann nach § 1 I HGB.

Auch lag ein beiderseitiges Handelsgeschäft nach § 343 HGB vor, da der Kaufvertrag für beide Seiten zum Betrieb des Handelsgewerbes gehörte.

Folglich findet § 377 HGB auf den gegenständlichen Kaufvertrag Anwendung. Nach § 377 HGB ist die Ware unverzüglich zu prüfen und unverzüglich zu rügen. Vorliegend haben J und K die Prüfung erst Monate nach Warenerhalt vorgenommen. Auch liegen keine versteckten Mängel nach § 377 II HGB vor, sodass die Ware aufgrund der Verletzung der Rügeobliegenheit als genehmigt gilt. K und J haben folglich keinen Nacherfüllungsanspruch.

K und J können keine Nacherfüllung von der L AG nach den §§ 437 Nr. 1, 434, 446, 433, 439 BGB fordern.

▸ **Hinweise** Der Wechsel zwischen GbR und OHG kann fließend stattfinden. Entscheidend für die Bestimmung der Rechtsform ist insoweit nur das Vorliegen eines Handelsgewerbes. Sind sich die Gesellschafter einer GbR über diese Umstände nicht bewusst, kann es zu den im Fall beschriebenen ungeahnten Rechtsfolgen kommen. Der Bearbeiter muss vorliegend zwischen GbR und OHG differenzieren, um das anwendbare Recht bestimm zu können. In der Prüfung der Verletzung der Rügeobliegenheit liegen sodann keine Pr leme mehr.

▸ **Wesentliche Paragrafen** § 705 BGB; §§ 1, 6, 105, 343, 377 HGB

6.8 Fall 59: Publizität des Handelsregisters, Ausscheiden eines Gesellschafters – „Der ausgeschiedene Gesellschafter"

6.8.1 Fallfrage

In dem Gesellschaftsvertrag der Willi und Karl OHG ist bestimmt, dass die Vertretungsberechtigung von Willi und Karl nach dem Gesetz richten soll. Dies ist so auch in das Handelsregister eingetragen. Am 15.06.2020 tritt Willi aus der Gesellschaft aus, da ein anderer seine Gesellschaftsanteile übernimmt. Am 20.06.2020 schließt Karl im Namen der OHG mit Justus einen Kaufvertrag über Büromaterial. Zu diesem Zeitpunkt war der Austritt von Willi noch nicht im Handelsregister eingetragen. Als Justus nach der Lieferung der Waren Zahlung verlangt, muss er feststellen, dass sowohl die „Willi und Karl OHG" als auch Karl selbst zahlungsunfähig sind. Den neuen Gesellschafter und dessen Zahlungskraft kennt Justus nicht, sodass er sich nunmehr an Willi halten möchte, weil dort noch Geld zu holen ist.

Mit Erfolg?

6.8.2 Lösung

Justus (J) könnte gegenüber Willi (W) einen Anspruch auf Zahlung des Kaufpreises aus § 433 Abs. 2 BGB in Verbindung mit § 128 HGB haben.

Dafür müsste zwischen J und der Willi und Karl OHG ein wirksamer Kaufvertrag entstanden sein, für dessen Erfüllung wiederum der W persönlich und unmittelbar haften müsste. Ein solcher Kaufvertrag könnte durch die Erklärung des Karl (K) zustande gekommen sein. Der K müsste daher entsprechende Vertretungsmacht nach § 164 BGB gehabt haben. Eine OHG wird nach § 125 I HGB von jedem Gesellschafter einzeln vertreten, soweit nicht nach § 125 II HGB gesellschaftsvertraglich etwas anderes bestimmt ist. Das ist hier nicht der Fall. Folglich hat K die OHG gesetzlich vertreten, sodass der Kaufvertrag wirksam zu Stande gekommen ist.

Fraglich ist demnach, ob der W für die Kaufpreisforderung gegen die OHG persönlich und unmittelbar haftet. Nach § 128 HGB haften die Gesellschafter der OHG persönlich und unmittelbar für die Verbindlichkeiten der Gesellschaft. Vorliegend war W jedoch gar nicht mehr Gesellschafter, als K den Kaufvertrag für die OHG geschlossen hat.

Nach § 160 Abs. 1 HGB könnte den W als ausgetretenen Gesellschafter eine Nachhaftung treffen. Diese tritt aber nur ein, wenn die Verbindlichkeit vor Ausscheiden des Gesellschafters eingegangen wurde. Dies ist vorliegend gerade nicht der Fall gewesen.

Allerdings könnte eine Haftung des W aus dem Umstand in Betracht kommen, dass er zum Zeitpunkt des Vertragsschlusses noch als Gesellschafter im Handelsregister eingetragen war. Gemäß § 15 Abs. 1 HGB genießt das Handelsregister auch eine negative Publizitätsfunktion. Danach kommen eintragungspflichtige Tatsachen, die nicht im Handelsregister eingetragen sind, gegenüber Dritten auch nicht zur Geltung. Dies dient dem Schutze desjenigen, der auf die Richtigkeit des Handelsregisters vertraut. J hatte keinerlei Kenntnis davon, dass W aus der Gesellschaft ausgetreten ist.

Das Vertrauen des J wäre folglich geschützt, wenn das Ausscheiden des Gesellschafters W aus der OHG eine eintragungspflichtige Tatsache wäre. Gemäß den §§ 107, 143 Abs. 2 HGB ist das Ausscheiden eines Gesellschafters aus einer OHG eine solche eintragungspflichtige Tatsache.

Daher kann W dem J sein Ausscheiden aus der Gesellschaft nicht entgegenhalten. Er haftet nach § 128 HGB für die Kaufpreisforderung gegen die OHG persönlich und unmittelbar.

Somit hat J einen Anspruch gegenüber W aus § 433 Abs. 2 BGB in Verbindung mit den §§ 128, 15 Abs. 1 HGB auf Zahlung des Kaufpreises.

▸ **Hinweise** Anders als bei der GbR sind bei einer OHG die Gesellschafter einzelvertretungsberechtigt, wenn im Gesellschaftsvertrag keine anderslautende Vereinbarung getroffen wird. Der Bearbeiter sollte daher vorliegend keine Schwierigkeiten haben, einen wirksamen Vertragsschluss festzustellen. Die Frage der Haftung des W lässt sich mit § 128 HGB alleine nicht beantworten. Der Bearbeiter muss zusätzlich die Registerpublizität bemühen, um zur richtigen Lösung zu gelangen.

▸ **Wesentliche Paragrafen** §§ 15, 105, 125, 128, 143 HGB; § 164 BGB

6.9 Fall 60: Haftung des Kommanditisten – „Kommanditistenhaftung"

6.9.1 Fallfrage

Heiner ist Kommanditist der Blaumeier KG. Er ist mit einer Einlage i. H. v. 5.000 € in das Handelsregister eingetragen. Da Heiner zur Zeit seines Gesellschaftseintritts nicht flüssig war, hat er die Einlage i. H. v. 5.000 € noch immer nicht erbracht.

Manfred ist Gläubiger der Blaumeier KG. Er hat gegenüber dieser noch eine offene Forderung i. H. v. 3.000 €. Die Blaumeier KG selbst verfügt aufgrund der schlechten wirtschaftlichen Lage über keinerlei Vermögen. Auch Anja, die Komplementärin der KG, verfügt über kein Privatvermögen mehr, da sie bereits zuvor ihre gesamten Ersparnisse in die Rettung der KG investiert hatte.

Manfred möchte daher, dass Heiner die offene Rechnung begleicht. Heiner hingegen beruft sich darauf, lediglich Kommanditist zu sein und somit nicht mit seinem Privatvermögen zu haften.

Kann Manfred die Zahlung von Heiner verlangen?

6.9.2 Lösung

Manfred (M) könnte gegenüber Heiner (H) einen Anspruch auf Zahlung der offenen Forderung i. H. v. 3.000 € haben nach § 171 Abs. 1 HGB.

Danach haftet ein Kommanditist für Verbindlichkeiten der Gesellschaft persönlich und unmittelbar bis zur Höhe seiner Einlage. Die Haftung ist nur ausgeschlossen, wenn die Einlage bereits erbracht wurde.

Die offene Forderung des M ist eine Gesellschaftsverbindlichkeit der KG. H haftet daher nach § 171 Abs. 1 HGB als Kommanditist der KG bis zur Höhe seiner Einlage, sofern diese noch nicht eingebracht wurde. Laut Gesellschaftervertrag ist H dazu verpflichtet gewesen, eine Einlage i. H. v. 5.000 € zu erbringen. Dies hat H bislang aufgrund finanzieller Engpässe noch nicht getan. Die gegen die KG gerichtete Forderung beträgt 3.000 €, sodass H in vollem Umfang haftet.

Folglich hat M gegenüber H einen Anspruch auf Zahlung der offenen Forderung i. H. v. 3.000 € nach § 171 Abs. 1 HGB.

▸ **Hinweise** Dieser Fall stellt in einfachster Form die Haftung des Kommanditisten dar. Dieser haftet bis zur Höhe seiner Einlage und wird erst dann frei, wenn er seine Einlage in voller Höhe geleistet hat.

▸ **Wesentliche Paragrafen** § 171 HGB

Stichwortverzeichnis

Abhandenkommen einer Sache 136
Abonnement 71
Abtretung 158
Abtretungsvertrag 158
Aktualisierungspflicht 74
Akzessorität 156
Allgemeine Geschäftsbedingungen (AGB) 13, 25, 26
Analoge Anwendung 171
Anbahnung oder Aufnahme einer Vertragsverhandlung 56
Anfängliche Übersicherung 153
Anfechtung 114
Anfechtungserklärung 29
Anfechtungsgrund 29, 114
Anforderungen
 objektive 69
 subjektive 69
Angebot 10, 16
Angemessene Frist zur Nacherfüllung 87
Angemessenes Schmerzensgeld 27
Annahme 10
Annahme an Erfüllungs statt 18
Annahme eines Aliuds 18
Anspruch auf Nacherfüllung 174
Anspruch auf Zahlung 162, 166
Anspruch auf Zahlung der Rechnung 164
Anspruch auf Zahlung des Kaufpreises 171
Anspruchsgrundlage 3, 4
Anspruchssteller 4
Arbeitgeber 98
Arbeitnehmer 98
Arbeitsvertrag 98
Architektenvertrag 91, 92

Arglistige Täuschung 29
Auf Kosten 121
Auffälliges Missverhältnis 36, 95, 153
Auffälliges Missverhältnis zur Gegenleistung 21
Aufgedrängte Bereicherung 110
Aufrechnung 37
Aufrechnungsgrund 37
Aufwendungen 109
Aufwendungsersatz 106
Aufwendungsersatzanspruch 106
Auslegung 29, 122
Außenrechtsfähigkeit 171
Außerhalb von Geschäftsräumen geschlossene Verträge 33
Austritt 162
Beförderungsbedingungen 13
Befristung 101
Begehr 4
Behandlungskosten 56, 57
Beidseitiges Handelsgeschäft 168
Berechtigte Geschäftsführung ohne Auftrag 106
Bereicherungsrecht 134
Bereicherungsrechtlicher Anspruch 129
Beschaffenheit 63, 87
Beschaffenheitsmerkmale 29
Beschränkt Geschäftsfähiger 53
Beschränkung der Prokura 166
Besitzer 29, 132, 136, 138
Besitzmittlungsverhältnis 154
Betriebsrisiko 98
Billigende Entschädigung in Geld 27
Bösgläubigkeit 122, 132, 138, 144
Buchhypothek 156

Bürgschaftsvertrag 104
Culpa in contrahendo 58
Darlehensvertrag 95
Dienstvertrag 12, 98, 120
Digitale Dienstleistungen 79
Digitale Inhalte 79
Duldung der
    Zwangsvollstreckung 156, 158
Durchsetzbarkeit 40
Effektiver Jahreszins 95
Ehegattenbürgschaft 104
Eigenschaft der Kaufsache 114
Eigentum 29, 85, 148
Eigentümer 29, 132, 133, 136, 138,
    141, 151
Eigentümer-Besitzer-Verhältnis 128
Eigentumserwerb 132
Eigentumsübergang 128
Eigentumsübertragung 136
Eigentumsverletzung 138, 145
Einbeziehung von AGB 26
Einbringung 85
Eingriff 121
Einlage 179
Einrede 6, 40
Einrede der Entreicherung 117
Eintragungspflichtige Tatsache 162, 177
Einwendung 6, 37
Einwilligung 53, 148
Einzelkaufmann 163
Einzelvertretungsbefugnis 171
Einzelvertretungsberechtigung 162
Entbehrlichkeit 48
Entgegenstehender Wille 13
Entlastungsbeweis 133
Entreicherung 122, 129
Erfolg 120
Erhebliche und unverhältnismäßig hohe
    Kosten 63
Erklärungsbewusstsein 16, 53
Erklärungsirrtum 114
Erlangtes 134
Erlangung in sonstiger Weise 121
Erlöschen 50
Erlöschen durch Leistung 18
Ersatzgeschäft 42
Ersparte Aufwendungen 117
Erwerb von einem Nichtberechtigten 128
Etwas 96, 112, 114, 117, 129
Exkulpationsmöglichkeit 57
Fachspezifische Arbeit 106
Fahrlässigkeit 42, 50, 138, 145
Fernabsatzvertrag 61
Fernkommunikationsmittel 61

Firmenfortführung 164
Forderung 85, 151
Formkaufmann 174
Fremdes Geschäft 106, 120
Fremdgeschäftsführungswille 121, 133
Fristlose Kündigung 101
Gebrauchtware 68
Gefahrübergang 60, 63, 87, 168
Gegenrechte 6
Geisteskrankheit 112
Geltungserhaltende Reduktion des
    wucherischen Vertrages 22
Gemeinschaftliche Vertretung 171
Gesamtschuldner 171
Geschäftsbesorgung 106, 109, 120
Geschäftsführung ohne Auftrag
    (GoA) 106, 109, 120
Geschäftsunfähigkeit 112, 138, 144
Gesellschaft bürgerlichen Rechts
    (GbR) 171
Gesellschafter 177
Gesetzlicher Vertreter 122
Gewährleistungsrechte 68
Gewerbe 160
Gewerbliche Tätigkeit 60
Gewinn 134
Grobe Fahrlässigkeit 27
Grundbuch 156
Grundschuld 158
Gutachtenstil 5
Gutgläubiger Erwerb 136
Gutgläubigkeit 132, 136
Haftungsmaßstab 51
Haftungsprivilegierung 50
Handelsgewerbe 160, 164, 168, 174
Handelsregister 162, 163, 177
Handlungswille 16, 53
Herausgabe 29, 30, 114, 117, 129, 132,
    134, 136, 151, 153
Herausgabe des Erlangten 122
Herausgabeanspruch 96
Hinreichende Bestimmung 153
Hypothek 156
Im Verkehr erforderliche Sorgfalt 145
Immaterieller Schaden 57
Inhaltsirrtum 29, 114
Inhaltskontrolle 26
Interesse des Geschäftsherrn 106
Invitatio ad offerendum 53
Jahresfrist 30
Juristische Arbeitsweise 1, 3
Kaufmann 160, 168, 174
Kaufmännischer Geschäftsbetrieb 174

Kaufvertrag 10, 16, 24, 32, 50, 53, 54, 60, 63, 69, 75, 114, 128, 166, 168, 171, 177
Kausalität 125, 145
Kenntnis des gesetzlichen Vertreters 123
Knebelungsvertrag 101
Kommanditist 179
Konkludente Annahme 12
Konkludenter Vertrag 120
Körperliche Misshandlung 126
Körperverletzung 125, 126
Korrektur 145
Krasse finanzielle Überforderung 104
Krasses Missverhältnis 104
Kündigung 72, 101
Kündigungsbutton 71
Kündigungsfrist 72
Lediglich rechtlicher Vorteil 53, 148
Leihvertrag 132
Leistung 29, 36, 96, 114, 121
Leistung ohne Rechtsgrund 36, 96
Leistungskondiktion 122
Leistungspflicht 50
Leistungsverweigerungsrecht 92
Luxusaufwendung 122
Luxusausgabe 117
Mahnung 48
Maklervertrag 100, 101
Mangel 26, 60, 92
Miete 21
Mietvertrag 21, 26, 144
Mietzins 20
Minderjährigenschutz 123
Minderjährigkeit 148
Montagevorschriften 69
Mutmaßlicher Wille
  des Geschäftsherrn 106
Nachbesserung 69, 74
Nacherfüllung 168
Nachhaftung 177
Näheverhältnis 56
Name des Handelsgewerbes 164
Negative Publizität 162
Negative Publizitätsfunktion 177
Neulieferung 63
Nichtberechtigter 132, 133, 136
Nichtigkeit 104
Nichtleistung 48
Nichtleistungskondiktion 122
Notarielle Form 148
Notwendige Verwendung 141
Nützliche Verwendung 142
Obliegenheit 168
Offene Handelsgesellschaft
  (OHG) 171, 177

Organisations- und Leitungsgewalt 98
Paketvertrag 78
Pfandrecht 151
Pflichtverletzung 42, 48, 92, 133
Prokura 166
Publizität des Handelsregisters 162
Ratenlieferungsvertrag 71
Rechtsbindungswille 16, 53
Rechtsfolgenverweisung 109
Rechtsformzusatz 171
Rechtsgrundlose Erlangung 117
Rechtsgrundloser Besitzer 138, 141
Rechtsgutverletzung 125, 145
Rechtssicherheit 123
Rechtsverlust 129
Rechtswidrigkeit 145
Redlicher Besitzer 141
Regelmäßige Verjährungsfrist 40
Reparatur 68
Richterstil 5
Rücksicht 57
Rücktritt 60
Rückübereignung 112
Rückzahlung 36, 79, 95
Rügeobliegenheit 168, 174
Sachbeschädigung 126
Sachmangel 63, 87, 168
Sachmangelbegriff 68
Sachverhaltsskizze 4
Schaden 92, 125, 133, 139
Schadensersatz 26, 27, 40, 48, 91, 125, 128, 138, 144
Schadensersatz statt der Leistung 42
Schadensersatzanspruch 48, 132
Schenkung 148
Schmerzensgeld 27, 57, 125
Schriftform 104
Schuldnerverzug 48
Schuldverhältnis 56, 132, 144
Schuldverhältnis nach
  § 241 Abs. 1 BGB 48
Schutzgesetz 125, 126
Schutzgesetzcharakter 126
Selbstvornahme 87
Sicherungsgut 153
Sicherungsübereignung 154
Sittenwidrigkeit 101, 104, 153
Solvendi causa 112
Stellvertretung 24
Steuern 148
Subsumtion 5
Surrogat 117
Tatbestandsmerkmal 5, 123
Tatsächliche Beschaffenheit 168

Tatsächliche Sachherrschaft 132, 141, 144
Tatsächlicher Wille
    des Geschäftsherrn 106
Textform 101
Transportrisiko 60
Übereinstimmende
    Willenserklärungen 12
Übergabe 60
Übliche Vergütung 107
Umfang eines
    Aufwendungsersatzanspruchs 106
Unbeachtlicher Motivirrtum 114
Unberechtigte Geschäftsführung ohne
    Auftrag 109
Unechte Geschäftsführung
    ohne Auftrag 133
Unfreiwillige Vermögenseinbuße 27, 125, 133, 145
Unmöglichkeit 30, 42, 50, 132
Unrechtmäßiger Besitzer 144, 151
Untergang eines Anspruchs 98
Unternehmer 26, 60
Unverklagtheit 141
Verbraucher 26, 60
Verbrauchervertrag 32, 79
Verbrauchsgüterkauf 60, 63, 68, 75
Vereinbarte Vergütung 98
Verfügung 134
Verfügungsberechtigter 158
Verfügungsgeschäft 30
Verjährung 40
Verletzung der im Verkehr erforderlichen
    Sorgfalt 42
Verletzungshandlung 125
Vermieterpfandrecht 85
Vermögenseinbuße 133

Vermögensvorteil 37
Vermögenswerter Vorteil 29, 36, 96, 112, 114, 117, 121, 129
Vermutung 61
Verpflichtungsgeschäft 30
Verschlechterung 138
Versendung 60
Versendungskauf 60
Vertrag mit Schutzwirkung zugunsten
    Dritter 56
Vertrag über digitale Produkte 78
Vertretenmüssen 50
Vertretungsbefugnis 162
Vertretungsmacht 162, 171, 177
Vertretungsverhältnis 24
Verwendungen 141
Verwendungsersatz 141
Verzugsschaden 48
Vindikationslage 29, 132, 138, 141, 144
Vorsatz 42, 138, 145
Wahlrecht 63
Waren mit digitalen Elementen 74
Warenlager 153
Weisung 98
Werkvertrag 12, 36, 87, 91, 106, 120
Wert der Reparaturleistung 37
Wertersatz 30
Wertsteigerung 141
Widerrufsrecht 32, 34, 61
Willenserklärung 10, 53, 112, 114, 138
Wohnraummietvertrag 85
Wucher 21, 36, 38, 95
Zahlung 104, 120
Zahlung der offenen Forderung 179
Zahlung des Kaufpreises 177
Zwangslage 21, 36

Forschungsstark und praxisnah:
Deutschlands Hochschule für Berufstätige

Raphaela Schmaltz studiert den
berufsbegleitenden Master-Studiengang
Taxation am FOM Hochschulzentrum Köln.

Die FOM ist Deutschlands Hochschule für Berufstätige. Sie bietet über 40 Bachelor- und Master-Studiengänge, die im Tages- oder Abendstudium berufsbegleitend absolviert werden können und Studierende auf aktuelle und künftige Anforderungen der Arbeitswelt vorbereiten.

In einem großen Forschungsbereich mit hochschuleigenen Instituten und KompetenzCentren forschen Lehrende – auch mit ihren Studierenden – in den unterschiedlichen Themenfeldern der Hochschule, wie zum Beispiel Wirtschaft & Management, Wirtschaftspsychologie, IT-Management oder Gesundheit & Soziales. Sie entwickeln im Rahmen nationaler und internationaler Projekte gemeinsam mit Partnern aus Wissenschaft und Wirtschaft Lösungen für Problemstellungen der betrieblichen Praxis.

Damit ist die FOM eine der forschungsstärksten privaten Hochschulen Deutschlands. Mit ihren insgesamt über 2.000 Lehrenden bietet die FOM mit mehr als 50.000 Studierenden ein berufsbegleitendes Präsenzstudium im Hörsaal an einem der 36 FOM Hochschulzentren und ein digitales Live-Studium mit Vorlesungen aus den hochmodernen FOM Studios.

Alle Institute und KompetenzCentren unter
fom.de/forschung

**Die Hochschule.
Für Berufstätige.**

If you have any concerns about our products,
you can contact us on
ProductSafety@springernature.com

In case Publisher is established outside the EU,
the EU authorized representative is:
**Springer Nature Customer Service Center GmbH
Europaplatz 3, 69115 Heidelberg, Germany**

Printed by Libri Plureos GmbH
in Hamburg, Germany